노인을 위한 독서치료

대상별 독서치료 시리즈 1
# 노인을 위한 독서치료

임성관 지음

시간의 물레

## 들어가기

　대부분의 사람들은 나이가 드는 것, 그래서 늙어가는 것을 싫어하지만, 나는 나이 먹는 것이 좋다. 물론 나이가 들어갈수록 그 자체만으로도 아름다웠던 젊음, 길에 나뒹구는 낙엽만 봐도 까르르 웃음이 나던 감수성, 좋아하는 사람 앞에서 한 마디도 못하고 얼굴만 빨개진 채 돌아서던 순수성은 잃어가겠지만, 비로소 이해가 되는 세상의 이치가 있고, 소소한 일에 일희일비 하지 않을 수 있는 연륜이 쌓이며, 내가 아닌 다른 사람을 생각하고 배려할 수 있는 힘 또한 늘어나기 때문이다. 더불어 내가 나이 먹는 것을 좋아하는 또 한 가지 이유는 결국 모든 사람은 죽음을 맞이해야 한다는 명제가 이미 전제되어 있기 때문이다. 그 누가 피할 수 있단 말인가. 이 좋은 세상에 더 머물다 가고 싶은 마음이 전혀 없는 것은 아니지만, 어차피 완수해야 할 과제를 위해 한 발 한 발 나아가 마침표를 찍는 것도 괜찮다는 생각을 갖고 있다.
　그런데 과학 기술의 발전은 의료 분야에도 영향을 미쳐 사람들이 더욱 오랫동안 살아남을 수 있도록 돕고 있다. 그 결과 우리나라도 이미 초고령화 사회로 진입이 되었다고 한다. 이미 노인은 전체 인구의 상당한 비율을 차지하고 있으며 앞으로는 더 늘어날 것이라 전망이 된다. 물론 수명이야 사람에 따라 다르고, 인명(人命)은 재천(在天)이라 했으니 마음대로 어찌 할 수 없는 것이지만, 수명의 길이 여하를 떠나 그 기간 동안 행복이 전제되지 않는다면 얼마나 고통스러울까 하는 생각이 든다. 신체가 건강하고 의지에 따라 많은 것을 해낼 수 있는 시기라면 모를까, 자의든 타의든 많은 것을 잃어가는 시점이니 말이다.

　행복, 결국 우리 삶의 목적은 그것을 추구하는데 있지 않은가. 권력, 재력, 명예가 아무리 많아도 건강을 잃으면 모두 다 잃는 것이라고 했다. 시간을 나누고 음식과 차 한 잔을 나누며 마음도 나눌 사람이 없다면, 그 사람의 인생은 결코 행복하지 않을 것이다. 외롭고 슬플 것이다. 혹자는 노인들이 외로운 이유는 자신이 짊어지고 있는 짐을 나눌 사람이 없기 때문이 아니라, 지고 갈 짐이 자신의 것밖에 없기 때문이라고 했다. 이 말에 의하면 노인들은 평생 자신을 위해서, 배우자와 자식들을 위해서, 이웃과 사회를 위해 땀 흘리며 살아왔음에도 불구하고, 또 무엇인가를 지고 가는 것이 행복이라고 여기는 듯 싶다. 우리의 어머니 아버지 세대는 충분히 그런 마음을 갖고 계신 분들이다. 자신의 행복보다 항상 다른 누군가를 먼저 생각하신 분들이었으니까.

　그래서 이 책에는 어느덧 노년기에 접어든 어르신들이, 인생의 마지막 단계를 행복하게 보내고 아름답게 마무리 지을 수 있는 시간을 보낼 수 있도록 돕기 위해 독서치료를 통해 어떻게 접근할 수 있을까에 대한 방안을 세부적으로 담았다. 각 장 별로 소개를 하자면 다음과 같다.

먼저 첫 번째 장에는 '노년기 통합감 증진을 위한 독서치료 프로그램'을 담았다. 사실 이 프로그램은 『책과 함께하는 마음 놀이터 4』권에 담긴 어르신 관련 프로그램을 살짝 수정한 것으로, 에릭슨의 심리사회 발달 이론의 마지막 단계에서 성취해야 할 '통합감'을 주제로 했다. 이어지는 두 번째 및 세 번째 장의 목표도 '통합감'으로 설정을 했는데, 다만 '포토 에세이 쓰기'와 '회상 이야기'라는 방법으로의 접근을 시도했기 때문에 다른 방식으로의 접근을 엿볼 수 있을 것이다. 조금 더 자세히 설명하자면, 두 번째 장에 소개할 내용은 '노년기 통합감 증진을 위한 포토 에세이 쓰기 프로그램'이고, 세 번째 장에서는 '노년기 통합감 증진을 위한 회상 이야기치료 프로그램'이라는 목표를 갖고 있다. 이어서 네 번째 장에서는 '노인의 경직성(硬直性) 완화를 위한 독서치료 프로그램'을 나누고자 했다. 그리고 다섯 번째 장에서는 '노인의 자아실현을 위한 독서치료 프로그램'을, 이어서 마지막 여섯 번째 장에는 '노인의 우울 경향 감소와 인지기능 향상을 위한 독서치료 프로그램'을 담았다.

나는 이미 앞서 인생을 경험한 분들로부터 배우는 것을 좋아한다. 그래서 그들과 만나 이야기 나누는 것을 즐기고, 그들의 지혜가 담긴 책읽기도 좋아한다. 사실 노인들과의 독서치료 작업은 참여하는 분들을 돕기 위한 목표를 갖고 있지만, 치료사들이 더 많은 부분 배우고 느낄 수 있는 기회이다. 그렇기 때문에 개인적인 성장이 필요한 분들에게는 어르신들과 함께 할 것을 권하는 바이다.

또 하나의 시리즈를 시작하는데 있어 여러 고민이 있었지만, 용기를 심어주신 여러분들 덕분에 다시 선보일 수 있게 되었다. 그 가운데서도 스스로를 무지렁이라 칭하시지만 세상에서 가장 밝은 빛을 내어 나아길 길을 알려주셨고, 평생 자식들 뒷바라지에 본인의 청춘을 바치신 채 어느덧 백발의 노인이 되신 내 어머니에게 이 책을 바친다.

2012년 6월
연구소에서
임성관

# 시리즈 소개

들어가기 ♠

노인에 대한 이해 ♠ 9

노년기 치료적 독서 활동의 필요성 ♠ 15

첫 번째 만남 - ♠ 45
　노년기 통합감 증진을 위한 독서치료 프로그램

두 번째 만남 - ♠ 103
　노년기 통합감 증진을 위한 포토 에세이 쓰기 프로그램

세 번째 만남 - ♠ 153
　노년기 통합감 증진을 위한 회상 이야기치료 프로그램

네 번째 만남 - ♠ 193
　노인의 경직성(硬直性) 완화를 위한 독서치료 프로그램

다섯 번째 만남 - ♠ 227
　노인의 자아실현을 위한 독서치료 프로그램

여섯 번째 만남 - ♠ 271
　노인의 우울 경향 감소와 인지기능 향상을 위한 독서치료 프로그램

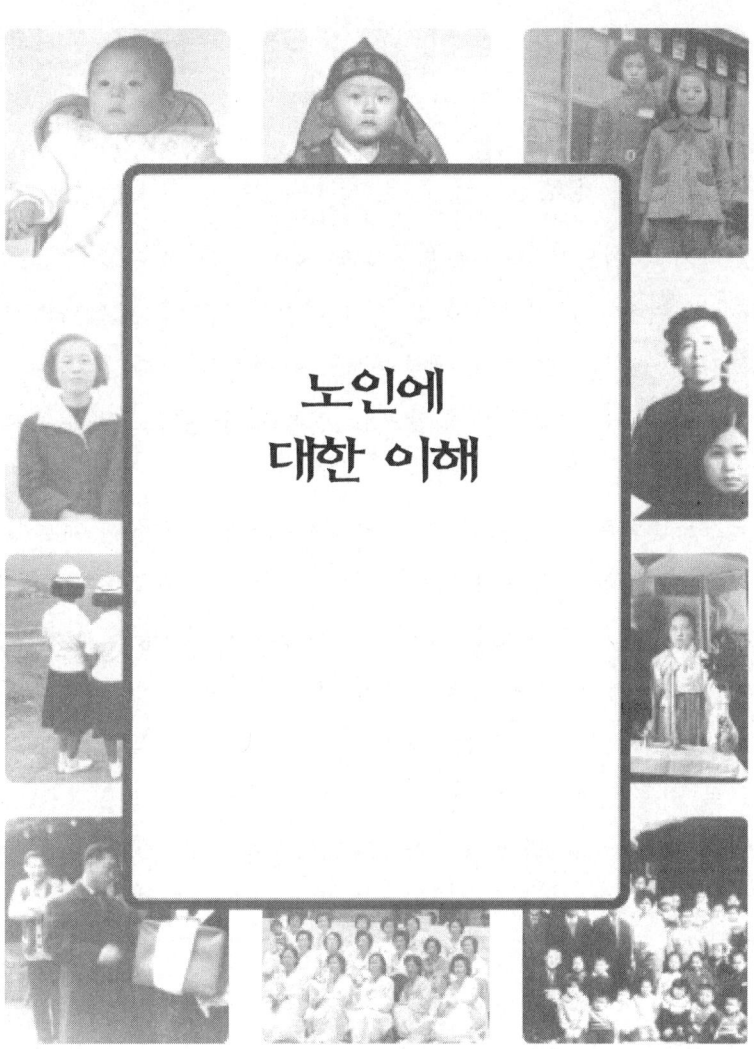

# 노인에 대한 이해

# 노인의 정의 및 심리적 특성

## 1) 노인의 정의

　노년기는 인생의 마지막 단계로서 성인후기라고도 한다. 노년기의 시작 연령에 대해서는 여러 가지 이견이 있으나, 우리나라의 '노인복지법'에서는 노인을 65세부터라고 규정하고 있다. 현재는 65세부터 노년기가 시작되고 사망으로 인하여 끝난다고 보는 관점이 일반화되어 있다.[1]

　국제노년학회에서는 노인이란 ① 환경변화에 적절히 대응할 수 있는 신체 조직에 결손이 있는 사람, ② 자신을 통합하려는 능력이 감퇴되어가는 시기에 있는 사람, ③ 신체의 조직기능에 쇠퇴현상이 일어나는 시기에 있는 사람, ④ 생활에 있어서의 적응성이 적극적으로 결손 되어 가고 있는 사람, 그리고 ⑤ 조직 및 기능 축적의 소모로 적응 감퇴현상이 나타나는 사람으로 규정하고 있다.[2]

　또한 Newgarten[3]의 1974년 보고에 의하면 사회적 건강을 기준으

---

[1] 박재간 외. 2011. 『노인 상담론』. 서울 : 공동체.
[2] 김태현. 1999. 『한국에 있어서의 노인부양에 관한 고찰 : 가족부양의 실태와 부양만족도를 중심으로』. 고려대학교 대학원. 박사학위논문.
[3] Newgarten, B. L. 1974. Time, age, and the life cycle. *American Journal of Psychiatry*, 136.

로 생물학적 연령에 따라 노인을 다음과 같이 구분하였다.

〈표 1〉 Newgarten의 연령별 노인의 구분

| Newgarten의 연령별 노인의 구분<br>- 생물학적 연령과 사회적 건강에 기초하여 - | | |
|---|---|---|
| ① 초령노인<br>(the young-old) | 55-64세 | 사회적으로 일을 하고 있으며, 능력도 절정에 달한 사람들. 사회의 중요한 자원으로 인식되고, 정치, 사회, 경제적 요구가 활발하다. |
| ② 중고령 노인<br>(the old-old) | 65-74세 | 퇴직자들이 대부분으로 신체적, 정신적, 사회적 상실을 경험한 사람들. 사회적 지지와 건강에 대한 서비스가 절실하다. |
| ③ 고령노인<br>(the oldest-old) | 75세<br>이상 | 일을 하기가 어려운 사람들. 신체적으로 노쇠하고 질병에 걸린 경우가 많으며, 경제적으로 곤란한 경우가 대부분으로 가정적, 사회적으로 고립되어 있다. |

노인을 이야기할 때는 신체적 연령뿐만 아니라 인생의 주기와 관련된 여러 나이를 함께 고려해야 한다. 신체적 나이가 같다하더라도 생물학적 나이가 젊으면 대뇌세포의 퇴화나 동맥경화증, 관절염 등 노인성 질환이 적을 수 있다.[4] 노화과정은 평생에 걸쳐 일어나기 때문에 연령에 의해서만 노인을 정의할 수는 없다. 노인은 노화과정에서 나타나는 신체적, 심리적, 환경적 변화 및 행동의 변화가 상호작용을 하는 복합형태의 과정에 있는 사람이기 때문이다. 또한 심리적 나이는 사회적 성숙, 기억, 학습, 지능, 신체적 동작, 동기, 정서, 성격, 적응특성 등 여러 심리학적 측면에서의 성숙 수준이다. 사회적 나이에 따라 지위가 결정되고 기대감이 다르게 형성된다. 한 노인의 연령을 논의하기 위해서는 생물학적, 심리학적, 사회학적 측면과 관련된 다각적이고 종합적인 개념에서 평가해야 한다.[5]

4) 정현희·이은지. 2007. 『실제 적용 중심의 노인미술치료』. 서울 : 학지사.
5) 최문정. 2010. 「미술활동이 노인의 우울증 개선과 자존감 향상에 미치는 효과

## 2) 노인의 심리적 특성

노년기의 성격은 대체로 그 특징이 건강 또는 경제상의 불안감, 생활상의 부작용으로부터 오는 불안과 초조, 정신적 흥미의 저하로부터 오는 폐쇄성, 신체적 쾌락에 대한 흥미의 감소, 성기능 감퇴, 성충동의 강약조건이 변화하는 곳에 따른 학습이나 적응의 곤란, 고독감, 의심, 질투심, 보수성, 과거의 생각에 대한 집착, 불확실성, 인생의 낙오감 등[6]으로부터 기인한다.

또한 노년기에 공통적으로 나타나는 현상에 대한 보편적인 견해는 다음과 같이 정리해 볼 수 있다.

첫째, 우울증 경향은 신체적 질병이나 배우자의 죽음, 경제적으로 악화된 상태, 사회와 가족들로부터의 소외 및 고립, 일상생활에 대한 자기통제의 불가능, 지나온 세월에 대한 회한 등으로 증가한다.

둘째, 내향성 및 수동성의 증가로 노인들은 관심과 주의를 외부 자극에 대한 반응보다는 내면적인 자기 자신의 사고나 감정에 의해서 사물을 판단하게 되는 경향이 많아진다. 모든 문제를 자신보다는 누군가의 도움을 받아서 수동적으로 해결하려 한다.

셋째, 어떤 문제 해결에 있어 자기에게 익숙해 있는 습관적 태도나 방법을 고수하는 경직성이 있다.

넷째, 조심성의 증가는 시각, 청각 등 감각능력 감퇴로 조심성이 생기고, 또한 무슨 문제 결정에 대한 자신감 감퇴로도 온다.

다섯째, 생에 대한 회상의 경향은 노인 자신의 생명의 시간이 얼

---

연구 : 요양병원 수용노인을 중심으로」, 한남대학교 교육대학원, 석사학위논문.
[6] 유재홍, 2006, 「노인의 레크레이션 참여정도와 신체적 자기효능감의 관계」, 영남대학교 대학원, 석사학위논문.

마 남지 않았음과 죽음이 가까워 오고 있다는 것을 자각할수록 지나온 생을 뒤돌아보는 회상의 시간이 많아진다.

여섯째, 친근한 사물에 대한 애착심이 커지고 유산을 남기려는 경향, 즉 이름, 기술, 교훈, 문학작품, 예술작품 등 아름다운 기억 등을 자꾸 생각한다.

일곱째, 시간을 말할 때 앞으로 남은 날을 계산하기 시작한다.

여덟째, 의존성의 증가는 신체적, 경제적, 사회적 능력의 쇠퇴로 생기며, 의존성에는 경제적, 신체적, 정신적, 사회적, 심리적, 정서적 의존성을 가지고 있다.[7]

이런 노인의 심리적 특징은 일반적으로 몇 가지 요소와 밀접한 관련을 맺는데, 우선 첫 번째로는 정신적·신체적인 나이를 꼽을 수 있다. 생물학적 또는 유전적 결정 요인들은 어린 시절에 특히 많은 영향을 미치지만, 나이가 들어감에 따라 점차 그 영향력이 줄어든다. 대신 노년기에 접어들며 겪을 수밖에 없는 직업으로부터의 은퇴, 건강의 쇠퇴, 배우자나 가까운 사람의 죽음 경험 등과 같은 개인적인 경험이 추가되는데, 그런 상황이나 사건을 겪은 시기, 내용 및 형태 등이 중요한 요소가 된다. 즉, 한 사람이 자신이 속해 있는 사회와 환경 속에서 한평생 살아가는 동안 겪게 되는 역사적인 사건과 같은 사회 문화적인 요인들이 중·노년기에는 점차 영향을 미치게 되고 상대적으로 중요해지는 것이다. 따라서 노년기의 심리적 특성과 행동양식은 적어도 60년 동안 겪는 개인적인 경험과 사건, 문화적·사회적 변화의 결과이므로 아동기의 발달 못지않게 큰 개인차를 보일 수 있다.

---

[7] 임춘식. 2001. 『고령화 사회의 도전』. 서울 : 나남출판.

일반적으로 노인의 심리적 욕구를 종합해 보면 다음과 같다.[8)]

첫째, 안정된 노후를 희망하고 있다.

둘째, 노인들은 심리적으로 자신의 존재 가치를 인정받고 싶어 한다.

셋째, 노인들은 신체활동을 요구한다.

넷째, 많은 사람들을 사귀고 싶어 한다.

다섯째, 노인이 장수할 것을 원하는 것은 일반적인 경향이다.

이상 살펴본 내용을 바탕으로, 노인을 위한 독서치료 프로그램을 계획하는 사람들은 그들의 다양성을 인정하는 것은 물론, 그 발달 단계에 필연적으로 나타나는 변화를 고려할 필요가 있다.

---

8) 윤종완·이영숙. 1990. 『노인건강을 위한 운동 프로그램 개발에 관한 연구』. 상명여자대학교 부설 사회체육연구소.

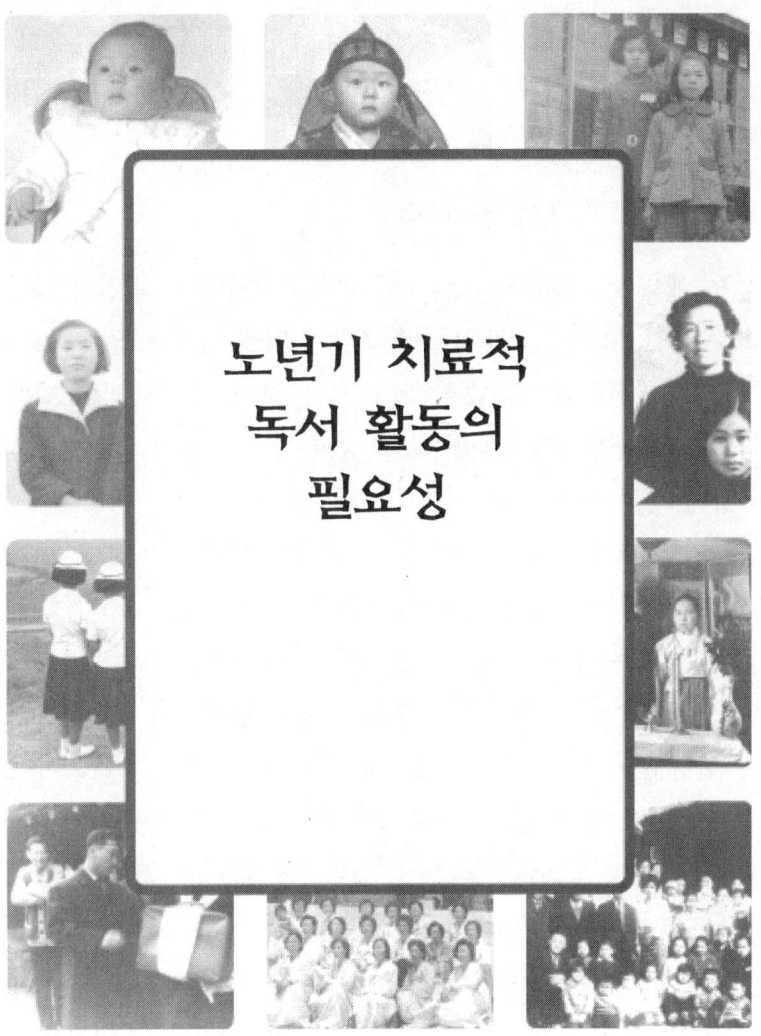

# 노년기 치료적 독서 활동의 필요성

* 다음의 내용은 필자가 연구 작성한 논문을 요약한 것으로, 한국비블리아학회지 제22권 1호(2011년)에 실린 것입니다. 따라서 구성의 체계는 그대로 두었음을 밝힙니다.

# 1. 서론

## 1) 연구의 필요성 및 목적

오랜 삶을 살고 싶은 것은 사람들의 숙원이었다. 그런데 이미 고령화 사회를 넘어 초고령화 사회로의 진입을 앞두고 있는 현 시점에 서 있는 사람들은, 단순히 오래 사는 것에 대한 열망을 넘어 건강하면서도 가치 있는 삶을 살고 싶어 한다. 즉, 인생의 마무리를 아름답게 하고 싶어 하는 것이다.

그러기 위해서는 나이 듦에 대한 준비를 해야 하는데, 준비가 되어 있지 않은 사람들에게는 빠른 속도로 다가오는 초고령화 사회 및 노년기가 오히려 부담스럽게 느껴질 수 있다. 왜냐하면 노년기는 누구나 맞이해야 할 발달과정의 마지막 단계로써, 이 시기에 이르면 대부분 사회적 신분을 상실하거나 경제능력이 저하되어 열등감을 느끼는 경우가 많다. 또한 심신의 기능이 쇠퇴해 건강을 잃기 쉽고, 활동력이 저하되기 때문에 자주성을 잃으며, 외로움 및 소외감, 고립감, 의존성이 증대되기 때문이다.

이처럼 노년기는 개인적인 적응이나 사회적인 적응에 있어서 많은 문제가 있기 때문에 가정과 사회에서의 충분한 배려가 있어야 하는데, 그렇다고 해서 노인들 자신의 삶에 대한 욕구와 정체성까지 쇠퇴한 것은 아니다. 오히려 남아 있는 자신의 인생을 건강하고 창조적으로 영위하기를 바라는 마음이 더 큰 시기이다.

따라서 노인 스스로 주도하여 내적 욕구를 충족시킬 뿐만 아니라, 창조적 활동의 의미를 부여하여 삶의 질을 높여줄 수 있는 활동을 실천해 나가는 것이 필요하다. 이에 독서 활동은 노년기에 겪는 내적 갈등과 감정, 욕구, 생각을 다시 경험할 수 있게 해, 결과적으로 고통이나 상처, 아픔을 돌아보고 치유할 수 있는 기회를 스스로 만들 수 있다는 점에서 의미 있는 행위라 할 수 있다. 더불어 독서 활동은 건강을 위한 치료적 차원뿐 아니라 예방적 차원에서도 가치를 발휘해, 노년기 통합성을 높일 수 있도록 해줄 것이다. 그러나 현재 노인의 치료적 독서 활동에 대한 연구가 적고, 치료적 독서 활동 프로그램 또한 다양하게 이루어지고 있지 못하다.

이와 같은 연구의 필요성을 바탕으로 본 연구는 독서 활동에 내재되어 있는 치료적 요인들을 노인의 특성에 적용할 수 있는지 그 가능성을 살펴보고, 노인을 대상으로 실시되었던 선행 연구들을 분석하여 노인의 질환과 정서적 문제에 대한 치료와 예방의 목적으로서 독서치료의 활용과 방향을 모색하는데 목적이 있다. 나아가 궁극적으로는 독서 활동을 통해 심리 정서적인 안정을 꾀하고 삶의 활력소가 되는 활동을 제시함으로써, 노년기라는 인생의 마지막 단계를 편안히 보내며 성공적인 노후를 맞이할 수 있도록 돕고자 하는데 목적이 있다.

## 2) 연구의 내용 및 방법

본 연구는 노년기 치료적 독서 활동의 필요성과 그에 따른 효율적인 방안을 제시하고자 다음과 같은 방법으로 수행하였다.

첫째, 노년기에 겪는 문제와 독서 활동이 갖고 있는 치료적 측면에 대해 이론적으로 고찰해 보았다.

둘째, 우리나라에서 출간된 독서치료 관련 학위논문 가운데 노인을 대상으로 한 것들을 찾아 어떤 측면으로 접근을 했는지 살펴보고, 그 결과 노년기 치료적 독서 활동의 필요성에 주는 시사점을 도출하였다.

셋째, 이론적 고찰 내용과 선행 학위논문에 대한 분석 내용을 토대로 노년기 치료적 독서 활동을 위한 방안을 제시하였다.

## 2. 이론적 고찰

### 1) 노년기의 문제

노인문제는 일반적으로 빈곤, 질병, 고독, 무위(無爲)의 4중고로 나누어진다. 즉 노년기에는 노인이 정년을 맞아 퇴직하거나 혹은 노후 소득보장제도 및 일거리 마련의 미비 등으로 소득원이 상실되어 은퇴 후 빈곤의 문제가 야기되고 있으며, 신체의 약화나 노화로 인해 질병이나 건강상의 문제가 발생하고 있다. 그리고 핵가족화 및 대화의 부족, 가족의 결속도 감소 등으로 인해 고독과 소외감의 문제 등이 생겨나고 있으며, 아울러 가정과 직장에서의 역할 상실로 인해 할 일이 없는 무위의 문제가 대두되고 있는 것이다. 이런 노인의 문제는 한 가지씩 따로 오는 것이 아니라 두 가지 이상이 겹쳐서 진행되므로 노인의 고통은 더욱 가중되고 있다고 볼 수 있다(유혜숙, 1997).

### 2) 독서 활동의 치료적 요인

인간은 독서를 통하여 필요한 정보를 얻을 수 있고, 고도의 지적 능력과 삶의 지혜를 얻을 수 있다. 또한 독서를 함으로써 사람들은 바람직한 정서와 올바른 가치관을 함양할 수 있으며, 공동체의 일원으로서 사회생활을 효과적으로 영위할 수 있다. 이처럼 독서는 현대 사회를 살아가는 우리들로 하여금 보다 인간적이고 가치 있는 삶을 살아갈 수 있도록 해 주는 대단히 중요한 기능을 갖는다 (경기도, 교보문고 2010).

인간의 삶은 그 자체로 하나의 이야기를 형성한다. 인간은 경험과 자신이 속한 세계를 통합하여 자신만의 하나의 새로운 스토리를 생성한다. 인간이 만들어낸 이야기에는 개인적 삶의 경험뿐만 아니라 그가 속한 사회적, 역사적 내용도 함께 구성된다. 구성된 스토리는 다시 다양한 글의 형태로 재구성 된다. 독자가 책을 읽고 감동을 받거나 내적인 변화를 가지는 것은 자신의 삶의 이야기와 책의 스토리가 밀접한 관련을 가지기 때문이다. 책의 이러한 특성은 노인들의 삶과도 밀접한 관련이 있다. 노인들의 삶은 수십 년 동안의 다양한 경험과 사건들로 하나의 이야기가 된다. 노인들의 삶에는 행복했던 순간, 현명한 선택도 있지만 불행했던 순간, 잘못된 선택도 분명히 존재한다. 노인에게 자신이 살아온 삶을 어떤 스토리로 생성하는 것은 중요한 의미를 지닌다. 자신의 삶을 부정적으로 해석하고 바라본다면 그 삶은 우울한 이야기가 될 것이다. 하지만 반대의 경우에 그 이야기는 해피엔딩의 이야기가 될 수 있다. 노인들은 자신의 삶을 긍정적이고 의미 있는 스토리로 인식해야 한다. 자신의 삶에 대한 긍정과 수용은 노년을 동요 없이 평온하게 보내며 죽음을 의연하게 받아들일 수 있는 힘을 준다. 노인의 성공적인 노년을 위해서는 노인이 가진 다양한 심리적 문제를 해결할 필요가 있다. 노인은 다른 생의 주기보다 오히려 더 많은 심리적 문제를 가지고 있다. 해소되지 못했던 다양한 문제의 아픔이나 상처는 긴 시간을 지나오는 동안 더 깊게 응어리지게 된다. 노인의 깊은 아픔은 책을 통해 해소될 수 있는 기회를 가진다. 책 속에는 저자 뿐 아니라 독자들에게 해당되는 개인적인 내용들이 담겨져 있다. 독자는 작품 속 등장인물의 어려운 경험이나 감정에 대해 읽으면서 자신의 감정을 안전하게 처리하는 방법에 대해 생각하게 된다. 사람들은 자기 자신을 볼 때 보다 허구적인 인물을 볼 때 문제점과 해결책을 더욱 쉽게 인지하기 때문에 책을 읽을 때 스스로의 심리적 문제를 완화시키고 자신의 문제를 객관적으로 받아들이기 쉽다. 노인을 포함한 많은 독자들은 자신의 내면과 밀접한 관련이 있는 책을 읽게 되면 그 속에 몰입하게 된다. 이 과정에서 자신의 모습과 주인공을 동일시켜 문제를 공감하고 객관적으로 바라볼 수 있게 된다. 객관적으로 문제를 인지하게 되면 해결책이나 발전 방향을 더욱 쉽게 인식할 수 있다. 자신의 세계와 상호 소통하는 이야기를 통해 자신의 삶을 돌아보고 상처나 문제를 직시하여 문제 해결 방법을 깨닫게 되는 것이다. 이러한 독서의 치유적 기능은 독서가 회상을 위한 매개체로써 중요한 역할을 할 수 있다는 것을 보여준다. 회상은 자신의 생을 돌아보고 이야기하는 활동이다. 자신의 생을 돌아보는 것은 노인들에게 중요하다(김혜영, 2010).

### 3) 노년기 문제와 독서치료 적용

노년기의 심리적 측면을 살펴보면, 노년기의 심리적 특성과 행동양식은 적어도 60여 년 동안 겪는 개인적인 경험과 사건, 문화적 및 사회적 변화의 결과이므로, 노인들은 상대적으로 다양한 개인차를 보일 수 있다. 즉 사람은 일생을 살면서 또는 노년기까지 오면서 청년기, 장년기의 과업발달에 따라 자아통합을 이룰 수도, 절망감에 빠질 수도 있고 많은 시련과 역할의 변화, 상황의 전환을 겪게 되기도 한다(홍을표, 2007).

노년기의 일반적인 심리적 특성 중에서 연령증가에 따른 우울증의 증가는 더욱 일반적인 현상이다. 우울증의 대표적인 증상은 슬픈 감정이다. 사람에 따라서 이런 슬픈 감정을 감추고 겉으로 표현하지 않거나, 무의식적으로 억압 또는 부인하여 본인도 의식하지 못하는 경우도 있다. 슬픈 감정은 대개 불안, 죄책감, 후회를 동반하며, 이런 정서적 특징 외에도 집중의 어려움, 의사결정과 문제해결의 어려움, 자신과 미래와 환경에 대한 비판적이고 부정적인 생각, 대인접촉의 회피, 의존, 자주 울기, 비활동성, 외모를 소홀히 함, 반응속도, 움직임, 말 등의 느려짐, 식욕의 과다 혹은 과소, 불면증 혹은 과다수면, 두통, 근육통 호소, 성욕의 변화 그리고 피로감 등의 신체적 증상을 보이거나 경험한다(김계현, 1997).

현재를 살아가고 있는 노인들은 개인적으로 차이는 있겠지만 대부분 공통적으로 일제 압박과 전쟁, 가난, 가족 간의 생이별 등의 아픈 경험들을 상처로 안고 살아가고 있으며, 그러한 삶의 역사가 그들의 의식구조와 역사 속에서 형성되어 현재 그들의 내면세계 속에 고유한 정서로 자리 잡고 있다. 이러한 정서가 표출되는 형태에서 한국인의 표현방식은 보다 소극적이며 수용적이다. 그러나 심리 역동적으로 보면 그러한 욕구불만 또는 욕구좌절감은 가만히 의식 속에 잠재하고 있어 소멸되는 것이 아니라 의식 밖으로 표출하려고 끊임없이 생동하고 있다. 이러한 노인들의 억압된 정서 혹은 우울증이 밖으로 발산되어 희석되지 않거나 더욱 심화될 경우에 때로는 신체적 질병의 형태로 나타나기도 한다. 그러나 노년의 정서적 갈등이 적절히 해소될 때는 보다 건강하고 행복한 노년기를 맞이할 수 있는 것이다(유혜숙, 1997).

## 3. 노인 대상 치료적 독서 활동 현황 분석

우리나라에서의 독서치료 연구는 오래전부터 이루어졌지만(1964년 류중희의 논문에서부터 독서치료가 도입되기 시작), 노인을 대상으로 한 것은 아직 활발하지 않다. 또한 병원(정신과 등)이나 복지관(장애인복지관 포함), 센터(정신보건센터, 지역아동센터, 노인복지센터 등), 요양원, 쉼터, 수련관, 학교(초·중·고등학교), 대학(노인대학 포함), 도서관을 중심으로 여러 사례들이 운영되고 있지만, 노인을 대상으로 한 프로그램은 많지 않다. 다행히 최근 들어 사회적 변화로 인한 필요성이 대두되면서 관심을 갖는 연구자가 늘고 있기 때문에 앞으로는 다양한 주제의 프로그램이 운영될 것으로 예상되며, 임상적으로 효과가 있음을 입증하는 논문 또한 다수 나올 것으로 기대가 된다. 따라서 이 장에서 다루는 노인 대상의 치료적 독서 활동에 대한 현황 분석은, 그동안 발표된 노인 대상의 독서치료 논문들을 중심으로 살펴보고자 한다.

먼저 유혜숙(1998)은 독서치료가 노인 우울증 해소에 효과가 있음을 밝히기 위해 임상적 연구를 실시했다. 이 연구는 서울 소재 노인대학에 소속된 노인을 대상으로 노년기 심리적 특성 가운데 하나인 우울증을 주제로 실험 연구를 한 것으로, 독서치료가 발달적(developmental)인 측면뿐만 아니라 임상적(clinical)인 측면에도 효과가 있음을 입증한 것은 물론, 노인들에게도 독서치료가 효과적이라는 점을 시사해 준다. 이 연구는 노인들이 겪고 있는 심리 정서적인 측면에서의 우울증 한 증상에만 초점을 둔 것 같지만, 우울의 원인에는 신체적·심리 정서적·사회적 측면들이 모두 담겨 있기 때문에 노년기 전체 문제를 대변하고 있는 주제라 할 수 있다. 나아가 치료를 돕기 위한 독서 자료들로 시집과 수필, 만화, 자조서(自助書, self-help book), 소설을 두루 선정해서 실험집단에게는 상호 협력적 독서치료(interactive bibliotherapy)를 실시하면서 동일시(identification), 카타르시스(catharsis), 통찰(insight)의 원리에 따라 문제 해결을 할 수 있도록 돕기 위한 매개체로 활용하고 있기도 하다.

간호옥(2004)도 치매 노인의 사회적응력 강화를 위해 치매 노인 주간보호센터를 이용하는 치매 노인들을 대상으로 예술치료, 특히 문학치료를 중심으로 실험연구를 실시했다. 그런데 연구자 스스로도 밝히고 있듯 프로그램의 목적과 목표를 설정하는데 많은 어려움이 있었다고 한다. 왜냐하면 치매노인들의 치매 정도의 차이로 인해 이들의 인지적, 정서적 및 신체적 기능이 매우 큰 차이를 보였고, 또한 흥미와 욕구가 다양하게 나타났기 때문이다. 그리하여 목적과 목표를 설정하는데 있어서 대상들의 인지적, 정서적, 신체적 상태, 흥미와 욕구의 순으로 우선순위를 두었다고 한다. 그런 다음 사회적응력을 강화하기 위해 인지기능과 정서기능 강화훈련을 목적으로 집단 사회사업프로그램을 적용하고, 그 효과를 양적 및 질적 방법으로 확인하였다. 이 연구는 임상적 독서치료의 범주라 할 수 있는 치매노인을 대상으로 했기 때문에 프로그램을 설계하는 것에서부터 운영을 하는 것에 이르기까지 쉽지 않았을 것이다. 따라서 문헌정보학만을 배경으로 한 연구자에 의해서는 실시될 수 없는 프로그램이라 생각되며, 만약 실시를 한다면 정신보건 전문가들의 도움이 필요할 것이다. 이 연구가 향후 노인을 대상으로 할 독서치료 프로그램에 주는 시사점이라면 같은 질병(증상)을 앓고 있는 대상이라고 해도 정도의 차이가 크고, 그에 따라 치료 목표와 자료 선정, 관련 활동들이 모두 달라져야 하기 때문에 대상 선정에서부터 보다 세분화할 필요가 있다는 점이다.

장영남(2006)은 나이가 들어감에 따라 감각 기능의 퇴화는 어쩔 수 없이 겪게 되는 현상인데, 그것을 예방하는데 독서치료가 효과가 있음을 밝히려 했다. 그는 나이 듦으로 인해 생기는 마음의 상처로부터 참여자들을 도울 수 있는 독서치료의 개입 가능성을 타진했으며, 정신 건강을 돕기 위한 목적의 상황별 적정 치유서를 제안하고자 했다. 치유서는 신체적 측면을 위해 7권, 인지적 측면을 위해 8권, 사회적 측면을 위해 1권, 총 16권을 선정해 제시하고 있다. 따라서 그의 연구는 일찍이 도서관 사서들에 의해 지속적으로 발전을 거듭해 온 전통이 있는 정보제공형 독서치료(혹은 읽기 독서치료, reading bibliotherapy)의 속성을 띠고 있어서, 노인들에게도 적정 시기(right time)에 적정 책을(right time), 적정 사람에게(right person) 연결시켜 주는 것만으로도 효과가 있음을 시사하고 있다.

홍을표(2007)는 노인 정신 질환 치료를 위한 독서치료의 적용 가능성에 대한 고찰이라는 논문을 통해, 인간의 심리적 및 정신적 문제를 치유하는데 독서치료가 일정하게 효과를 보고 있다는 기존의 연구 성과를 추적하여 정리했다. 그러면서 주로 노인의 임상 환경에서의 연구 성과를 바탕으로 향후 독서치료가 노인 정신 질환의 치료에도 활용될 수 있도록 이론적 및 임상적 적용 가능성을 높이는 시도 또한 했다. 더불어 독서치료를 노인들의 정신 질환에 적용하기 위한 현실적인 대안도 내놓았는데, 그것은 외국의 사례 중 노인을 대상으로 한 것들을 찾아 국내 실정에 맞게 적용을 하는 것, 그리고 우리나라 노인들의 심리 정서적 여건에 맞는 문학작품이나 독서 자료를 체계적으로 분류하고 선정하는 것은 물론, 그 작품들을 활용해 임상 환경에 적용할 수 있는 프로그램의 개발이 요청된다고 하였다. 이 가운데 문학작품이나 독서 자료에 대한 분류 및 선정은 장영남(2006)의 연구에서도 중요하게 언급된 내용이다.

채란희(2008)는 현 시대가 노인들의 심리적 문제를 감소시키고 심리사회적 적응을 돕기 위한 다양한 치료방법과 교육 프로그램들이 요구되는 시점임을 환기시킨 뒤, 회상과 독서치료 기법을 병행한 프로그램이 노인들의 인지기능 향상 및 우울과 대인관계향상에 효과가 있는가를 살펴보기 위해 연구를 실시하였다. 그가 이 연구에서 활용한 회상 기법은 노인들로 하여금 경험했던 과거 사건들을 함께 나눌 수 있는 기회를 마련해, 좋은 기억들은 서로에게도 긍정적인 영향을 미칠 수 있도록 했을 것이며, 반대로 좋지 못한 기억들은 수용과 공감, 격려와 지지를 통해 해소할 수 있는 기회를 만들어 주었을 것이다. 그에 덧붙여 활용한 독서 자료는 노인들로 하여금 과거의 경험들을 떠올릴 수 있게 도왔음은 물론이고, 결과적으로 연구 문제 전반에 걸쳐 유의미한 효과를 가져왔다. 이는 유혜숙(1997)의 연구 결과와 일치함을 보여주고 있다. 이 연구는 노년기 치료적 독서 활동 적용에 있어 회상 기법을 병행했을 때 얻을 수 있는 시너지 효과에 대해 시사해 주는 바가 있다. 사람들은 각자의 이야기를 만들어 가기 때문에 자연스레 이야기가 담긴 책을 좋아한다고 하는데, 살아온 세월만큼의 이야기보따리를 갖고 있는 노인들로 하여금 자신의 이야기를 풀어낼 수 있는 기회를 준다는 것은, 여느 유명 작가의 책을 함께 나누는 것보다 훨씬 좋은 치료 도구가 될 수 있다. 물론 이야기를 글로 쓰는 방법을 통해서도 같은 효과를 기대할 수 있다.

황인담(2010)은 경증치매노인의 인지력과 우울증 및 사회성에 미치는 효과라는 연구를 통해, 독서치료가 인지력의 문제로 시작되는 치매노인의 증상 완화와 치료에 있어 어떤 영역에 걸쳐 어느 정도 효과가 있는지를 사례 연구를 통해 실증적으로 증명해 주고 있다. 그런데 이 연구 역시 노년기에 겪을 수 있는 가장 큰 문제 가운데 하나인 치매를 다루고 있다는 점에서는 간호옥(2004)과, 그리고 그로 인한 우울증을 다루고 있는 점에서는 유혜숙(1997)과 같다. 단 사회성에 미치는 효과를 검증한 것은 처음이다. 이 연구가 노년기 치료적 독서 활동의 필요성 제안에 시사한 바는 독서치료 프로그램을 실시하기 위한 준비와 처치 방법, 선정한 독서 자료의 주제와 내용, 이어지는 독후 활동 등의 전반 내용이 상세히 설명되어 있다는 점이다. 독서치료 프로그램은 그것이 어떤 사람에게 어떤 도움을 주기 위한 목적의 것이든 상관없이 체계적이며 유기적으로 구성될 필요가 있다. 왜냐하면 그래야 결국 치료 효과를 볼 수 있기 때문이다. 그런 면에서 이 논문은 노인을 대상으로 독서치료 프로그램을 계획하는 사람들에게 여러 면에서 도움이 되겠다.

마지막으로 김동연(2010)은 집단 문학치료 프로그램에 참여한 노인들의 인지와 정서에 초점을 맞춰, 문학을 이용한 정서표현 이야기치료의 집단프로그램을 개발해 실시한 후에 문학치료가 노인의 정서표현 억제와 주관적 안녕감에 미치는 영향을 검증하였다. 그의 연구는 이야기치료 기법을 활용했다는 면에서 채란희(2008)의 연구와 비슷한 면이 있다. 이야기를 통해 억제된 정서를 표현할 수 있도록 돕는 방법이 효율적임을 입증한 것이다. 그는 문제 이야기 발견-외재화-독특한 결과 발견-문제의 영향력 평가-대안 이야기 개발이라는 이야기치료의 과정을, 참여 노인들의 사례를 내용 분석함으로써 보여주고 있기도 하다. 따라서 노년기 치료적 독서 활동 시에 참여 노인들과 발문을 통해 나누는 이야기들도 이런 과정을 통해 해소할 수 있도록 도울 수 있는 방안을 시사해 주고 있다.

노년기 문제와 독서치료와의 관련성이 있는 이상 7편의 연구 성과를 정리하면, 유혜숙(1998)과 황인담(2010)은 문헌정보학 쪽에서 접근한 임상적 연구이고, 간호옥(2004)은 사회복지 분야의 연구로서 대체 의학적 접근방법을 결합한 것이다. 또한 홍을표(2007)와 채란희(2008) 역시 노인복지와 여성복지 차원에서의 접근이고, 장영남(2006)은 교육학 분야의 연구로서의 특징을 갖고 있다. 마지막으로 김동연(2010)은 문학치료적 접근을 취하고 있다.

이 논문들을 통해 도출해 낸 노년기 치료적 독서 활동의 필요성 및 노인들을 대상으로 독서치료 프로그램을 실시할 때 고려해야 할 요소들은 다음과 같다.

첫째, 노인들에게도 독서치료가 효과적이며 발달적인 문제와 임상적인 문제 모두에 적용이 가능하다.

둘째, 발달의 마지막 단계인 노년기에도 여러 문제가 발생한다. 또한 같은 문제를 갖고 있는 노인들이라고 해도 그 정도의 차이는 다양하기 때문에 프로그램을 계획할 때에는 이런 차이를 세분화하여 설계할 필요가 있다.

셋째, 글을 읽을 줄 아는 노인들에게는 도움이 될 수 있는 상황별 적정 자료를 개발해 적시에 제공해 주는 것만으로도 도움이 된다.

넷째, 외국의 사례 중에서 우리나라 상황에도 적용이 될 수 있는 것들을 적극 찾아 접목을 해보는 것은 물론, 우리 실정에 맞는 프로그램을 개발할 필요가 있다.

다섯째, 노인을 대상으로 한 치료적 독서 활동 장면에서는 선정 자료를 함께 나누는 것은 물론 과거를 회상하고 서로 이야기를 나누며 도움을 받을 수 있는 기법을 활용하는 것이 좋다.

## 4. 노년기 치료적 독서 활동을 위한 방안

### 1) 노년기 치료적 독서 활동을 위한 도서 자료 목록 개발

노인들이 독서 활동을 통해 치료적인 면에서 도움을 받으려면 상황별 도서 자료 목록을 개발해 제공해야 한다. 이는 혹여 자녀에게 누가 될까봐 자신의 문제를 적극적으로 노출하기 꺼려하는 노인들에게도 효과적인 방안이 될 수 있다.

다음의 도서 자료 목록은 연구자가 개발한 것으로, 현재 노인의 모습을 담고 있거나 과거를 회상하는데 도움이 될 만 한 주제, 인생 전반에 관한 성찰을 도울 수 있는 그림책만을 모은 것이다. 여러 유형의 자료 가운데 그림책만을 고른 이유는 두꺼운 책을 읽어야 하는 데에서 오는 심리 정서적, 신체적 부담(눈의 피로 등)을 덜어주기 위함, 글과 그림의 조화로 보다 다양한 측면을 함께 이야기 나눌 수 있다는 장점 때문이다. 또한 목록에 담긴 책들을 굳이 주제별로 구분하지 않은 것은 한 권의 책이 여러 주제에 걸쳐 있을 수 있기 때문에 제한을 두어 활용의 한계를 꾀하고 싶지 않았기 때문이다. 노년기 치료적 독서 활동을 위한 도서 자료 목록은 다음과 같다.

〈표 2〉 노년기 치료적 독서 활동을 위한 도서 자료 목록

| 순번 | 제목 | 지은이 | 출판사 |
|---|---|---|---|
| 1 | 너희들도 언젠가는 노인이 된단다 | 엘리자베트 브라미 글, 안나 침베네 그림 | 보물창고 |
| 2 | 오른발 왼발 | 토미 드 파올라 글·그림 | 비룡소 |
| 3 | 체리나무 | 크롤드 마르탱게 글, 알폰소 루아노 그림 | 달리 |
| 4 | 아씨방 일곱 동무 | 이영경 글·그림 | 비룡소 |
| 5 | 명애와 다래 | 이형진 글·그림 | 느림보 |
| 6 | 해와 달이 된 오누이 | 고지영 그림, 김중철 엮음 | 웅진 주니어 |
| 7 | 의좋은 형제 | 이현주 글, 김천정 그림 | 국민서관 |
| 8 | 나의 사직동 | 김서정 글, 한성옥 그림 | 보림 |
| 9 | 언제까지나 너를 사랑해 | 로버트 먼치 글, 안토니 루이스 그림 | 북뱅크 |
| 10 | 세상에서 가장 큰 집 | 레오 리오니 글·그림 | 마루벌 |
| 11 | 아버지의 모래꽃 새 | 도미니크 드메르 글, 스테판 풀랭 그림 | 달리 |
| 12 | 열두 띠 이야기 | 정하섭 글, 이춘길 그림 | 보림 |
| 13 | 똥벼락 | 김회경 글, 조혜란 그림 | 사계절 |
| 14 | 시인과 요술 조약돌 | 팀 마이어스 글, 한성옥 그림 | 보림 |
| 15 | 망태 할아버지가 온다 | 박연철 글·그림 | 시공주니어 |
| 16 | 줄줄이 꿴 호랑이 | 권문희 글·그림 | 사계절 |
| 17 | 설탕엄마 소금아빠 | 디디에 코바르스키 글, 사뮈엘 리베롱 그림 | 글뿌리 |
| 18 | 당나귀 부부 | 아델하이트 다히메네 글, 하이데 슈퇴링거 그림 | 달리 |
| 19 | 엄마 마중 | 이태준 글, 김동성 그림 | 소년한길 |
| 20 | 이름 짓기 좋아하는 할머니 | 신시아 라일런트 글, 캐드린 브라운 그림 | 보물창고 |

| 21 | 아무도 모를 거야 내가 누군지 | 김향금 글,<br>이혜리 그림 | 보림 |
|---|---|---|---|
| 22 | 떡 잔치 | 강인희 글,<br>정대영 그림 | 보림 |
| 23 | 딸은 좋다 | 채인선 글,<br>김은정 그림 | 한울림어린이 |
| 24 | 달구와 손톱 | 이춘희 글,<br>이웅기 그림 | 언어세상 |
| 25 | 돌멩이 국 | 존 무스 글·그림 | 달리 |
| 26 | 싸개 싸개 오줌싸개 | 이춘희 글,<br>김정한 그림 | 언어세상 |
| 27 | 오늘은 우리 집 김장하는 날 | 채인선 글,<br>방정화 그림 | 보림 |
| 28 | 작은 집 이야기 | 버지니아 리 버튼 글·그림 | 시공주니어 |
| 29 | 안젤로 | 데이비드 맥컬레이 글·그림 | 북뱅크 |
| 30 | 우체부 슈발 | 오카야 코지 글,<br>야마네 히데노부 그림 | 진선 |
| 31 | 세상에서 제일 힘센 수탉 | 이호백 글,<br>이억배 그림 | 재미마주 |
| 32 | 손 큰 할머니의 만두 만들기 | 채인선 글,<br>이억배 그림 | 재미마주 |
| 33 | 지구별에 온 손님 | 모디캐이 저스타인 글·그림 | 보물창고 |
| 34 | 힐드리드 할머니와 밤 | 첼리 두란 라이언 글,<br>아놀드 로벨 그림 | 시공주니어 |
| 35 | 설빔 | 배현주 지음 | 사계절 |
| 36 | 새색시 | 박현정 지음 | 초방책방 |
| 37 | 수궁가 | 신동준 지음 | 초방책방 |
| 38 | 빨간 부채 파란 부채 | 임정진 글,<br>홍성지 그림 | 비룡소 |
| 39 | 훨훨 간다 | 권정생 글,<br>김용철 그림 | 국민서관 |
| 40 | 살아 있는 모든 것은 | 브라이언 멜로니 글,<br>로버트 잉펜 그림 | 마루벌 |
| 41 | 우리 할아버지 | 릴리스 노만 글,<br>노엘라 영 그림 | 미래아이 |
| 42 | 할머니의 선물 | 마거릿 와일드 글·그림 | 시공주니어 |

| 43 | 위층 할머니, 아래층 할머니 | 토미 드 파올라 글·그림 | 비룡소 |
| 44 | 우리 할아버지는 106세 | 마츠다 모토코 글, 칸노 유키코 그림 | 아이세움 |
| 45 | 비움 | 이보나 흐미엘레프스카 그림, 곽영권 글 | 아지 |
| 46 | 아들에게 | 정소영 글·그림 | 낮은산 |
| 47 | 꽃그늘 환한 물 | 정채봉 글, 김세현 그림 | 길벗어린이 |
| 48 | 무슨 일이든 다 때가 있다 | 레오 딜런, 다이앤 딜런 글·그림, 강무홍 옮김 | 논장 |
| 49 | 관계 | 안도현 글, 이혜리 그림 | 계수나무 |
| 50 | 나, 화가가 되고 싶어! | 윤여림 글, 정현지 그림 | 웅진주니어 |
| 51 | 나를 찍고 싶었어! | 신순재 글, 김명진 그림 | 웅진주니어 |
| 52 | 두 사람 | 이보나 흐미엘레프스카 글·그림, 이지원 옮김 | 사계절 |
| 53 | 빈 화분 | 데미 글·그림, 서애경 옮김 | 사계절 |
| 54 | 그 집 이야기 | 로베르토 인토첸티 그림, 존 패트릭 루이스 글, 백계문 옮김 | 사계절 |
| 55 | 커다란 나무 | 레미 쿠르종 글·그림, 나선희 옮김 | 시공주니어 |

## 2) 노년기 치료적 독서 활동에서의 목표 수립

　노인을 대상으로 한 치료적 독서 활동은 여러 목표에 의해 운영될 수 있다. 이때 수립되는 목표는 프로그램에 참여하는 노인의 유형을 결정할 수 있는 범위를 지정해 주는 것은 물론, 활동의 방향성을 제시해 주기도 한다. 따라서 치료적 독서 활동을 계획할 때에는 먼저 그 목표를 어디에 둘 것인지를 결정해야 한다. 다음은 노인들의 특성에 따라 수립해 볼 수 있는 목표들의 예이다.

**(1) 신체적 측면을 위한 목표**

노년기에는 여러 가지 신체적 노화현상들이 나타난다. 신체적 노화현상 중에는 바깥으로 드러나는 현상도 있고, 신체 내부에서 눈에 띠지 않게 진행되는 노화도 있다(송명자, 2003). 개인적으로 큰 차이가 있지만 일반적으로 나이가 들어감에 따라 외관상으로 머리카락이 희어지고 피부에 주름이 생기며 검은 반점이 눈에 띄게 많아진다. 또한 골격의 약화로 움직임이 힘들어지고 허리가 굽기도 하며 근육의 기능 또한 현저히 저하된다. 시력의 약화, 피부의 주름, 월경 정지, 피로감, 기억력이 감퇴되며 심장, 폐, 위장, 간장 등의 신체 기관들의 쇠퇴와 기능 저하 현상이 나타난다. 이와 같은 기능의 저하로 노인들에게는 고혈압, 심장병, 동맥경화증, 뇌졸중, 암, 당뇨병, 관절질환, 류머티즘, 신경통, 골다공증, 백내장, 녹내장, 치과 질환 등과 같은 각종 질환들이 나타나게 된다. 신체 기능의 저항력 감퇴로 여러 가지 질환에 걸리기 쉬워지는 반면 건강상의 회복 과정은 느려진다. 신체의 각 기관이 부조화 경향을 나타내고 환경의 변화에 대한 적응력이 감퇴되어 조금만 무리를 해도 기능의 장애가 오는 수가 많다. 이와 같이 신체의 구조와 내부기능의 노화현상이 나타나고 이로 인하여 각종 만성질환이 늘어난다고 할 수 있으나, 노화의 정도는 개인마다 다양하고 개인의 신체 구조와 내부기능에 있어 그 속도도 다르다. 그러나 일반적으로 나이가 들면 노화가 진행되고 신체적인 문제와 각종 만성질환도 발생하기 때문에 이 같은 변화는 노인들에게 심리적, 사회적으로 영향을 주게 된다(박차상 외, 2009).

따라서 신체적 측면에서는 노화로 인해 발생하는 신체적인 문제 전반에 관한 부정적인 감정을 해소하고 수용할 수 있도록 돕는 목표를 수립할 수 있다.

### (2) 심리 정서적 측면을 위한 목표

인간은 하나의 생물학적 유기체로서 생존하고 변화하고 사라지는 존재에 그치지 않고, 환경 속에서 어떤 사물이나 현상을 감지하고, 생각하고, 반응을 보이는 목적 있는 행동을 하는 실체이다. 그러므로 노화가 생물학적 면뿐만 아니라 심리적인 면에서 어떠한 변화를 초래하는지 검토하는 것은 매우 중요하다. 그 가운데 성격은 한 개인의 정신적 기능과 행동 양식의 복합적이고 상호의존적 체계로서 개인이 다른 사람과 구별되는 고유한 특성이라고 할 수 있다. 노년기의 심리적 특성을 구체적으로 살펴보면 다음과 같다.

첫째, 나이가 들어감에 따라 우울증 경향 또한 증가하는 것은 일반적인 현상이다. 노년기 전반에 걸쳐 증가하는 우울증은 노령에 따른 스트레스에 그 원인이 있는 것으로 분석되고 있다. 즉, 신체적 질병, 배우자의 죽음, 경제사정의 악화, 사회와 가족들로부터의 고립, 일상생활에 대한 자기통제 불가능, 그리고 지나온 세월에 대한 회환 등으로 전반적으로 우울증 경향이 증가한다(Jarvik, 1976). 그리하여 이런 노인들은 불면증, 체중감소, 감정적 무감각, 강박관념, 증오심 등의 구체적 우울 증세를 나타내기도 한다.

둘째, 노화해 감에 따라 사람은 사회적 활동이 점차 감소하고 사물의 판단과 활동 방향을 외부보다는 내부로 돌리는 행동양식을 갖게 된다. 특히 신체 및 인지능력의 감퇴와 더불어 자아상이 달라지고, 외부자극보다 자기 자신의 사고, 감정 등 내부자극을 향해 더 많이 반응하고 있다. 또한 생활상황에 감정의 투입을 덜 하며 자기주장을 관철함에 있어 지구력이 약할 뿐만 아니라 새로운 것에 도전하기를 꺼린다.

셋째, 성역할 지각의 변화가 일어난다. 노인은 이전과는 달리 일생동안 자기 자신에게 억제되었던 성역할의 방향으로 전환되어 간다는 것이다. 그리하여 늙어갈수록 남자는 유친성과 양육동기가 더 증가하고 여자는 공격성, 자기중심성, 그리고 권위적 동기가 더 증가한다는 것이다.

넷째, 경직성이 증가한다. 경직성(硬直性)이란 융통성과 반대되는 개념으로서 어떤 태도·의견 그리고 문제해결 장면에서 그 해결 방법이나 행동이 옳지 않거나 이득이 없음에도 불구하고 옛날과 마찬가지로 방법을 고집하고 이를 여전히 계속하는 행동경향을 말한다.

다섯째, 일반적으로 보면 노인이 될수록 행동이 더욱 조심스러워진다. 이에는 노인 스스로의 의지로써 정확성을 더욱 중요시하기 때문에 조심성이 증가한다는 동기가설과, 시각·청각 등 감각능력의 감퇴를 비롯한 신체적-심리적 메커니즘의 기능이 쇠퇴한 결과 그 부산물로 부득이 조심스러워진다는 결과가설이 있다.

여섯째, 노인이 될수록 오랫동안 사용해온 물건과 대상에 대한 애착심이 증가한다. 이는 노인으로 하여금 자신이 지나온 과거를 회상하고 마음의 안락을 찾게 할 뿐만 아니라, 사실상 비록 자기의 주변 세상과 세월은 여러 차례 변화하지만 자신의 주변은 변화하지 않는 것으로 보려는, 즉 일정한 방향을 유지하려는 노력을 뜻한다(Bulter, 1975).

일곱째, 노인, 특히 정상적으로 늙어가는 노인들은 사후에 이 세상에 다녀갔다는 흔적을 남기려는 욕망이 강한데 이를 유산을 남기려는 갈망이라고 부른다.

여덟째, 노인은 신체적 및 경제적 능력의 쇠퇴와 더불어 의존성이 증가하는 경향이 있다(Kalish, 1969 등). 이에 대해 블렌크너(Blenkner, 1965)의 주장을 보면 노인에게는 경제적 의존성, 신체적 의존성, 정신능력의 의존성, 사회적 역할 및 활동의 상실에서 오는 사회적 의존성, 심리적·정서적 의존성의 다섯 가지 측면이 있다(윤진, 2001, 재인용).

따라서 심리 정서적 측면에서는 우울감의 감소, 사회성 발달, 성역할 정립, 융통성 획득, 자신감 회복을 돕기 위한 목표를 수립할 수 있다.

### (3) 사회적 측면을 위한 목표

노년기를 설명하는 수많은 학자와 이론서, 그리고 연장된 노년기의 시간 속에서 과연 노인들은 어떤 모습으로 살아가는가에 대한 지속적인 사회적 관심이 형성되고 있다(권미애, 2008). 노인의 문제는 크게 사회적인 차원과, 개별 노인 차원으로 나눌 수 있다. 사회적 차원에서는 노인부양비의 증가와 의료비 증가, 노인들의 여가문제를 들 수 있는데, 고령인구의 급속한 증가와 함께 가족 구조의 급속한 핵가족화는 노인 부양의식의 약화, 조기퇴직, 구조조정에 의한 퇴직 등과 같은 강제적 퇴직, 각종 사고나 재해 등과 같은 사회적 위험의 증대와 노인 인구의 증가에 따른 의료비의 증대는 노인에 대한 부양비용과 의료비를 증가 시키고 있다. 노인 문제를 개별 노인 차원에서 살펴보면, 소득감소에 따른 경제적 문제와 건강 문제, 가족의 보호기능 약화와 역할상실과 사회적 고립문제로 대별될 수 있다. 퇴직으로 인한 소득의 감소는 노인 가계의 경제적인 위협이 될 뿐만 아니라 심리적 경제적 변화로 인해 노인 우울을 증대시키고 있고, 평균수명의 증가로 건강한 많은 노인들이 일자리를 찾고 있고, 낮아진 소득으로 인해 자녀에게 의존하게 되는 노인들이 증가하게 된다. 또한 노화로 인한 건강의 악화는 노인 자신에게는 심리적인 불안감과 우울감을, 자녀에게는 노인의 부양 부담을 가중시키는 문제를 가져오고 있다. 현대화된 가족 구조의 특징이 핵가족화와 맞벌이 가족화라 한다면, 노인의 부양은 이러한 가족 구조 하에서 어려운 문제이므로 부양 기능이 약화되고, 건강이 좋지 않은 노인의 경우 가족이 보호해 주고 케어해 주는 기능이 약화되어 건강하지 못한 노인의 보호에 대한 문제가 야기되고 있다. 그리고 퇴직으로 인한 역할 상실은 가족 안에서 생계부양자의 지위가 동시에 상실되고, 자녀들과 비동거 비율의 증가는 사회관계에서의 고립 문제를 야기 시킬 수 있다(강현정, 2009).

따라서 사회적 측면에서는 은퇴로 인한 역할상실과 사회적 고립에서 오는 심리적 위협감을 해소할 수 있도록 돕는 목표를 수립할 수 있다.

## (4) 노년기 치료적 독서 활동에서의 독후 활동

노인들과의 치료적 독서 활동 시에도 작문 활동(일기, 시, 편지, 수필, 유언장, 자서전 쓰기 등), 음악 활동(부르기, 듣기, 연주하기 등), 미술 활동(그리기, 만들기 등), 연극 활동(역할극(role play), 비블리오드라마(bibliodrama), 사이코드라마(psychodrama) 등) 등 다양한 독후 활동을 나눌 수 있다.

다만 어떤 활동을 할 것인지 선택을 할 때에는 독서 활동의 목표와 참여하는 대상이 어떤 유형의 문제를 갖고 있는지, 더불어 선정한 자료가 무엇인지를 고려할 필요가 있다.

다음은 작문 활동 시 주제가 될 수 있는 항목들의 예이다.

    1) 인생의 전환점
    2) 가족
    3) 일과 역할
    4) 사랑과 증오
    5) 건강
    6) 고난과 역경
    7) 인간관계
    8) 학문과 예술
    9) 신념과 가치관
    10) 이별과 죽음

## 5. 결론 및 제언

노년기는 인생을 마무리 하는 단계로서, 누구나 행복하면서도 의미 있게 보내고 싶은 시기이다. 또한 노년기는 은퇴 등으로 인한 사회적 상실감, 신체 능력의 감퇴에서 오는 노화 등으로 인해 심리적인 고통을 겪어야 하는 시기이기도 하면서, 동시에 사회적 책임을 모두 내려놓고 여유로운 생활을 할 수 있는 시기이기도 하다. 따라서 노년기를 보다 의미 있게 보내기 위해서는 신체적, 심리 정서적, 사회적인 면에서 유능감을 느끼고 자신을 통합해 나갈 수 있어야 한다.

이에 본 연구에서는 노년기에 겪을 수 있는 여러 문제와 독서 활동이 갖고 있는 치료적 측면을 먼저 이론적으로 고찰해 보았다. 이어서 우리나라에서 출간된 독서치료 관련 학위논문 가운데 노인을 대상으로 한 것들을 분석해 노년기 치료적 독서 활동의 필요성 및 활동 계획을 위한 시사점을 도출해 냈다. 나아가 이론적 고찰 내용과 선행 학위논문에 대한 분석 내용을 토대로 노년기 치료적 독서 활동을 위한 방안을 제시하고, 도서 자료 목록을 개발했다. 또한 독서 활동의 목표를 신체적, 심리 정서적, 사회적 측면에서 각각 수립할 수 있음을 제시하고, 독서 이후 독후 활동에 대한 면도 모색을 했다. 더불어 마지막으로 방안들을 종합한 프로그램의 계획까지 제시하였다.

독서 활동은 개인의 총체적 정신 활동을 통해 한 사람이 갖고 있는 어려움들을 해결해주고, 더불어 여러 능력의 향상도 기할 수 있어 전반적인 적응에 도움이 된다. 또한 함께 읽고 나누는 기회를 통해서는 소외감을 느끼는 노인들로 하여금 소속감을 갖게 하고, 공감의 경험과 보편성에 대한 체험을 통해 심리적 건강까지 촉진시킬 수 있다.

시간의 흐름은 모든 사람에게 공평하다. 따라서 누구나 나이가 들어 노인이 될 수밖에 없고, 노년기의 문제들을 겪을 가능성 또한 갖고 있다. 이런 측면에서 노인을 위한 독서는 치유적, 예방적 차원에서 접목을 해서 그 가치를 실현 시켜 나갈 필요가 있다 하겠다.

## 【참고문헌】

간호옥. 2004. 「치매 노인의 사회적응력 강화를 위한 예술치료 적용 집단 사회사업 사례 연구 : 문학치료 활동 적용을 중심으로」. 석사학위논문. 서울여자대학교 대학원, 사회사업학과.

강현정. 2009. 『노인의 사회적 배제』. 박사학위논문. 한서대학교 대학원, 노인복지학과.

경기도, 교보문고. 2010. 『어르신 독서도우미 양성 프로그램』. 서울 : (주)교보문고.

권미애. 2008. 「노년기 가치관이 삶의 만족도에 미치는 영향」. 박사학위논문. 성신여자대학교 대학원, 가족문화소비자학과.

김계현. 2002. 『상담심리학』. 서울: 학지사.

김동연. 2010. 「문학을 이용한 정서표현 이야기치료가 노인의 정서표현 억제와 주관적 안녕감에 미치는 영향」. 석사학위논문. 경북대학교 대학원, 문학치료학과.

김혜영. 2010. 「노인 대상 독서 프로그램 실행 연구」. 석사학위논문. 가톨릭대학교 대학원, 독서학과.

박차상, 김옥희, 엄기욱, 이경남, 정상양. 2009.『한국노인복지론』. 서울 : 학지사.
송명자. 2008.『발달심리학』. 서울 : 학지사.
유혜숙. 1998.「노인의 우울증 해소를 위한 독서요법 연구」. 박사학위논문. 중앙대학교 대학원, 문헌정보학과.
윤진. 2001.『성인·노인 심리학 : 성인기 이후의 발달과 노화과정』. 서울 : 중앙적성출판사.
장영남. 2006.「나이듦과 독서치료」. 석사학위논문. 부산대학교 교육대학원, 사서교육전공.
채란희. 2008.「독서치료 프로그램이 노인의 기능 향상에 미치는 효과 : 인지, 우울, 대인관계를 중심으로」. 석사학위논문. 호서대학교 여성문화복지대학원, 사회복지학과.
황인담. 2010.「독서요법이 경증치매노인의 인지력과 우울증 및 사회성에 미치는 효과」. 박사학위논문. 계명대학교 대학원, 문헌정보학과.
홍을표. 2007.「노인 정신 질환 치료를 위한 독서치료의 적용 가능성에 대한 고찰」. 석사학위논문. 차의과학대학교 보건복지대학원, 실버복지경영전공.
Bleckner, M. 1965. Social work and family-relationship in later life with some thoughts on final personality. In E. Shanas, & G. Streib. (Eds.). *Social structure and the family: Generational relations*. Englewood Cliffs. N. J.: Prentice-Hall.
Bulter, R. N. 1975. *Why survive? Being old in America*. New York : Harper. Jarvik, L. F. 1976. Aging and depression: "Some unanswered questions." Journal of Gerontology. 31, 324-326.
Kalish, R. A. ed. 1969. The dependencies of old people. *Occasional Papers in Gerontology*, NO. 6, Ann Arbor:Institute of Gerontology, University of Michigan-Wayne State University.

# 첫 번째 만남

노년기 통합감 증진을
위한 독서치료 프로그램

# 1. 프로그램의 필요성

인간의 발달은 엄마의 몸속에 수정이 되었을 때부터, 태어나 성장을 하고 결국 죽음에 이를 때까지 계속된다. 따라서 오랜 시간에 걸쳐 완성이 되는 만큼 여러 단계로 구분이 되고, 각 단계별로 마땅히 완수해야 하는 과업도 있다. 물론 발달은 사람에 따라 달라지는 측면이 있지만, 특별한 질병이나 장애가 있지 않는 이상 대동소이한 편이다.

그런데 그 중에서 가장 마지막 단계는 성인기 후기 혹은 노년기라고 불리는 60세 이상의 시기이다. 독일 출생의 미국 심리학자인 에릭 에릭슨(Erik H. Erikson)은 심리사회적 발달 이론을 통해 인간의 성격이 전 생애에 걸쳐 변화하고 발달한다고 말했다. 또한 모든 사람들은 그가 처하고 있는 환경, 그로부터 주어지는 각 단계의 심리사회적 과제를 잘 해결하고 위기를 극복해 나가게 되면 성숙을 이룰 수 있다고 하면서, 인생의 마지막 단계에서는 통합감(integrity)을 갖는 것이 중요하다고 말했다. 그러나 노년기에는 다음과 같은 측면에서의 어려움 때문에 통합감 형성에 어려움이 발생할 수 있다.

첫째, 노년기에는 신체 생리적인 면에서의 노화를 맞이하기 때문에 체력은 물론 건강이 악화된다. 건강과 체력은 무엇인가를 기꺼이 해낼 수 있다는 자신감과 믿음으로 연결되는 가장 기본적인 요건이다. 따라서 몸이 약해지는 것을 스스로 느낄 수밖에 없음은 자아존중감과 통합감 형성에 부정적인 영향을 미칠 수 있다.

둘째, 가까운 사람들(배우자나 친구들)의 죽음을 통해 고독감과 무력감을 느낄 수 있다. 죽음은 누구나 맞이해야 하는 발달에서의 마지막 과업이다. 하지만 가까운 사람들의 죽음을 지켜보는 것은 살아남은 자에게 크나큰 고통이다. 더불어 자신의 죽음이 임박해 오고 있음을 눈으로 확인하는 작업도 되기 때문에, 심리적인 면에서의 상실감과 함께 불안을 유발할 수 있다.

셋째, 노년기에는 그동안 해오던 일에서 은퇴를 하는 등 사회에서도 유리가 되어 경제적인 능력을 상실하는 시기이다. 만약 젊은 시절 노후 대비를 충분히 해두었다면 관계가 없겠으나, 그마저도 여의치 않다면 상실감은 무척 클 것이다.

넷째, 노년기에는 자녀 및 손자들과의 관계로부터의 영향도 많이 받는데, 만약 그들로부터 홀대를 받는 등 친밀한 관계를 형성하지 못하면 극심한 외로움을 겪을 수 있다.

그밖에도 노년기에는 여러 이유들 때문에 심리사회적인 측면에서 위기가 올 수 있는데, 스스로를 절망의 상태로 몰아넣기 보다는 그동안의 삶을 위해 열심히 노력한 과거의 성취들을 돌아보고, 그것들을 하나하나 통합할 수 있음은 가장 중요한 과제가 될 수 있다. 결국 이는 자아 통합감(ego integrity)이라는 용어로 정리할 수 있는데, 자아 통합감을 갖고 있는 사람은 죽음에도 초연할 수 있으며, 나아가 모든 신체적·경제적 위협으로부터 자신의 삶을 지켜낼 수 있는 지혜도 갖게 된다. 즉, 삶을 통찰(insight)할 수 있게 되는 것이다. 그러나 반대로 자아 통합감을 갖지 못한 사람은 절망감(despair)을 갖게 되고, 이러한 절망감은 자기혐오, 초초함,

공허함을 유발시킨다. 결국 성공적인 노화를 위해서는 신체적, 사회적, 심리적 변화를 수용하고, 탄력 있게 적응하는 역량과 준비가 필요하다고 하겠다.

  이에 본 프로그램은 독서치료적 접근을 통해, 인생의 마지막 단계인 노년기에 통합감을 형성해 노인들이 보다 만족스러운 가운데 그 시기를 보낼 수 있도록 돕는데 목표를 두었다.

## 2. 프로그램의 구성

본 프로그램은 어르신을 대상으로 마련된 것으로, 한글 해독이 가능한(읽기와 쓰기) 어르신 10명 내외, 회당 2시간씩 총 10회로 진행된다. 어르신들은 프로그램 참여를 위해 많은 분량의 책을 직접 구해 읽어 오기가 어려울 것이라는 생각이 들어, 문학작품은 그림책이나 시, 짧은 분량의 수필, 노래 가사 등을 주로 선정했다. 이어서 참여 어르신들 자신의 기억이라는 저장소에 담겨 있는 이야기들을 회상하고, 그 내용들을 모아 작문이나 미술 활동으로 표현할 수 있도록 도왔다. 이 과정은 참여 어르신들이 현재 자신의 감정을 이해하고 수용하며, 자신의 욕구와 미해결된 관계로 인한 감정 등에 대해 정리를 할 수 있도록 도울 것이다.

독서치료는 선정된 문학작품을 읽고 상호작용을 통해 도움을 받는 분야이기 때문에, 이 프로그램에 참여하는 어르신들은 치료사가 선정한 자료를 읽고 이야기를 나누는 과정, 그럼으로 인해 인생 전반을 돌아보고 정리할 수 있다는 자체만으로도 통합감 증진에 큰 도움이 될 것이다. 이 프로그램은 『책과 함께하는 마음 놀이터 4』의 여섯 번째 놀이터에 담겨 있는 '노년기 우울 감소를 위한 독서치료 프로그램'에서 대부분의 체계를 가져와 수정 및 보완을 거친 것임을 미리 밝혀둔다.

〈표 3〉 노년기 통합감 증진을 위한 독서치료 프로그램

| 세션 | 세부목표 | 선정 자료 | 관련 활동 |
|---|---|---|---|
| 1 | 프로그램의 이해 및 친밀감 형성 | 〈도서 : 책 읽기 좋아하는 할머니〉 | 프로그램 소개, 집단 서약서 작성, 소개 나누기 |
| 2 | 불안감 표출 | 〈수필 : 잃어버리는 것들에 대한 준비〉 | 내가 잃어버리는 것들 |
| 3 | 감정 이해와 수용 | 〈가요 : 타타타, 하숙생〉 | 감정 카드로 자신의 감정을 표현하고 수용하기 |
| 4 | 자신의 욕구 이해 | 〈시 : 내가 원하는 것〉 〈가요 : 사의 찬미〉 | 내가 원하는 것 모방 시 쓰기 |
| 5 | 미해결 관계 정리 | 〈산문 : 마지막 "사랑한다!"는 말 한마디, 가장 아름다운 꽃〉 | 미해결 관계로 남아 있는 대상에 대한 감정 표현하기 |
| 6 | 가족 이해 | 〈도서 : 우리 할아버지, 할머니가 남긴 선물〉 | 콜라주 - 가까운 사람들 기억속의 내 모습 |
| 7 | 타인 이해와 관계 개선 | 〈도서 : 두 사람〉 〈산문 : 상대방의 말 중복하기〉 | 3분 동안 들어주고 경험 나누기 |
| 8 | 자긍심 증진 | 〈시 : 향수, 소년〉 | 협동 시 짓기 |
| 9 | 자아통합 증진 및 죽음불안 감소 | 〈도서 : 살아 있는 모든 것은〉 〈산문 : 유언〉 | 죽음 또는 장례에 대한 나의 바람을 담아 '유언장' 작성하기 |
| 10 | 자부심 고취 및 의사결정력 증진 | 〈시 : 죽기 전에 꼭 해볼 일들〉 | 앞으로 시도해 볼 일들 정하기(나의 꿈 목록), 참여 소감 나누기 |

## 3. 프로그램의 실제

### 노년기 통합감 증진을 위한 독서치료 프로그램

**제1회** 　프로그램의 이해 및 친밀감 형성
〈프로그램 소개, 집단 서약서 작성, 소개 나누기〉

　어르신들을 대상으로 한 프로그램은 노인복지센터 등 어르신들이 이미 모여 계신 곳으로 찾아가 진행하는 것이 아니라면, 인원이 모집되어 실행까지 되기가 매우 어렵다. 이는 청소년 프로그램과 같은 이유인데, 왜냐하면 일반 성인이나 아이들처럼 평소 도서관을 자주 이용하지 않기 때문에 도서관이라는 장소 자체에 친밀감이 적고(청소년들은 이용할 시간이 제한되어 있기 때문에), 그러다 보면 자연스레 프로그램에 대한 홍보에도 덜 노출이 되기 때문이다. 그래서 일반적으로는 인원 구성이 이미 되어 있는 기관과 연계를 해 진행하는 경우가 많다.
　또한 노인복지센터 등에서 프로그램을 진행하는 경우에도 독서치료 프로그램을 위한 충분한 시간 배정이 이루어지지 않는 경우가 많은데, 이런 면들은 어르신들을 위한 독서치료 프로그램의 활성화에 방해가 되는 요소들이다. 따라서 어르신들을 대상으로 프로그램을 진행할 수 있는 기회를 갖는 치료사들은 프로그램 시간에서부터, 필요성, 효과 등에 대해 기관 담당자들에게 계속 이야기를 할 필요가 있다고 생각한다. 만약 이런 기회를 자주 갖게 되어 담당자들도 그에 대한 인식이 생기면 향후에는 더 나은 조건에서 프로그램을 진행할 수 있을 테고, 그럼으로써 프로그램에 참여하는 분들은 더 큰 효과를 경험하실 것이며, 나아가 독서치료 프로그램의 정착과 활성화에도 기여를 할 것이기 때문이다.

다시 프로그램으로 돌아와, 어르신들과의 첫 만남은 늘 푸근한 기분이 든다. 마치 고향에 계신 할머니 할아버지를 만난 듯, 시골에 계신 어머니 아버지를 만난 듯 말이다. 어르신들과의 프로그램 진행 시 여느 참여자들과 크게 다른 점은 없으나, 선정 자료를 바탕으로 혹은 관련 활동에 대한 설명을 해드릴 때 약간은 큰 음성, 보통이거나 약간 느린 빠르기와 부드러운 어조로 말하는 것은 필요하겠다. 또한 여유 있게 두 번 정도 설명을 반복하는 것도 배려라고 생각된다. 더불어 어르신들은 이야기 도중 혹여 자신의 치부를 드러내거나, 가족과 자식들을 욕보이지 않겠다는 신념이 강하게 들 때는 말씀을 삼가려는 모습도 보이니, 이런 특징은 미리 알고 있는 것도 필요하겠다. 그럼 선정 자료부터 하나씩 설명을 해드리겠다.

**(1) 선정 자료**

① 책읽기 좋아하는 할머니 / 존 윈치 글·그림, 조은수 옮김 / 물구나무

'The Old Woman Who Loved to Read(1996, Scholstic)'라는 원제목을 갖고 있는 John Winch의 작품이다. 이 그림책에는 번잡한 도시가 아닌 자연과 가까워 휴식을 취할 수도 있고, 무엇보다 방해를 받지 않고 조용히 많은 책을 읽을 수 있는 시골로 내려 간 할머니가 등

장한다. 그러나 할머니의 바람과는 달리 시골에도 무척 많은 일들이 기다리고 있었다. 엉망인 집을 치워야 함은 물론이고, 밭도 갈아야 하며 울타리의 말뚝도 고쳐야 한다. 또한 계절별로도 할 일들이 있었는데 봄에는 양을 돌봐야 했고, 여름에는 과일을 수확해서 저장을 해두어야 했다. 계절 역시 할머니의 휴식을 방해하는 요소로 작용하는데, 그 해 여름은 너무 덥고 비가 내리지 않아 가뭄까지 들어 불이 날 정도였다. 반면 가을에는 비가 너무 많이 와서 목욕통을 타고 동물들을 구하러 다녀야 했다. 덕분에 할머니는 아직까지도 여유롭게 앉아 책 읽을 시간을 전혀 갖지 못했다. 그런데 이내 겨울이 되자 할머니에게도 평화가 찾아온다. 비로소 많은 책들과 동물들에 둘러싸여 그토록 원하던 달콤한 휴식을 얻게 되는 것이다.

프로그램 첫 회를 위해 이 책을 선정한 데에는 다음과 같은 이유가 있다. 우선 이 프로그램에 참여하신 분들은 책읽기를 좋아할 가능성이 높다. 따라서 책의 제목을 패러디 해 '○○을/를 좋아하는 할머니/할아버지'로 자신을 소개할 수 있는 기회를 드리고자 한 것이 첫 번째 목적이고, 두 번째 목적으로는 독서치료가 무엇인지, 또한 독서치료에 참여하기 위해서는 책을 좋아해야 한다는 점도 알리기 위해서이다.

### (2) 관련 활동

① 프로그램 소개

이 프로그램은 '통합감 증진'을 목표로 한 것이다. 우리는 평소 '통합'이라는 말을 자주 사용하기는 하지만, '통합감'이라는 단어를 쓰는 경우는 흔하지 않다. 따라서 참여 어르신께 이 프로그램이 지향하는 목표를 정확하게 설명해 드릴 필요가 있다. 즉, 참여 어르신들과 함께 지향해 나가야 할 목표를 공유하는 것인데, 이 작업은 그들 스스로에게도 열심히 참여해야겠다는 동기를 유발시킬 수 있는 기재가 될 것이다. 더불어 목표를 이루기 위해서 설정해 놓은 구성(전체 기간 및 빈도, 회 당 시간, 준비물 등) 역시 상세하게 설명해 드릴 필요가 있다.

② 서약서 작성

집단 독서치료 프로그램은 개인과 달리 여러 사람이 동시에 참여하는 형태이다. 따라서 시간과 비용을 절약할 수 있고, 서로의 관심사나 감정을 터놓고 이야기 할 수 있기 때문에 보편성과 소속감, 동료의식도 발달시킬 수 있는 장점이 있다. 나아가 다양한 참여자들을 통해 풍부한 학습경험을 할 수 있고, 특히 청소년들의 경우 개인적인 조언은 잘 수용하지 않지만, 집단 내에서 결정되는 동료들의 집단적인 의견은 잘 받아들여 타인과 상호 교류할 수 있는 능력이 개발되고 문제 해결적 행동을 보다 구체적으로 실천할 수 있는 힘도 생긴다. 또한 보다 안전하게 현실에 대한 점검을 할 수 있는 것은 물론, 새로운 행동에 대한 검증도 해볼 수 있는 장을 마련해 준다.

이런 이유 때문에 집단 치료 프로그램이 활성화 되어 있는데, 반대로 집단에 적합하지 않은 참여자는 희생자가 될 수 있으며, 준비가 채 되기도 전에 집단 압력에 의해 자신의 마음을 털어 놓아야 할 것만 같은 상황에 처할 수도 있다. 또한 비밀 보장이 철저하게 이루어지지 않을 경우 심각한 문제가 발생한다는 단점도 갖고 있다. 게다가 집단의 기간이 길지 않은 경우에는 참여자가 드러낸 어려움이 충분히 다루어지지 못할 가능성도 있다.

따라서 집단 프로그램을 시작할 때 치료사는 집단 내에서 이런 문제가 발생하지 않게 하려는 하나의 방편으로 서약서를 받는다. '집단 서약서'는 집단에 참여하기 위해 모두가 지켜야 할 규칙 등을 세부적으로 명시한 것으로, 보통 '참여 시간 지키기'나 '타인 존중하기', '비밀 보장' 등의 문구가 담긴다. 치료사는 참여자들에게 집단 서약서를 배부하고 하나씩 함께 읽어가며 주지를 시키는 것이 좋고, 이어서 동의를 한다면 모두가 서명을 하게 한 뒤 수거를 하면 된다. 때로 서약서에 담길 내용을 치료사가 다 정하지 않고 몇 개는 공란으로 남겨둔 채 함께 의견을 모아서 적어 넣도록 하는 것도 한 방법이 될 수 있다. 만약 그렇게 하면 참여자 개인이 어떤 측면을 걱정하는지 등의 성향도 파악할 수 있는 기회가 될 것이다. 구체적인 활동자료는 〈참여자 활동자료 1-1〉에 있다.

③ 소개 나누기

소개 나누기 역시 첫 번째 시간에 반드시 해야 할 활동 가운데 하나이다. 왜냐하면 소개를 통해 치료사는 참여자들을 파악할 수 있는 기회를 얻고, 다른 참여자들 역시 친밀감과 신뢰감을 형성할 수 있는 기회를 갖기 때문이다. 따라서 치료사들은 어떻게 하면 효율적으로 소개를 하게 만들어 필요한 측면들을 탐색할 수 있을지 진지하게 고민을 해야 한다. 그런 뒤 활동지가 필요하면 만들어서 배부를 하고, 놀이나 미술 등의 표현 방법을 활용할 것이라면 그에 필요한 재료나 환경적 구성을 고려할 필요도 있다.

이 프로그램에서의 소개 나누기는 선정 자료와 연결을 지어 '나는 ○○을/를 좋아하는 할머니/할아버지'라는 제목의 활동으로 연결을 지었다. 구체적인 활동자료는 〈참여자 활동자료 1-2〉에 있다.

〈참여자 활동자료 1-1〉

# 집단 서약서

나는 우리가 재미있고 유익한 프로그램을 함께 만들어 나갈 수 있도록 하기 위해 다음과 같은 규칙을 지킬 것입니다.

1. 활동에 열심히 참여할 것입니다.

2. 생각과 감정을 솔직하게 이야기 할 것입니다.

3. 다른 참여자들의 말도 열심히 듣겠습니다.

4. 다른 참여자들을 따뜻하게 대해줄 것입니다.

5. 함께 나눈 이야기를 밖에서 절대 발설하지 않겠습니다.

6.

7.

참여자 : _____

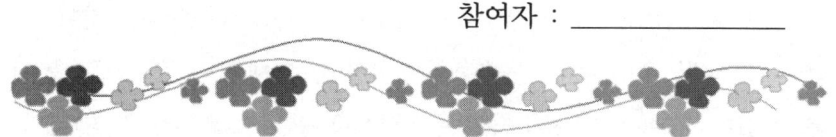

〈참여자 활동자료 1-2〉

## 나는 ○○을/를 좋아하는 할머니/할아버지

다음의 빈 칸을 차례대로 채운 후 소개를 해주시기 바랍니다.

| | |
|---|---|
| 제 이름은 | |
| 나이는 | |
| 살고 있는 곳은 | |
| 내가 좋아하는 ○○은/는 | |
| 내가 좋아하는 ○○은/는 | |
| 내가 좋아하는 ○○은/는 | |
| 내가 좋아하는 ○○은/는 | |
| 내가 좋아하는 ○○은/는 | |
| 내가 좋아하는 ○○은/는 | |
| 그래서 나를 한 마디로 표현하면 | |

## 제2회　불안감 표출
〈내가 잃어버리는 것들〉

　연륜(年輪)이라는 말이 있다. 여러 해 동안 쌓은 경험에 의해 이루어진 숙련의 정도를 일컫는 말로, 수령이 오래된 나무일수록 나이테가 더 많음이 이와 같은 의미라 생각할 수 있겠다. 사람으로 치자면 얼굴의 주름이라고나 할까.

　그렇다면 한 번 생각해 보자. 사람이 얼굴에 주름이 패일만큼, 나무가 여러 겹의 나이테가 생겼을 만큼 살았다면, 이미 많은 경험으로 인해 더 이상 무서울 것도, 미혹할 것도 없는 경지에까지 이르렀을 것 같지 않은가? 종종 어르신들께서 말씀 도중 "이제 살만큼 살았기 때문에 죽음조차도 두렵지 않다."는 표현도 하시는 걸 보면, 정말 더 이상 아무런 미련도, 불안도, 미혹함도 없어 보이는 것이 사실이다.

　하지만 사람들은 대부분 아직 가보지 않은 '죽음'의 길에 대한 불안을 갖고 있다. 세상사 많은 일들이야 오랜 시간을 견뎌오면서 자연스레 경험을 하게 되면 점점 축적이 되기 때문에 무뎌져 가는 면이 있으나, 죽음은 두 번 경험을 해 볼 수 없는 일이지 않은가. 그러다 보니 누구나 그에 대한 불안을 갖고 있을 수밖에 없다. 즉 "빨리 죽고 싶다"는 어르신들의 말씀이 거짓말로 치부가 되는 것처럼, 사람은 누구나 조금 더 오래 살고 싶은 수명 연장의 꿈을 갖고 있을 거라 생각한다. 따라서 나이가 들어가면 세상만사 이치가 눈앞에 훤히 그려지게 마련이지만, 유독 건강에 대한 불안만은 더욱 커지지 않을까 싶다. 따라서 이번 세션에서는 노인이기 때문에 더 커질 수밖에 없는 불안(예를 들면 건강의 측면에서 앓고 계신 증세와 부위, 더불어 혹시 아프지 않을까 걱정하는 부분 등)들을 점검해 보는 시간을 갖는다. 아이들 및 청소년들은 최신형 기계 장비와 게임, 연예 및 스포츠, 학교 및 학업 등에 관한 이야기를, 주부들은 아이들과 집안 관련 이야기를 하면 공감대가 쉽게 형성되는 것처럼, 어르신들에게 있어 '건강'을 바탕으로 한 잃어가고 있는 것들을 주제로 한 이야기는 결집력 강화에도 탁월한 면이 있을 것이다.

### (1) 선정 자료

① 잃어버리는 것들에 대한 준비 :『소노 아야코의 중년 이후』中 / 소노 아야코 지음, 오경순 옮김 / 리수

「잃어버리는 것에 대한 준비란,
준비해서 잃어버리지 않도록 하는 것이 아니다.
잃어버린다는 사실을 받아들일 수 있는 마음의 태세를
늘 갖추고 있는 것을 의미한다.」

이 책은 일본의 '박완서'라고 불리는 작가 소노 아야코가, 중년 이후를 살아가고 있는 이들을 위해 쓴 인생의 지침서이다. 작가는 나이가 들어가는 것에 대해 인생을 완성해 나가는 것이라며, 행복하기 위해서는 좋은 면만이 아니라 좋지 않은 면도 경험할 필요가 있음을 역설한다. 마음의 여유와 관대함을 그려보게 만드는 푸근한 느낌의 책으로, 이 시간에는 24개의 주제 중 일곱 번째 '잃어버리는 것들에 대한 준비'라는 글만 활용했다.

### (2) 관련 활동

① 내가 잃어버리는 것들

나이가 들어간다는 것은 자연스레 무엇인가를 잃어가고 있다는 것, 내 스스로가 무엇인가를 내려놓거나 버려야 한다는 것을 의미하는 것이라 생각한다. 물론 그런 현실을 직시하는 것이 커다란 슬픔이겠으나, 비로소 모든 것을 내려놓았을 때 가벼워진 몸과 마음으로 귀천할 수 있는 것이 아니겠는가.

이 활동은 노년기에 접어들었기 때문에 자연스럽게 잃어버리고 있는 것들, 내가 버리고 싶은 것들을 표출할 수 있도록 함으로써, 그에 따른 불안감 역시 자연스레 드러낼 수 있도록 돕는데 목표가 있다. 더불어 집단 치료의 원리 중 한 가지인 보편성을 참여 어르신들 서로가 느낄 수 있도록 하는 데에도 목표가 있다.

이 활동을 위해서 활동지를 구성할 수 있는데, 그에 대한 첫 번째 방안은 〈참여자 활동자료 2-1〉처럼 표로 만들어 목록화 한 뒤 나눔을 갖는 것, 두 번째 방안은 몸 전체가 나오는 그림을 나누어 드린 후 각 부위별로 잃어버리고 있다고 생각하는 것들을 적게 한 뒤 나누는 것, 마지막 세 번째 방안은 아예 '신체 본뜨기'를 한 뒤 그곳에 표현하도록 하는 방안이다. 이상의 세 가지는 차이점이 있기 때문에 효과 면에서도 다를 수 있는데, 프로그램 운영 시간 및 공간적인 여건 등을 고려해 선정하면 되겠다. 세부적인 내용은 〈참여자 활동자료 2-1, 2-2, 2-3〉에서 소개하겠다.

〈참여자 활동자료 2-1〉

## 내가 잃어버리는 것들

현재의 시점을 기준으로 내가 잃어버리고 있는 것들, 혹은 내가 버리고 싶은 것들을 적어보세요.

| 측면 | 그렇게 생각하신 이유 |
| --- | --- |
| 건강 및 행동 | |
| 경제 | |
| 관계 | |
| 시간 | |
| 감성 | |
| 이성 | |

〈참여자 활동자료 2-2〉

# 내가 잃어버리는 것들

현재의 시점을 기준으로 내가 잃어버리고 있는 것들을 아래 그림의 각 부위에 표현해 주세요.

〈참여자 활동자료 2-3〉

# 내가 잃어버리는 것들

먼저 참여 어르신들 개개인별 신체 본뜨기를 진행하겠습니다. 두 분씩 짝을 지은 뒤, 한 사람이 누우면 다른 한 분께서 본을 떠주세요. 이어서 본 뜬 그림의 각 신체 부위에 내가 잃어버리고 있는 것들을 주제로 자유롭게 표현해 주시기 바랍니다.

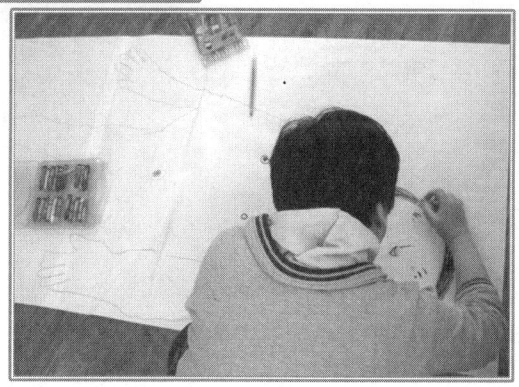

## 제3회 　감정 이해와 수용
〈감정 카드로 자신의 감정을 표현하고 수용하기〉

　이번 시간의 활동은 어르신들이 갖고 있었던 막연한 감정의 실체를 정확히 알게 하고, 그런 감정을 갖게 된 이유를 충분히 생각해볼 수 있게 해서 자신의 감정을 수용, 자신의 감정에 대한 회피나 죄책감 등에서 벗어날 수 있도록 하는 데에 그 목표를 두고 있다.

　대개 어르신들은 이런 활동에 익숙하지 않아 감정에 대해 정확히 인지하는 것을 어려워하며 뭉뚱그려 표현하려는 경향이 있다. 이때 치료사는 현재의 감정과 그 이유에 대해 충분한 공감을 해주며, 감정카드에 나타나 있지 않은 섬세하고 다양한 감정적 표현으로 함께 접근해가면서, 어르신들이 자신의 정확한 감정을 찾아갈 수 있도록 돕는 것이 필요하다.

　필자는 다양한 감정의 얼굴이 그려진 활동지를 두 가지 색깔로 준비해서 백지 위에 현재 또는 최근 일주일간 각자의 감정 상태라고 생각되는 그림을 오려 한 쪽에 붙이고, 그러한 감정이 앞으로 바뀌고 싶은 경우가 있거나 앞으로 갖고 싶은 감정이 있는 경우, 다른 색깔의 감정그림을 오려 백지의 나머지 부분에 오려 붙이기를 실시했다.

　이 활동을 해보면 가로로 하시는 분, 세로로 하시는 분, 두개 정도의 감정 그림을 붙이시는 분, 여섯 장씩 붙이시는 분 등 다양한 모습을 볼 수 있다. 이때 그림만으로는 각자의 느낌이 충분하지 않으므로 치료사가 정리해간 '감정 목록'에서 자신의 감정과 비슷하거나 같은 단어를 찾아 쓰시도록 한다.

대부분 활동 자체는 솔직하게 표현하시는데, 활동 후에 서로 자신의 것을 가지고 얘기할 때는 숨기시는 감정들이 있다. 치료사는 이번 활동이 감정을 다루는 시간이므로 활동 중에 어르신의 상태를 잘 관찰하여야 하며, 피드백 시간에 감추고 가는 감정에 대해 조심해서 접근해야 한다. 이번 활동은 그동안의 신뢰정도에 따라 자신의 비밀을 노출하는 계기가 될 수도 있고, 그러면 서로에 대한 이해와 결집도가 높아지기도 한다.

한편 사전 활동으로 실시하는 '눈감고 춤추기'는 눈을 감은 상태에서 활동이 이뤄지기 때문에 상대에 대한 신뢰를 깊게 만드는데, 한편으로는 상대를 믿지 못한다든가 눈을 감고 있는 동안 여러 가지 생각을 하는 등 다양한 자신의 모습도 볼 수 있는 계기가 될 수 있다.

춤추기가 끝나면 간단히 몇 사람의 느낌을 들어보고 다음으로 넘어가도록 한다. 단 공간이 충분하지 않을 경우 마주 앉아 두 분씩 짝을 지어 3~4분 되는 명상음악 등으로 짧게 실시해 봐도 좋을 듯하다.

그리고 감정 카드는 치료사가 다양하게 만들어 사용해도 되며, 〈한국단기가족치료연구소〉에서 개발한 감정 카드를 구입해서 사용할 수도 있다. 음악을 들을 수 있는 CD와 CD 플레이어 등을 준비하는 것도 잊지 않아야 하겠다.

### (1) 선정 자료

① 타타타 :『김국환 1집』中 / 양인자 작사, 김희갑 작곡, 김국환 노래 / 지구레코드 제작 / 1992년 발매

MBC 드라마 '엄마의 바다'에 삽입되어 큰 인기를 끌었던 곡으로, 산스크리트어 '타타타(tathata)'는 '여여(如如)'와 같은 의미로 '여여'는

있는 그대로의 진실한 모습을 뜻한고 한다. 그래서인지 노래의 가사를 살펴보면 인생의 진리에 대한 깨달음과 긍정적인 삶의 태도를 담고 있다. 노래 가사는 〈참여자 활동자료 3-1〉에 있다.

② 하숙생 : 『최희준 힛트곡 전집』 中 / 김석야 작사, 김호길 작곡,
   최희준 노래 / 지구레코드 제작 / 1995년 발매

1966년 라디오 드라마 〈하숙생〉에 삽입된 주제곡으로, 1991년에는 이승환이라는 가수에 의해 리메이크되기도 했다. '인생은 나그네 길'로 시작되는 첫 구절부터 삶을 어떻게 관조하고 있는가 잘 드러내 주는 노래이기도 하다. 노래 가사는 〈참여자 활동자료 3-2〉에 있다.

### (2) 관련 활동

① 감정 카드로 감정 표현 및 수용하기

이 활동은 참여 어르신들이 주로 갖고 있는 감정은 무엇인지를 알아보기 위한 것으로, 스스로의 감정 상태를 잘 모를 수도 있고, 혹 안다고 해도 적절히 표현할 수 없을 수 있음을 돕기 위해 그림과 글자로 표현된 카드를 활용해, 스스로의 감정을 표현하고 수용할 수 있도록 돕기 위한 것이다. 활용한 감정 카드의 예는 다음과 같다.

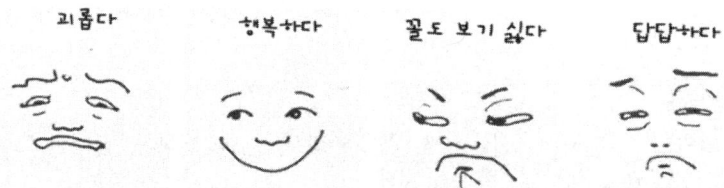

〈참여자 활동자료 3-1〉

## 타타타

양인자 작사, 김희갑 작곡, 김국환 노래

네가 나를 모르는데 난들 너를 알겠느냐
한치 앞도 모두 몰라, 다 안다면 재미없지
바람이 부는 날은 바람으로
비 오면 비에 젖어 사는 거지
그런 거지 그런 게 덤이잖소.
음~ 아하하

산다는 건 좋은 거지 수지맞는 장사잖소
알몸으로 태어나서 옷 한 벌을 건졌잖소
우리네 헛짚는 인생살이
한 세상 걱정근심 없이 살면
무슨 재미 그런 게 덤이잖소

『김국환 1집 /양인자 작사,
김희갑 작곡, 김국환 노래 / 지구레코드』

〈참여자 활동자료 3-2〉

## 하숙생

김석야 작사, 김호길 작곡, 최희준 노래

인생은 나그네 길
어디서 왔다가 어디로 가는가
구름이 흘러가듯 떠돌다 가는 길에
정일랑 두지 말자 미련일랑 두지 말자
인생은 나그네 길
구름이 흘러가듯 정처 없이 흘러서 간다

인생은 벌거숭이
빈손으로 왔다가 빈손으로 가는가
강물이 흘러가듯 여울져 가는 길에
정일랑 두지말자 미련일랑 두지말자
인생은 벌거숭이
강물이 흘러가듯 소리 없이 흘러서 간다

구름이 흘러가듯 떠돌다 가는 길에
정일랑 두지말자 미련일랑 두지말자
인생은 나그네길
구름이 흘러가듯 정처 없이 흘러서 간다
인생은 벌거숭이
빈손으로 왔다가 빈손으로 가는가

『최희준 힛트곡 전집 / 김석야 작사, 김호길 작곡, 최희준 노래 / 지구레코드』

**제4회** 자신의 욕구 이해
〈내가 원하는 것 모방 시 쓰기〉

이번 시간에는 수혈 중 에이즈에 감염된 32세 된 사람이 쓴 시를 읽어보면서, 그 사람이 처한 상황에서 무엇이 그에게 가장 소중하게 되었는지, 또 시에 대해 각자 어떻게 다르게 느끼는지 나눈 후, 현재 어르신 각자는 무엇을 원하고 있는지 생각해 볼 수 있도록 돕는 것이 목표이다.

### (1) 선정 자료

① 내가 원하는 것 : 『류시화 시집 지금 알고 있는 걸 그 때도 알았더라면』中 / 류시화 엮음 / 열림원

'잠언시집'이라는 특징에 걸맞게 오랜 생각을 하게 만드는 좋은 시가 많은 시집이다. 그 가운데 '내가 원하는 것'은 '자디아 에쿤다요'가 쓴 것으로, 32세밖에 되지 않았는데 수혈로 인해 에이즈에 감염된 젊은이가, 현재의 상황에서 자신이 원하는 것을 소박하게 적은 시이다. 시의 전문은 〈참여자 활동자료 4-1〉에 소개되어 있다.

② 사의 찬미 / 윤심덕 작사, 요시프 이바노비치(Josif Ivanovici) 작곡, 윤심덕 노래 / 1926년 발매

윤심덕의 '사의 찬미'는 한국 대중음악의 시초로 기록된다. 일본 우에노 음악학교에서 성악을 전공했을 정도로, 당시로는 보기 드문 엘리트였던 그녀는, 이바노비치의 유명한 왈츠곡 '다뉴브강의 잔물결'에 노랫말을 붙여 '사의 찬미'를 완성했다. 곡을 발매하던 해 서른 살의 나이로 자살을 했다는 점이, 암울한 식민지 상황과 비극적으

로 연결이 되면서 대중들의 마음에 심금을 울린 곡으로 남아 있다.

　필자가 이 곡을 선정한 이유는 참여 어르신 대부분이 알만한 곡이기도 하고, '너는 무엇을 찾으려 하느냐' 등의 가사가 이번 세션의 목표에도 부합되는 면이 있기 때문이다. 노래를 선정할 때는 가사와 함께 곡조를 살피는 것도 매우 중요한데, 이 곡은 두 가지 면 모두에서 만족할 만한 자료임에 틀림없다. 노래의 가사는 〈참여자 활동 자료 4-2〉에 있다.

### (2) 관련 활동

① 모방 시 쓰기

　모방시의 정의를 내린다면 '원작 시가 가진 형식적인 특징을 그대로 모방하여 새로운 주제로 재창조한 시'라고 할 수 있다. 시 자료를 선정한 치료 장면에서 모방 시를 쓰게 하는 이유는 처음부터 전적으로 자신의 시를 창작해 내기 어려운 참여자들에게 동일시와 카타르시스, 나아가 통찰을 얻을 수 있게 도와주고, 나아가 자신의 심리 정서가 담긴 시를 쓸 수 있게 하기 위해서다. 모방 시를 쓰기 위해 하얀 백지를 주는 것이나 원고지를 주는 대신 테두리가 있어 적정 영역이 제외될 수 있는 용지가 바람직하다. 그 예는 〈참여자 활동자료 4-3〉에 있다.

〈참여자 활동자료 4-1〉

## 내가 원하는 것

자디아 에쿤다요

내가 원하는 것은 함께 잠을 잘 사람
내 발을 따듯하게 해주고
내가 아직 살아 있음을 알게 해줄 사람
내가 읽어 주는 시와 짧은 글들을 들어 줄 사람
내 숨결을 냄새 맡고, 내게 얘기해 줄 사람

내가 원하는 것은 함께 잠을 잘 사람
나를 두 팔로 껴안고 이불을 잡아당겨 줄 사람
등을 문질러 주고 얼굴에 입 맞춰 줄 사람
잘 자라는 인사와 잘 잤느냐는 인사를 나눌 사람
아침에 내 꿈에 대해 묻고
자신의 꿈에 대해 말해 줄 사람
내 이마를 만지고 내 다리를 휘감아 줄 사람
편안한 잠 끝에 나를 깨워 줄 사람
내가 원하는 것은 오직 사람.

『지금 알고 있는 걸 그 때도 알았더라면 / 류시화 엮음 / 열림원』

〈참여자 활동 자료 4-2〉

# 사의 찬미

요시프 이바노비치 원곡, 윤심덕 노래

광막한 황야를 달리는 인생아
너는 무엇을 찾으러 왔느냐
이래도 한 세상 저래도 한 세상
돈도 명예도 사랑도 다 싫다

녹수 청산은 변함이 없건만
우리 인생은 나날이 변했다
이래도 한 세상 저래도 한 세상
돈도 명예도 사랑도 다 싫다

이래도 한 세상 저래도 한 세상
돈도 명예도 사랑도 다 싫다

『사의 찬미 / 윤심덕 작사, 요시프 이바노비치 작곡, 윤심덕 노래』

〈참여자 활동자료 4-3〉

# 내가 원하는 것 모방 시 쓰기

제목 :                                            시 :

## 제5회 미해결 관계 정리
⟨미해결 과제로 남아 있는 대상에 대한 감정 표현하기⟩

    KBS-2TV 'TV는 사랑을 싣고'라는 프로그램에는 '아름다운 용서'라는 코너가 있었다. 이 코너는 과거의 잘못으로 누군가에게 미안한 마음을 전하지 못한 채 서로를 멀리하며 살아가고 계신 분들에게 화해와 용서의 자리를 마련, '용서하는 용기'와 '용서받는 양심'을 시청자들에게 보여줌으로써, 더불어 사는 사회의 진정한 기쁨과 행복의 가치를 공유하고자 한다는 목적 하에 매주 방영이 되고 있었는데, 시청할 때마다 절절한 사연에 함께 눈물을 흘릴 수밖에 없음은 물론이고, '용서'의 가치와 힘, 나아가 필요성을 다시금 느끼게 해주었다. 또한 역시 용서를 구하거나 하는 데에는 큰 용기가 필요함을 느낀다. 따라서 매주 출연해 용서를 구하는 분들이나 기꺼이 용서를 해주시는 분들이 아주 커 보였는데, 필자는 물론이고 아직도 많은 사람들은 가슴속에 풀어내지 못한 응어리를 갖고 살아갈 것이다. 따라서 그 짐을 벗어버리고 싶을 텐데, 그 역시 쉽지 않은 일임은 사실이다. 그래서 이번 회에는 참여자들이 해결하지 못한 관계에 대해 감정을 표현함으로써 조금이나마 관계를 정리할 수 있도록 돕는데 목표가 있다.

### (1) 선정 자료

① 마지막 "사랑한다!"는 말 한 마디 : 『천만 명의 마음을 울린 세상에서 가장 아름다운 이야기』 中 / 이옌 지음, 이은희 옮김 / 리베르

  이 책은 사랑, 결혼, 가족, 우정, 인정, 삶의 지혜 총 6부로 나누어 실화를 바탕으로 한 아름다운 이야기들을 담고 있는데, 그 가운

에 이 회를 위해 선정한 글은 이미 나이가 60이 가까워 이혼을 감행한 한 부부의 이야기이다. 이야기의 마지막 부분에 담긴 글을 옮기는 것으로 자료에 대한 소개는 마칠까 한다.

'체면이나 자존심, 그리고 선입견 따위는 모두 버리고, 사랑으로써 상대방을 감싸고 진실한 마음으로 상대방을 받아들여야 합니다. 그렇지 않으면 자신이 가장 사랑하는 사람의 마지막 순간에 "사랑한다!"는 말도 듣지 못한 채 보내야 할지 모르니까요. 세상에 이보다 더 가슴 아픈 일이 어디 있을까요. 지금 사랑하는 사람에게 당신이 그 사람을 얼마나 소중하게 생각하는지 말해 주세요.'

② 가장 아름다운 꽃 :『생애 최고의 날은 아직 살지 않은 날들』中 / 정호승·법륜 외 지음 / 조화로운삶

이 이야기는 사랑하는 가족을 잃은 이에게 정호승 시인이 주는 마음의 위안이라는 부제가 달려 있다. 작가도 말씀하신 것처럼 인간의 생명은 유한하기 때문에 언젠가는 죽을 수밖에 없고, 그렇다면 가족이나 친구 등 남겨진 사람들은 슬픔을 겪을 수밖에 없다. 하지만 그때 누구를 원망하기보다는 꽃을 꺾을 때 가장 아름다운 꽃을 먼저 꺾는 것처럼, 아름답기 때문에 먼저 하늘나라로 떠났다는 생각을 통해 위안을 삼으라는 메시지를 주고 있다.

5회를 위해 선정한 두 자료는 모두 관계에 대한 생각을 해볼 수 있게 돕기 위한 것으로, 참여자들이 관련 활동에서 자신의 이야기를 풀어낼 수 있는 촉매 역할을 해줄 것이다.

### (2) 관련 활동

① 미해결 과제로 남아 있는 대상에 대한 감정 표현하기

미해결 과제로 남아 있는 대상에게 감정을 표현할 수 있도록 돕기 위해 '빈 의자 기법'을 선정했는데, 이 기법은 게슈탈트 심리치료의 창시자인 프릿츠 펄스가 내담자와의 꿈 작업 시 종종 사용했다고 한다. 꿈 작업 이외 여러 심리치료 장면에서 자주 활용되는 기법으로, 비어 있는 의자에 자신의 내적인 모습이나 혹은 의미가 있는 어떤 대상이 앉아 있다고 가정하고, 그 사람에게 하고 싶은 말을 하는 방법이다. 대상은 실제 주위의 인물이거나 혹은 꿈에 등장한 사람, 죽은 사람이거나 사물 나아가 악령이 될 수도 있다. 이 방법은 마음을 정리하고 진정하는데 도움이 되는데, 방해받지 않을 공간을 마련하고 조명의 조절이 가능한 곳에서 이루어지면 더욱 효과적이다. 역시 치료사가 충분히 다룰 수 있는 기법이었을 때에만 활용을 해야 할 필요도 있다.

### 제6회 가족 이해
〈콜라주 - 가까운 사람들 기억속의 내 모습〉

이번 시간에는 선정한 그림책을 함께 읽어보고, 자신은 가까운 사람들에게 어떤 모습으로 보일까를 한번 생각해보며, 다른 모습으로 기억되고 싶은 경우 행동이나 태도 또는 생활의 변화를 시도해 볼 수 있는 적극성을 가져보는 계기를 마련해보는데 의미가 있다.

활용 자료로 그림책을 두 권 선정했는데, 집단원 구성에 따라,

또는 회를 진행해 보면서 좀 더 효과적일 것 같은 그림책을 활용하면 좋을 듯하다.

그림책을 읽고 서로 감상을 나누고 가까운 사람들이 기억할 것 같은 자신의 모습을 표현해보는 활동을 하게 되는데, 상대의 입장에서 자신을 떠올려본다는 것을 잘 이해하지 못하시는 경우도 있고, 치료사에게 예를 들어달라는 경우도 있다. 치료사는 이런 경우를 대비해서 자신의 노출도 준비해 가는 것이 필요할 수 있다. 또한 굳이 자신의 모습을 나타내기보다 어르신 자신이 기억하고 있는 가까운 사람을 회상하고는 그 사람을 표현하는 경우도 있다. 그럴 경우 활동을 마치고 서로 피드백 하는 시간에 치료사가 목표에 맞게 자신을 반추해볼 수 있도록 자연스럽게 생각을 이끌어 내도록 하는 게 좋다. 우울 정도가 심한 경우 활동을 하지 않고 다른 핑계를 대는 등 어려워하시기 때문에, 우울 정도가 약한 어르신부터 자신의 것을 얘기하도록 하는 것도 좋은 방법이다.

치료사는 긍정적인 모습으로 어르신 자신을 표현했을 때는 자긍심이 높아질 수 있도록 지지하고, 부정적인 모습으로 본인을 나타냈을 때는 지금 어떤 느낌과 생각이 드는지 충분히 얘기할 수 있도록 기회를 마련해야한다.

콜라주 작업은 여러 그림이나 사진이 있는 잡지 등을 활용하여 자신을 표현하도록 할 수도 있고 활동지를 이용해도 되겠다.

**(1) 선정 자료**
① 우리 할아버지 / 릴리스 노만 글, 노엘라 영 그림,
   최정희 옮김 / 미래아이

블레이크는 할아버지를 따분하고 성가신 분이라고 생각한다. 할

아버지와 함께 살게 되면서 방도 빼앗겼기 때문에 다락방에서 지내야 했고, 게다가 살아온 이야기를 귀에 못이 박힐 정도로 반복하셔서 아빠조차도 할아버지를 싫어했으니까.

그러나 이제 할아버지가 돌아가셔서 다시 예전의 생활로 돌아왔을 때, 블레이크와 엄마·아빠는 할아버지와의 추억을 떠올린다. 또한 그 추억들을 소중하게 간직해야 한다는 것도 깨닫게 된다.

② 할머니가 남긴 선물 / 마거릿 와일드 글, 론 브룩스 그림, 최순희 옮김 / 시공주니어

오랜 세월을 함께 살며 많은 일을 나누어 했던 할머니와 손녀, 그러던 어느 날 할머니는 기운이 없다며 침대에서 일어나지 않으신다. 그래서 손녀는 할머니와 나누어 했던 일들을 혼자 하는데, 어쩐 일인지 휘파람 대신 쓸쓸하고 가냘픈 소리만 새어 나온다. 다행히 다음 날에는 할머니가 기운을 차려 일어나셨는데, 할 일이 많다며 가방과 모자를 챙긴다. 할머니가 정리해야 할 일들은 바로 죽음을 위한 준비. 손녀에게 세상의 아름다움을 남기고 간 할머니와 사랑으로 할머니를 떠나보내는 손녀의 따뜻한 사랑이 마음을 울리는 따뜻한 그림책이다.

### (2) 관련 활동

① 가까운 사람들 기억속의 내 모습

가장 가까운 거리에서 나를 지켜보는 사람들은 '나'를 어떻게 기억하고 있을까? 이번 활동은 '콜라주'를 통해 타인에 의해 지각되고 있는 자신의 모습을 스스로 표현해 보게 하고, 나아가 왜 그런 모습일까를 생각해 보게 한다. 이 활동에서 만약 가족이나 주변 사람

들이 자신을 부정적으로 평가하고 있다는 고백이 나온다면, 앞으로는 긍정적인 평가를 받을 수 있도록 방법과 방향을 함께 모색해 보는 것도 좋겠다.

### 제7회 : 타인 이해와 관계 개선
〈3분 동안 들어주고 경험 나누기〉

**(1) 선정 자료**

① 두 사람 / 이보나 흐미엘레프스카 글·그림, 이지원 옮김 / 사계절

'두 사람이 함께 사는 것은 함께여서 더 쉽고 함께여서 더 어렵습니다. 두 사람은 열쇠와 자물쇠 같아요. 세상 수많은 자물쇠 가운데 단 한 개의 자물쇠만이 이 열쇠로 열 수 있고 세상 수많은 열쇠 가운데 단 한 개의 열쇠만이 이 자물쇠를 열고 닫을 수 있어요. 가끔 열쇠는 없어집니다. 가끔 자물쇠는 막히기도 하지요.'

이 책의 시작부분이다. 매우 상징적인 그림과 간결하면서도 마음에 와 닿는 글귀는 오래도록 한 장면 한 장면에 머물게 하는 힘을 발휘한다. 프로그램에 참여하는 참여자들 역시 그럴 것이라 생각되는데, 대인관계에서의 어려움을 공통되게 호소하고 있는 이들이니만큼 나눌 이야기가 많을 것이다. 마치 작가가 두 사람을 다양하게 비유한 것처럼, 가장 가까운 친구와 가장 먼 친구를 같은 방식으로 비유해 볼 수도 있는 등 말이다. 처음 이 책을 읽었을 때 숀 탠의 『빨간 나무』이후 독서치료 장면에서 많이 활용될 작품이라는 생각이 들었다. 독서치료사라면 꼭 읽어보시라 권하고 싶다.

② 상대방의 말 중복하기 : 『천만 명의 마음을 울린 세상에서 가장 아름다운 이야기』中 / 이옌 지음, 이은희 옮김 / 리베르

5, 6백 명이나 되는 직원들을 두고 수출가공 공장을 경영하고 있는 기업인 리 사장, 그는 직원들을 일사분란하게 움직이게 하는데 능한 사람이었다. 하지만 어찌된 일인지 자기 아들에게는 어떤 방법도 통하지 않았고, 오히려 심각한 세대차이가 존재해 얼굴을 마주칠 때면 항상 세 마디도 나누기 전에 말다툼이 벌어졌다.

그러던 어느 날, 그 날도 리 사장과 밤늦게 귀가한 아들 사이에 전쟁이 벌어졌는데, 아들은 이렇게 싸우다가는 문제가 해결될 수 없으니 자신의 말을 그대로 말해보라고 한다. 그래서 그대로 말을 하니 아들의 말을 제대로 듣지도 않고 자신의 머릿속에서 나온 것들을 조합해 말을 해왔음을 깨닫는다.

이후 아들과의 관계개선은 물론 회사에서도 일방적인 통보보다는 의견을 수렴하고 경청하는 자세로 바뀌어 보다 합리적인 결론을 얻을 수 있게 되었다는 이야기이다.

관련 글은 〈참여자 활동자료 7-1〉에 소개하였다.

### (2) 관련 활동

① 3분 동안 들어주고 경험 나누기

이 활동을 위해 참여 어르신 두 분씩 짝을 짓고 번갈아 가며 하고 싶은 이야기를 3분 동안 주고받게 한다. 그런 다음 서로 어떤 이야기를 했는지, 한 마디도 참견하지 않고 듣고만 있을 때의 기분과 반대로 계속 말할 때의 기분을 나누어 보자. 또한 타인과의 관계에 있어 대화를 위한 경청 및 표현이 얼마나 중요한지 이야기 해보도록 하자.

〈참여자 활동자료 7-1〉

## 상대방의 말 중복하기

리 사장은 타이중에 소재한 수출가공 공장을 경영하고 있는 기업인이다. 그의 공장에는 5, 6백 명의 근로자들과 사무직원들이 있는데, 그는 무엇보다도 직원들을 일사분란하게 움직이게 하는데 능했다.

그러나 어찌된 일인이 자기 아들에게는 어떤 방법도 통하지 않았다. 부자간에 심각한 세대차이가 존재해 얼굴을 마주칠 때면 항상 세 마디도 나누기 전에 말다툼이 벌어졌다.

그날도 리 사장과 밤늦게 귀가한 아들 사이에 전쟁이 벌어졌다. 두 사람 다 화가 나서 귀까지 붉게 물들여가며 언쟁을 벌이는 중에 아들이 갑자기 입을 다물었다. 잠시 후 아들이 또박또박 말했다.

"아빠, 우리 이렇게 싸우다가는 문제가 해결될 리 없어요. 그러지 말고 방금 제가 무슨 말을 했는지 말해보세요. 네?"

"뭐?"

리 씨는 아들이 도대체 무슨 소리를 하는지 영문을 몰랐다.

"네가… 네가 그러니깐… 내가 너무 잘나서 널 무시한다고 했지."

"틀렸어요! 다시 잘 생각해 보세요. 제가 뭐라고 말했는지."

"이 놈이! 그럼 어떻게 말했는데? 네가 한 말을 뭣 하러 나더러 대신 해보라는 거야."

"하하, 그것 보세요. 아빤 처음부터 제가 하는 말을 제대로 듣지 않았잖아요. 방금 한 말은 모두 아빠의 머릿속에서 나온 거라고요. 우리는 대화를 나누어야 하잖아요. 제가 무슨 말을 하면 아빠가 중복해서 제게 들려주세요. 아빠가 하는 말은 제가 중복해서 들려드릴게요."

"그렇게 한가한 시간이 어디 있어? 네가 지금 나를 약 올리기로 작정을 했구나!"

"아빠, 그러지 말고 우리 한번만 해봐요. 그러지 않으면 우리 싸움은 끝이 안 날 걸요. 다시 자세히 생각해 보세요. 제가 뭐라고 했는지."

리 사장은 잠시 생각해보다가 마침내 "정말 생각이 안 난다. 네가 다시 말해 봐."라고 말했다.

"좋아요! 저는 이렇게 말했어요. '아버지가 유능해서 매우 존경스럽지만 한편으로는 아버지의 기대에 못 미칠까봐 두려워 정신적인 부담감이 커요!'라고 말했어요."

리 사장은 다시 듣고 보니 틀린 구석이 없는 말인데 자신이 무엇 때문에 그렇게 흥분을 했을까 하고 생각했다. 그리하여 그날 밤 두 사람은 처음으로 두 시간 동안 싸우지 않고 대화를 나눌 수 있었다.

다음날 아침 리 사장은 비록 잠은 잘 못 잤지만 매우 상쾌한 기분으로 출근했다. 아침에 중대한 구매 안을 논의하는 회의가 열렸다. 회의에서 장차 천만 위안 어치의 기기를 구매해야 하는데, 미국 제품을 사야할지, 아니면 일본 제품을 사야할지 결정해야 한다. 구매부의 가격조사에 의하면 일본제품은 가격이 싸고 품질도 나쁘지 않지만 총 엔지니어는 미국 제품을 구매하자고 주장했다.

리 사장은 회의에서 총 엔지니어에게 의견을 발표하도록 했다. 그러나 총 엔지니어는 지금까지의 경험에 비추어 볼 때 자신에게 의견을 묻는 것은 분명 형식적인 절차에 불과하다고 생각했다. 그는 사장의 입장에서는 당연히 싼 물건이 좋을 테고, 그러니 마음속으로는 이미 결론을 내렸을 거라고 생각하여 짧게 몇 마디 의견을 말한 뒤 자리에 앉았다. 평소 같았으면 지금쯤 리 사장은 벌써 근엄하게 결론을 선포했을 것이다. 그런데 오늘은 달랐다.

"총 엔지니어의 의견을 내가 다시 말해보겠소. 내 말이 맞는지 잘 들어보시오. 일본 제품은 가격이 싸고 품질도 괜찮지만 만일 고장이 생겨 애프터서비스가 필요한 경우를 감안하면 미국 제품을 사는 것만 못하다. 언어 문제 때문에 그곳 기술자와 직접 교류할 수 없으니까 말이오. 설령 통역을 통한다 해도 워낙 정밀 기계분야라 한계가 있어 문제 발생 원인을 정확히 알 수 없으며, 그쪽 기술자가 직접 와서 고쳐준다 해도 그 기간 동안 우리는 생산에 차질을 빚을 수밖에 없다. 그러니까 미국 제품을 사는 것이 장기적으로 볼 때 훨씬 이익이다. 이 말이 맞나요?"

그러자 총 엔지니어는 자신의 의견을 열심히 들었다는 사실이 기뻐서 보충 설명을 했다. 그리고 회의에 참석한 사람들이 너도나도 적극적으로 의견을 발표하여 이를 통해 가장 합리적인 결론을 얻게 되었다.

만일 싸우려고 한다면 두 사람이 서로 거침없이 반격만 가하면 됩니다. 그러나 문제를 해결하는 것이 목적이라면 진심으로 상대방의 생각을 이해하도록 해야 합니다. 상대방의 말을 중복하면 우선

두 사람 사이에 오해가 없다는 사실을 상대방에게 전달할 수 있으며, 두 번째로는 반격을 가하거나 급하게 결론을 내리기 전에 상대방의 의견에 대해 생각할 시간을 벌 수 있습니다. 그러면 더 이상 싸움은 진행되지 않고 서로 적극적인 대화를 통해 웃으며 해결방법을 찾을 수 있습니다.

『천만 명의 마음을 울린 세상에서 가장 아름다운 이야기 / 이옌 지음, 이은희 옮김 / 리베르』

### 제8회 자긍심 증진
### 〈협동 시 짓기〉

　노년기 지적 능력의 변화는 건강, 성격, 교육수준, 문화적 환경 등에 따라 개인차를 보이지만, 감퇴가 오는 것은 누구에게나 피할 수 없는 현상이다. 그러나 이런 변화마저도 긍정적으로 받아들이고 노력해 나간다면 감퇴의 속도와 정도를 늦추고 줄일 수 있을 것이다. 따라서 이번 시간은 과거의 좋았던 기억을 떠올려 이야기 나누고 자긍심도 증진시키는데 목표가 있다.

**(1) 선정 자료**
　① 향수 : 정지용 시집 『향수』 中 / 정지용 시 / 미래사
　이 시는 시인이 태어난 충북 옥천(沃川) 읍내의 한가로운 농가를 생생히 재현한 하나의 풍경화이다. '넓은 벌', '실개천', '얼룩빼기 황소', '질화로', '짚 베게', '화살', '어린 누이', '발 벗은 아내', '성근 별', '서리 까마귀' 등 토속적이고 원초적인 심상으로 고향의 정경을 재구성 하여 고향에 대한 그리움을 절실히 나타내고 있다. 또 다섯 개의 연들이 '그 곳이 차마 꿈엔들 잊힐리야'라는 시행을 반복하여 고향에 대한 그리움이라는 하나의 주제로 집중되어 있다. 이 시는 3회에서 소개했던 노래 '타타타'를 작곡했던 김희갑 씨가 곡을 붙이고 성악가 박인수 씨, 가수 이동원 씨가 노래로 함께 불러 더욱 대중적이다. 8회에서 이 시를 활용한 이유는 참여자들에게 어린 시절의 행복했던 기억들을 떠올려 보게 하기 위해서다. 시는 〈참여자 활동자료 8-1〉에 소개했다.

② 소년 : 윤동주 시집 『윤동주 시집』 中 / 윤동주 시 / 범우사

아이에서 어른으로 넘어가고 있는 한 소년의 순수하고 맑은 그리움을 노래한 시로, 역시 지난날의 회상 기억을 돕기 위한 자료로 활용했다. 시는 〈참여자 활동자료 8-2〉에 소개했다.

**(2) 관련 활동**

① 협동 시 짓기

'향수'와 '소년'이라는 시를 읽고 충분히 이야기 나눈 뒤, 행복했던 시절이나 첫 기억을 대표할 수 있는 단어 또는 그때의 감정을 나타내는 단어를 두 개씩 종이에 적게 한다. 이어 두 팀으로 나누어 각자가 적은 두 개의 단어를 넣어 차례대로 구절이나 문장을 만들어 보게 한다. 완성 후에는 제목도 지어보게 한다. 마지막으로 각 팀의 대표가 완성된 시를 낭송해 보면서 서로 감상할 수 있게 한다. 참여 어르신들이 함께 완성했던 협동 시의 예는 〈참여자 활동자료 8-3〉에 제시해 보았다.

〈참여자 활동자료 8-1〉

# 향 수

정지용 시

넓은 벌 동쪽 끝으로
옛 이야기 지줄대는 실개천이 휘돌아 나가고,
얼룩배기 황소가 해설피 금빛 게으른 울음을 우는 곳,
─ 그 곳이 차마 꿈엔들 잊힐 리야.

질화로에 재가 식어지면
비인 밭에 밤바람 소리 말을 달리고,
엷은 졸음에 겨운 늙으신 아버지가 짚 벼개를 돋아 고이시는 곳,
─ 그 곳이 차마 꿈엔들 잊힐 리야.

흙에서 자란 내 마음
파아란 하늘 빛이 그리워
함부로 쏜 화살을 찾으려 풀섶 이슬에 함추름 휘적시던 곳,
─ 그 곳이 차마 꿈엔들 잊힐 리야.

전설(傳說)바다에 춤추는 밤물결 같은
검은 귀밑머리 날리는 어린 누이와
아무렇지도 않고 예쁠 것도 없는 사철 발 벗은 아내가
따가운 햇살을 등에 지고 이삭 줍던 곳,
— 그 곳이 차마 꿈엔들 잊힐 리야.

하늘에는 성근 별
알 수도 없는 모래성으로 발을 옮기고,
서리 까마귀 우지 짖고 지나가는 초라한 지붕,
흐릿한 불빛에 돌아앉아 도란도란 거리는 곳,
— 그 곳이 차마 꿈엔들 잊힐 리야.

『향수 / 정지용 시 / 미래사』

〈참여자 활동자료 8-2〉

## 소년

윤동주 시

여기저기서 단풍잎 같은 슬픈 가을이 뚝뚝 떨어진다.
단풍잎 떨어져 나온 자리마다 봄을 마련해 놓고
나뭇가지 우에 하늘이 펼쳐있다.
가만히 하늘을 들여다보려면 눈썹에 파란 물감이 든다.
두 손으로 따뜻한 볼을 쓸어보면 손바닥에도 파란 물감이 묻어난다.
다시 손바닥을 들여다본다.
손금에는 맑은 강물이 흐르고, 맑은 강물이 흐르고
강물 속에는 사랑처럼 슬픈 얼굴-아름다운 순이(順伊)의 얼굴이 어린다.
소년은 황홀히 눈을 감어 본다.
그래도 맑은 강물은 흘러
사랑처럼 슬픈 얼굴-아름다운 순이의 얼굴은 어린다.

『윤동주 시집 / 윤동주 시 / 범우사』

〈참여자 활동자료 8-3〉

## 봄날의 추억

독서치료 집단 어르신들

가만히 눈을 지그시 감으면
선명하게 떠오르는 고향의 모습
해가 서산에 뉘엿뉘엿 넘어가면
모락모락 피어오르는 저녁 연기
뒷동산 언덕 위에 올라 친구들과 재잘대던
내 마음의 고향이 한없이 그립다.

따뜻한 봄 산에 분홍 진달래가 핀다.
그 꽃이 아름다워 나는 슬프다.
고향이 봄이 그리워 슬프고
보고 싶은 얼굴을 볼 수 없어 슬프다.
그래도 꽃은 아름답게 피어난다.
슬픔을 달래주려고 더 많이 많이 꽃송이를 피워내는가 보다.
그 많은 꽃송이가 나를 쳐다본다.

어린 시절 놀던 생각은 그저 좋기만 했다.
그러나 한편 생각하면 좋았던 것만은 아니다.
좋았던 것이 있으면 불편하고 섭섭했던 일도 있다.

그러나 지금 생각하면 모두가 즐겁기만 했던 것으로
기억에 남기고 싶다.
동창생 만나는 오늘
창문을 열고 어서 날 밝기를 기다리네.
생각해 보니 아련한 추억의 파편들.

언니의 얼굴에는
어머님의 미소가 있다.
동생의 손맛에는
어머님의 솜씨가 있다.
아빠 닮은 남동생은
자전거 타기를 무척 좋아한다.
그리운 어머님!
그리운 아버님!

### 제9회 : 자아통합 증진 및 죽음 불안 감소
〈유언장 작성〉

앞서 살펴보았듯이 노년기의 가장 중요한 과업은 자아를 통합하는 것이다. 그러려면 시기 상 더 커질 수밖에 없는 죽음에 대한 불안을 줄이는 것이 중요하다. 따라서 이번 회에는 죽음을 고통으로 받아들이기보다는 긍정적인 측면에서 맞이하고 받아들일 수 있도록 돕기 위한 목표로 진행을 했다.

**(1) 선정 자료**

① 살아 있는 모든 것은 / 브라이언 멜로니 글, 로버트 잉펜 그림, 이명희 옮김 / 마루벌

살아 있는 모든 것은 수명에 따라 결국 끝을 맞이할 수밖에 없다는 당연 명제를, 시적인 글과 상징적인 그림으로 잘 표현하고 있는 그림책이다. 자연 사랑과 생명 존중을 아름답게 창조해 낸 공로로 1986년도에 아동문학의 노벨상이라 불리는 안데르센상을 수상하기도 했다.

② 유언 / 랜 앤더슨 / GBC 미주복음방송 인터넷 사이트에서 자료 인용

미국의 유명한 상담심리학자로 10여 년 전 그가 남긴 유언이 많은 이들에게 감동을 주었다고 해 선정한 자료이다. 이 글은 〈참여자 활동자료 9-1〉에 소개했다.

(2) 관련 활동

① 죽음 또는 장례에 대한 바람을 담아 유언장 쓰기

이미 죽은 사람은 말을 할 수 없지만, 아직 살아 있는 상태에서는 말을 할 수 있다. 이는 곧 자신의 욕구를 드러낼 수 있다는 뜻인데, 특히 죽음이라는 발달의 마지막 과업을 잘 마무리 짓기 위해서는 생전에 자신의 바람을 남겨 둘 필요가 있다고 생각한다. 현대에는 죽음을 미리 체험해 보며 그동안의 삶을 다시금 돌아보고 준비를 미리 해두는 이들이 많아지는 것은 물론, 웰빙(well-being) 못지않게 웰다잉(well-dying)의 중요성을 언급하는 분들 또한 많다. 따라서 이 활동은 다소 우울을 더할 수 있는 측면도 있겠으나, 꼭 필요한 일을 미리 해두었다는 안심을 더 증진시킬 수 있는 면을 부각시켜 진행해 보면 되겠다. 활동지 양식은 여러 가지로 준비할 수 있겠으나, 이왕이면 법적으로 효력을 인정받을 수 있는 유언장 양식으로 해보는 것이 좋겠다. 그 양식은 〈참여자 활동자료 9-2〉에 담았다.

〈참여자 활동자료 9-1〉

# 유 언

랜 앤더슨

　어느 날 주치의의 뇌사판정이 내려졌을 때, 내 생명을 좀 더 연장하기 위해 어떤 의술이나 기계를 수단으로 사용하지 마시오. 그 때 나의 침상을 '사망의 침대'라고 부르지 말고 '생명의 침대'라고 부르시오.

　그리고 내 몸을 다른 사람의 생명에 도움을 주도록 사용해 주시오. 즉 내 눈은 이 세상에 태어나 한 번도 햇빛을 보지 못한 사람에게 주어서, 세상의 아름다운 자연과 사람들의 사랑스러운 눈동자를 바라보게 하시오.

　내 심장은 날마다 가슴을 움켜쥐고 신음하는 사람에게 주어서 고통 없이 살게 하시오. 내 피는 교통사고로 생명의 위협을 받고 있는 젊은이에게 수혈하여 장차 그의 손자 손녀들이 뛰노는 모습을 보고 기뻐하게 하시오.

　내 콩팥은 자기 몸 안의 독소를 혈액정화기에 의해 투석하며 살아가는 사람에게 전해 주고, 내 허파는 숨 못 쉬는 사람에게 산소호흡기 대신 넣어 주시오. 내 뼈, 신경, 근육까지도 다리를 절고 다니는 장애자에게 주어 똑바로 걷게 하시오.

할 수 있다면 나의 뇌세포를 도려내어, 말 못하는 소년에게 주어 큰 소리로 함성을 지르게 하시고, 듣지 못하는 소녀에게 주어서 그녀로 하여금 창가에 부딪히는 빗방울에 맞춰 콧노래를 부르게 하시오.

그 외에 나머지는 다 태워서, 한 줌의 재로 만들어 길가의 꽃들이 향기롭게 잘 자라도록 바람결에 뿌려 주시오.

그리고 나의 뭔가를 매장하고 싶다면 그동안의 실수와 고집과 편견들을 파묻어 주시고, 나를 기억하고 싶다면, 친절한 미소와 신실한 믿음을 잊지 마십시오.

내 모든 죄는 사탄에게 내어주고, 내 영혼은 하나님께 돌려 드립니다. 이런 나의 유언대로만 해 주신다면 나는 천국에서 영원히 살 것입니다.

누구든지 유언장을 발견하는 즉시, 주치의에게 전해 주시오. 나를 사랑해 준 여러분들 참으로 감사합니다.

『유언 / 랜 앤더슨 / GBC 미주복음방송 인터넷 사이트에서 자료 인용』

〈참여자 활동자료 9-2〉

# 유언장

1. 오늘 내가 이 세상을 떠난다면 :

2. 가족들에게 하고 싶은 말 :

3. 내가 가지고 있는 소유물과 부채에 관하여 :

4. 내가 하던 일에 관하여 :

5. 내 자신에 대하여

 1) 장례 :


 2) 남아 있는 분들에게 하고 싶은 말 :




※ 위의 내용은 내가 죽은 다음에 효력이 발생한다.

20 년    월    일

성명 :           (인)


주소 :

### 제10회 자부심 고취 및 의사결정력 증진
〈나의 꿈 목록, 참여 소감 나누기〉

드디어 프로그램을 종결하는 날이다. 따라서 이번 시간에는 노년기이기 때문에 갖고 있는 여러 불안과 우울한 마음 등을 떨치는 대신 자부심을 고취할 수 있도록 돕고, 아울러 그동안 자신감과 자아 존중감이 부족해 시도해 보지 못했던 일들을 스스로 결정한 후 용기를 키울 수 있는 시간으로 만든다. 나아가 그동안 참여하면서 느낀 점들을 기탄없이 나누는 시간도 가지면 좋겠다.

### (1) 선정 자료

① 죽기 전에 꼭 해볼 일들 : 류시화 시집 『지금 알고 있는 걸 그때도 알았더라면』 中 / 류시화 엮음 / 열림원

'데인 셔우드'가 쓴 시로, 류시화 씨가 엮은 시집에 담겨 있다. 이 시는 〈참여자 활동자료 10-1〉에서 소개를 해두었다.

### (2) 관련 활동

① 앞으로 시도해 볼 일들 정하기(나의 꿈 목록)

'모방 시 쓰기'처럼 시의 내용을 바탕으로 꼭 해보고 싶은 일들을 적어 보게 해도 되고, 특별한 양식 없이 떠오르는 대로 정리해 보시게 해도 좋다. 시간이 더 허락한다면 조금 더 구체화 시키는 작업까지 하는 것이 도움이 될 것이다. '나의 꿈 목록' 작업 시 활용할 수 있는 양식의 예는 〈참여자 활동자료 10-2〉에 제시해 두었다.

② 참여 소감 나누기

　마지막 회이기 때문에 그동안 참여한 소감을 나누어 보자. 전반적인 소감은 물론 가장 기억에 남았던 자료나 활동, 가장 불편했던 점이나 도움이 되지 않았던 부분까지 솔직히 나눌 수 있다면 치료사의 입장에서는 향후 프로그램 계획 시 큰 도움을 받을 것이다. 소감 나누기는 자유롭게 대화식으로 나누어도 되고, 아니면 활동지를 구성해 적은 뒤 발표해 보게 해도 된다.

〈참여자 활동자료 10-1〉

## 죽기 전에 꼭 해볼 일들

데인 셔우드

혼자 갑자기 여행을 떠난다.
누군가에게 살아 있을 이유를 준다.
악어 입을 두 손으로 벌려 본다.
2인용 자전거를 탄다.
인도 갠지스 강에서 목욕한다.
나무 한 그루를 심는다.
누군가의 발을 씻어 준다.
달빛 비치는 들판에서 벌거벗고 누워 있는다.
소가 송아지를 낳는 장면을 구경한다.
지하철에서 낯선 사람에게 미소를 보낸다.
특별한 이유 없이 한 사람에게 열 장의 엽서를 보낸다.
다른 사람이 이기게 해준다.
아무 날도 아닌데 아무 이유 없이 친구에게 꽃을 보낸다.
결혼식에서 축가를 부른다.

『지금 알고 있는 걸 그때도 알았더라면 / 류시화 엮음 / 열림원』

〈참여자 활동자료 10-2〉

## 나의 꿈 목록

| 1. | 2. | 3. |
|---|---|---|
| 4. | 5. | 6. |
| 7. | 8. | 9. |

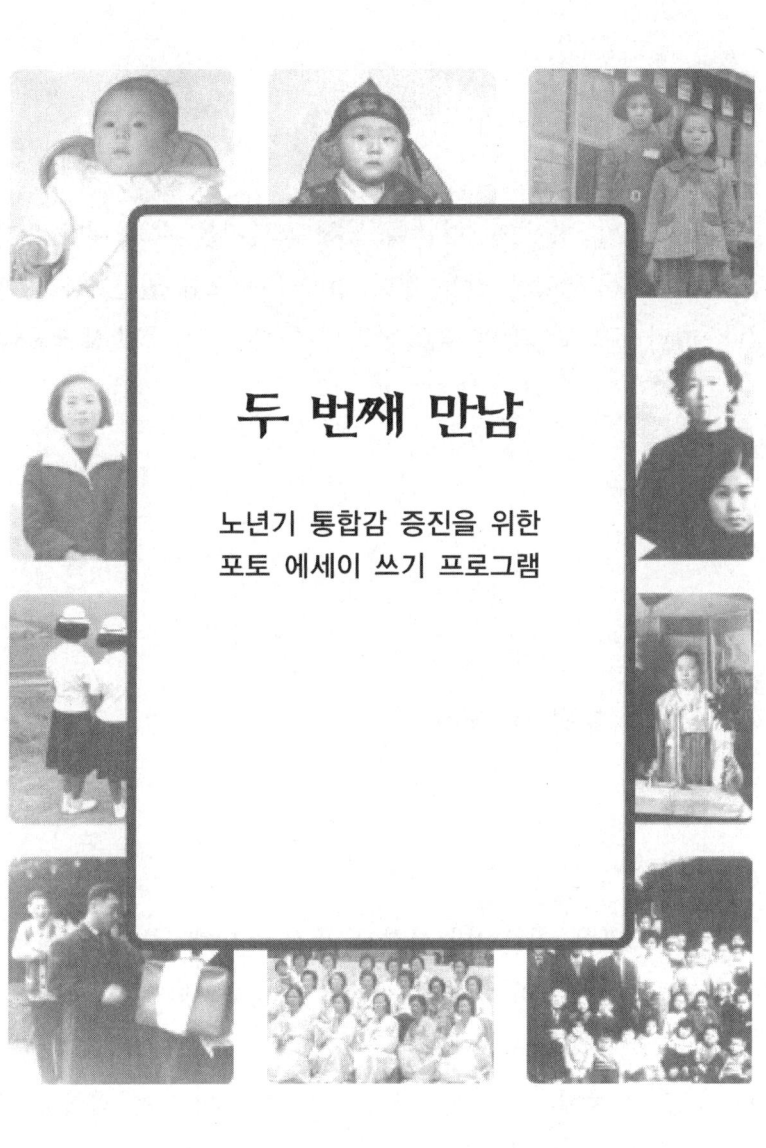

# 두 번째 만남

노년기 통합감 증진을 위한
포토 에세이 쓰기 프로그램

1. 프로그램의 필요성

우리는 이미 '첫 번째 만남'을 통해 노년기를 잘 보내기 위한 전제 조건으로 통합감을 갖는 것이 얼마나 중요한 일인가를 알게 되었다. 따라서 프로그램의 필요성에 대해서는 다시 기술하지 않겠다.

2. 프로그램의 구성

본 프로그램은 어르신의 통합감 증진을 위해 '사진'과 '에세이'라는 두 요소를 적절히 조합해 만들어 운영을 했다는 특색이 있다. 따라서 프로그램의 구성에서는 '사진치료'와 '글쓰기치료'적인 면에 대한 고찰을 통해, 본 프로그램에서 두 요소가 어떤 역할을 할 수 있는지 미리 생각해 볼 수 있는 기회를 만들고자 한다.

## 1) 사진치료

### (1) 개념

'사진치료(Photo Therapy)'는 아직 음악치료, 미술치료, 놀이치료, 독서치료 등에 비해 대중적이지는 않다. 하지만 오래전부터 연구되어 오고 있으며, 정신의학 전문가들은 치료 장면에서 사진을 활용하고 있었다고 한다. 그들은 사진치료를 '치료법으로서 사진술의 사용(the using of photographic images as a therapeutic modality)'이라고 말했다.

사진치료의 초기 개척자인 더글라스 스튜어드(Douglas Stewart)는 마이너 화이트(Minor White)의 사진들이 사진의 기본적인 속성인 '사실의 재현', 즉 사실성과 전달성을 넘어서서 내면성을 보여주는 단계로 나아갔기에, 사진치료의 근본적인 정신적 바탕이 되었다고 하였다. 사진치료에 대해 더글라스 스튜어드는 "전문적인 심리치료사들이 내담자를 치료하는데 사진 촬영, 현상, 인화 등의 사진 창작활동 등을 시행함으로써 심리적인 장애를 경감시키고, 심리적 성장과 치료 상의 변화를 가능케 하는 것이다."라고 규정했고, 데이비드 크라우스(David Krauss)는 "사진의 이미지와 사진의 창작과정을 조직적으로 응용하여 내담자의 생각과 행동에 긍정적인 변화를 추구하는 것"이라고 정의하였다.[1]

사진치료가 예술치료 안에서 자리매김 할 수 있는 것은 사진이 심리치료에서 가질 수 있는 두 가지 장점 때문이다. 하나는 사진치료는 진단과 치료가 동시에 이루어질 수 있다는 장점을 갖는다. 음악치료는 일단 다른 방식으로 내담자의 증상에 대한 진단을 하고

---

1) 박소현. 2004. 『사진치료의 이론과 실제』. 이화여자대학교 디자인대학원. 석사 학위논문.

음악으로 치료를 한다. 미술치료는 내담자가 창조해 낸 미술작품을 통해 진단을 하고, 치료 과정에서 미술매체를 또 사용한다. 그러나 사진치료는 사진을 창작하거나 보는 과정에서 치료자가 내담자의 증상을 진단해 내는 동시에 내담자 역시 자신의 증상을 알면서 치료가 가능한 것이다. 사진치료의 장점 중 다른 하나는, 사진이 쉽게 접할 수 있는 매체라는 데에 있다. 사진을 찍는다는 것은 하나의 메커니즘을 따르는 활동이다. 기계를 다룬다는 것은 자아분화가 낮은 내담자들에게는 커다란 도전이 될 수 있다. 이러한 새로운 지식의 습득과 활용은 내담자에게 자아성취감을 느끼도록 한다.[2]

사진은 과거를 돌아볼 수 있는 훌륭한 도구이다. 또한 현재에서 '그때 거기로'의 회상과 지극히 사적인 이야기를 통해서 내담자의 기억을 통한 지각 이면의 의미화와 인지 과정을 알아보는 것이다. 그리고 그 인지 과정이 내담자의 사고방식과 삶에 어떤 영향을 미쳤는지 깨닫게 하는 것이 사진치료의 가장 큰 과제이다.[3]

### (2) 시각적 이미지로서의 사진이 갖는 치료의 힘

샤르트르는 "사진의 외관은 감각이 아니다"라고 말하면서 사진은 껍질에 불과한 불완전한 것으로 간주했다. 그래서 사진의 대상의 진정한 이미지는 응시자의 주관적 상상적 의식에 의해 만들어진다는 것이다.[4]

---

[2] 조진호. 2011. 『사진치료가 대학생의 자기효능감과 삶의 만족도 및 정신건강에 미치는 효과』. 원광대학교 대학원. 박사학위논문.
[3] 홍미선. 2011. 『투사적 기법을 중심으로 한 사진치료연구』. 경성대학교 일반대학원. 석사학위논문.
[4] 이경률. 2006. 『현대 사진미학의 이해』. 서울 : 사진마실.

해리 켈러한(Harry Callahan)은 사진의 특성 중에서 우리를 가장 흥분시키는 것은 사진이 새로운 방식의 전달매체이며, 그것은 단순히 다른 것과 다르기 보다는 각 사진마다 내용이 다르게 자기 자신을 표현해 주기 때문이라고 말한다.[5]

사진을 통한 지각 능력의 차이는 지각자의 사고관이나 철학적 가치에 따라 달리 나타난다. 인생관과 철학적 가치는 각자의 경험과 삶의 형식 혹은 방식에 따라 다르게 확립되고, 또한 각자에게 주어진 사회적 환경에 따라 달리 나타난다.[6]

사진은 보는 사람에 따라 그들의 철학, 성격, 직업관 등이 투사된다. 그건 그 사람의 지각의 경험(직업), 환경, 그 사람의 총체적인 삶이 묻어남을 알 수 있다.[7] 이러한 시각적 이미지는 각자의 기억을 통하여 과거와 현재를 연관 짓게 되고, 과거의 억압된 경험이 기억 속에 잠재되어 있다가 표출될 때[8] 심상과 만나게 된다.

사진은 의사소통이나 이의 보조적 기능을 가지고 있다. 사진은 사진 생산자와 수용자 사이의 이야기에서 여러 가지 의미를 생산하고 이를 전달하고 수용하게 한다. 생산자는 자신이 의도하는 무엇인가를 수용자에게 제시하고, 수용자는 경험과 지식을 바탕으로 이를 분석하고 해석하여 생산자와 의사소통을 한다. 사진은 인지한 내용에 대한 신뢰성을 높여주고 언어나 글로 표현하기에는 미묘한 내용까지도 담을 수가 있다. 어떤 의미를 옳게 이해하기 위해서는

---

5) 홍미선. 2011. 앞의 논문.
6) 장 모르, 존 버거. 1995. 『말하기의 다른 방법』. 서울 : 눈빛출판.
7) 홍미선. 2011. 앞의 논문.
8) 송정명. 1990. 『회화에 나타난 기호의 생명성』. 숙명여자대학교 대학원. 석사학위논문.

'보여지는 것'과 '보는 것' 사이에 원활한 의미전달을 할 수 있게 하는 어떤 매개체가 필요하다. 이런 매개체 중의 하나가 사진이다. 따라서 사진은 의미전달 기능을 가졌다.9)

최민식은 "우리네 삶을 총체적으로 이해하고 싶다면 사진을 보라"고 하였다. 사진은 다양한 앵글로 모든 사물의 본질을 꿰뚫어 보고 있기 때문에, 사진이 우리에게 무엇을 말하려고 하는지 귀를 열어두라고 하였다.10)

정신분석학의 선구자 프로이트는 내담자가 창조해 내는 심상(이미지)이 그들의 내면세계를 보여주고, 때로는 언어보다 더 정확하다는 데에 동의한다. 프로이트는 내담자가 심리치료에 있어서 창조해 내는 심상을 예술가가 예술작품을 창작해 내는 것에 비유하였다. 마찬가지로 내담자도 창작활동을 통해 무의식의 세계에 유배되어 있던 마음의 갈등과 좌절감을 창조된 사진을 통해 심상 이미지의 상징이 된다. 이러한 심적 상징을 표출하게 함으로써 해방감과 고통의 경감 즉 카타르시스를 느끼게 된다. 사진의 창작활동에서 나타난 내담자의 상징을 해석하고 정신적 외상의 치료를 도와주는 것이 사진으로도 가능하며, 창조된 이미지를 통해 내담자의 어린 시절 가족관계에서부터 출발한 무의식의 갈등과 트라우마를 상징적으로 더 잘 드러낼 수 있다.11)

---

9) 김창수. 2006. 『흔적』. 서울 : 파미르.
10) 최민식. 2005. 『사진이란 무엇인가』. 서울 : 현실문화연구.
11) 김진숙. 1992. 『예술심리치료의 이론과 실제』. 서울 : 중앙적성출판사.

## 2) 글쓰기치료

### (1) 개념

치료의 목적으로 사용하는 글쓰기 활동은 'scriptotherapy'라고 부른다. 'scriptotherapy'란 '쓰여진 것'이란 의미의 라틴어인 'scriptum'과 '치료한다'는 의미의 'therapia'의 합성어이다. 즉, scriptotherapy란 '치료의 효과를 증진시키기 위해 도안된 글쓰기를 의도적으로 사용하는 것'이라고 정의할 수 있다.[12]

글이라고 하는 것이 치료적 매개체일 뿐만 아니라 자기점검의 도구(vehicle of self-examination)인 것은 역사적으로도 이미 AD 400년경에 어거스틴(St. Augustine)이 현대의 분석심리학과 정신과적 자기분석 및 이해의 틀을 갖춘 장편의 저널형식으로 자신의 청년기 방황의 세월을 회고적으로 기록한 『고백록(Confession)』을 통해 잘 알 수 있다.[13] 뿐만 아니라 10세기경 동양의 헤이안(平安) 궁정의 여인들이 삶과 사랑에 대한 명상을 기록한 '베갯머리 수첩(pillow book)'과 19세기경의 서양의 신사숙녀용 '가죽저널'을 통해서도 알 수 있다.[14]

### (2) 자전적 수필의 심리 생리적 치료효과

지그문트 프로이트(Sigmund Freud)가 시작한 정신분석(psychoanalysis)은 한 사람의 무의식의 심연에 잠재해 있던 갈등의 요소를 의식차

---

12) 양재한. 2005. 중학생들의 낮은 자존감 극복을 위한 독서치료 프로그램에 관한 고찰. 『한국도서관·정보학회지』. Vol.36.

13) 어거스틴의 고백록은 깨어지고 무질서해졌던 자신의 마음을 회복시키기 위해서 쓰게 됐는데, 주로 자신의 과거를 회상하면서 자신을 깊이 분석했다. 어거스틴은 자서전을 쓰면서 자신에 대해서와 하느님의 창조 속에서 자신의 위치를 통합적으로 바라보게 되었다. 이렇게 자기 자신에 대해 새로운 시야로 바라보게 되므로, 인생의 목적과 방향을 돌이킬 수 있었다.

14) 강은주, 이봉희 공역. 2006. 『저널치료』. 서울 : 학지사.

원으로 떠오르게 하여 그동안 이해할 수 없었던 자신의 문제점을 통찰(insight)해 삶의 변화를 꾀하도록 이끄는 작업이다. 이것을 위해 무의식에 억압(repression)되어 있던 기억을 불러일으켜야 하기에 마음이 이끄는 대로 자유롭게 연상하도록 유도한다. 의식차원의 검열(inspection)이 일어나지 않도록 방어를 해제해야만 무의식의 내용물이 떠오를 수 있기 때문이다. 이것을 자유연상(free association)이라 한다. 그리고 그 과정은 피분석자가 말을 하는 것으로 이루어진다. 그래서 정신치료를 '말을 통한 치유(talking cure)'라고 부른다.[15] 20세기 초반 지그문트 프로이트의 이러한 혁명적 사고방식은 이후 문학과 예술의 영역에도 영향을 미쳤다. 덕분에 초현실주의(surrealism)에서 자동기술법(automatism)[16]이란 글쓰기 방법이 한동안 하나의 작풍이자 사조로 유행하기도 했다. 의식의 통제를 벗어난 글쓰기를 해야만 진정한 무의식에 도달할 수 있고, 의미 있고 예술적인 글이 된다고 생각했던 것이다. 꼭 이렇게 완전한 자동기술법은 아니더라도 글쓰기는 무의식을 불러일으킬 수 있고 치유적인 힘도 갖는다. 그래서 정신치료를 '말을 통한 치유(talking cure)'라 하는 것에 빗대서 '글쓰기 치유(writing cure)'라 이름붙인 학자들도 있다.[17]

---

15) 한국출판마케팅연구소 편집부. 2005. 『글쓰기의 힘』. 서울 : 한국출판마케팅연구소.

16) 자동기술법은 초현실주의의 중요한 기법으로서 어떤 의식이나 의도 없이 무의식의 세계를 무의식적 상태로 대할 때 거기서 솟구쳐 오르는 이미지의 흐름을 그대로 기록하는 방법으로서 원래 의사였던 앙드레 브레통(Andre Breton)이 프로이트의 정신분석학을 원용하여 일상심리학에서 정신병자가 무의식적으로 내뱉는 내면의 소리를 시에 응용하여, 가능한 빠른 '속도로 지껄이는 독백이나 사고를 비판이나 수정 없이 그대로 기록한 수법이다. 또한 자동기술법은 무의식의 자유로운 분출을 통해 의식과 일상의 미망으로부터 인간을 해방시키고 참된 자아의식에 도달코자 하는데 그 목적이 있다.

17) 류명한. 2008. 『자전적 수필을 통한 목회상담 치료연구』. 장로회신학대학교

하지만 무의식의 세계를 언어로 표출한다는 것은 쉬운 일이 아니다. 거의 모든 사람들이 개인적인 경험, 특히 무의식의 세계로 흘려보낸 고통스러운 경험을 언어로 표현하는 것이 힘들다는 것을 이미 느꼈을 것이다. 글쓰기가 치유력을 발휘하는 것은 고통이 어느 정도 가신 후에야 가능하다.[18]

이러한 점을 미루어 볼 때 자전적 글쓰기는 치료에 매우 큰 효과가 있을 것이다. 그리고 자전적 글쓰기는 언어를 매개체로 하기 때문에 특히 치료에 매우 큰 효과가 있다고 말할 수 있다. 사실 표현하는 것이 치유에 큰 도움이 된다는 것을 부인하는 사람은 없을 것이다.[19]

### (3) 자전적 수필 쓰기의 치료 기재

글쓰기는 우리의 무의식에 있는 억압(repression)된 것들을 또렷하게 바라볼 수 있는 도구로 사용될 뿐만 아니라 그것을 재조명하게 한다. 그러한 일련의 과정은 기억하고 싶지 않은 과거를 떠오르게 하여 괴롭게 하기도 하지만 그것을 재조명하여 긍정적인 힘을 주

---

대학원. 석사학위논문.
[18] 이러한 사실은 글쓰기를 통해 스스로를 치료하려는 사람들에게 다음과 같은 의미를 갖는다. 어느 정도 시간이 지나 당시의 경험, 느낌 등을 제대로 볼 수 있는 여유가 생겨야 글도 쓸 수 있고 인생의 방향도 잡을 수 있게 된다. 즉, 심리치료를 위한 글쓰기는 우리들의 심리를 강화시키기 위한 일종의 체조로, 규칙에 맞는 훈련과 충분한 휴식이 필요하다. 글쓰기를 통해서 스스로를 깨우칠 수 있을 뿐 아니라 자율성과 자각력을 키울 수 있다. 이로써 종국적으로는 스스로를 조절하는 방법을 알게 된다. 자기 조절은 위기상황에서뿐 아니라 일상생활에서도 필요하며, 심리치료 효과와 함께 글쓰기를 통해 얻을 수 있는 긍정적인 효과이다.
[19] 류명한. 2008. 앞의 논문.

어 마치 연고를 바르면 상처가 아물듯이 우리 내면의 상처에도 이와 비슷한 작용을 하는 것이다. 그렇다면 구체적으로 우리의 삶을 글로 쓰는 과정에서 어떠한 역동이 작용하여 무의식속에 억압되어 나를 괴롭히는 것들을 재조명하게 되는지 그 작용기재들을 한 번 살펴보자.[20]

① 회상(Reminiscence)

자신의 삶을 글로 쓰는 과정 속에 회상은 무의식에 있는 억압된 기억들이 의식의 수면 위로 올라올 수 있는 중요한 수단이 된다. 또한 회상을 통해 한 사건 한 사건을 자꾸 떠올리며 우리의 기억을 자극하는 것은 무의식속에 억압된 기억을 불러오는 수단이 될 것이다.

② 표현(Expression)

사람들은 상처 경험과 관련된 생각과 감정을 억누르거나 회피하려 하지만, 그러한 노력은 오히려 상처 경험으로 인한 영향을 더욱 심화 또는 확대시키는 역효과를 초래하기가 쉽다. 자꾸 떠오르는 생각과 감정을 억누르고 비밀로 간직하려는 노력은 다른 사람들로부터 무언가를 감추어야 하는 인지적인 노력을 필요로 하기 때문에 개인에게 스트레스로 작용하게 되어 어떤 정보를 감추려고 할수록 개인은 스트레스와 관련된 신체적, 심리적 문제를 겪게 되는 것이다.

따라서 심리적 상처 경험에서 벗어나기 위해 그 경험과 관련된

---

[20] 류명한. 2008. 앞의 논문.

생각이나 감정을 억제하거나 회피하는 것은 적절한 대처라고 할 수 없을 것이다. 그보다는 상처 경험에 적극적으로 접근하여 자신의 생각과 감정을 인식하고 표현하는 것이 개인의 생활을 심리적으로나 신체적으로 건강하게 하는데 도움이 될 것이다.

심리적 외상에 직면하는 것은 그 사건을 이해하도록 돕고, 궁극적으로 자신의 이해체계에 동화시킬 수 있도록 도와준다. 사건을 언어로 바꿀 수 있다면, 사람들은 그 경험을 보다 잘 이해하고 궁극적으로 그 경험에 더 잘 대처할 수 있게 된다.[21]

③ 직면(Confront)

직면은 주로 정신분석적 상담에서 상담자가 내담자를 '직면 시킨다'는 맥락에서 사용되는 개념이다. 즉, 직면은 내담자가 모르고 있거나 인정하기를 거부하는 생각과 느낌에 대해서 주목하도록 하는 것이다.[22]

자전적 글쓰기를 통해 심리적 상처 경험을 고백함에 있어서 '직면'이란, 자신의 의미 있는 경험에 대한 자신의 감정을 인식하는 것이다. 그리고 그러한 인식을 바탕으로 전에는 깨닫지 못했거나 인정하기를 거부하던 사건, 기억들에 대하여 피하지 않고 적극적으로 부딪히는 것이라고 하겠다.

④ 인지적 이해(Cognitive Interpretation)

사람들은 절망한 사건들에 대해 고백함으로써 사건에 대한 통찰을 얻고 자신에 대해 더 많은 것을 배운다.[23] 우리 인간의 내면을

---

[21] 박경희. 2006. 『외상적 글쓰기의 치료적 효과와 기제 : 가정폭력피해여성을 중심으로』. 서울대학교 대학원. 박사학위논문.

[22] 이장호. 1995. 『상담심리학』. 서울 : 박영사.

살펴보면 우리는 모든 사건들 속에서 의미를 발견하고 이해하려고 노력한다. 즉, 우리는 왜 그 사건이 일어났는가를 이해하려고 한다. 다시 말해서 우리는 사건과 삶 그 자체에 대한 의미를 찾으려고 노력한다.24) 그런 의미에서 심리적 외상에 대해 쓰는 것이 큰 도움을 줄 수 있는 이유는 의미를 발견하는 큰 수단이 되기 때문이다. 쓰기는 자기 이해를 증진시킨다.

본 프로그램은 앞서 고찰한 이론적 배경을 바탕으로 총 10회로 구성을 하였다. 세부목표는 발달단계에 따라 구성을 했고, 이어서 아직 심리적으로 해소되지 못한 슬픔과 용서 작업을 돕기 위한 세션, 마지막으로 자녀 등 주변의 사람들이나 사회에 남기고 싶은 지혜를 나누는 시간도 배정을 했다. 또한 마지막 세션에는 그동안 쓴 에세이를 하나로 엮어 제목을 정하고 제본을 하는 작업까지 진행할 계획이다.

각 세션을 위해 선정한 자료는 역시 그림책이 주가 되며, 시나 뮤직비디오를 선택해 프로그램 중에 함께 읽을 수 있도록 하여 자료를 읽어오거나 읽어내는 부담을 줄이고자 하였다. 이어서 관련 활동은 첫 번째와 두 번째, 그리고 마지막 세션을 제외하고는 같은 패턴으로 구성을 했는데, 각 세션에 적합한 사진을 미리 준비해 오시게 해서 함께 보며 이야기를 나누고, 그 내용을 모아 에세이 작성을 위한 구상을 하는 것으로 마무리가 된다. 그런데 만약 어르신들 모두가 각 세션마다 적합한 사진을 가져올 수가 없는 상황도 예측이 되고(특히 유·아동기 때의 사진이 없을 가능성이 높다), 가져온 사진 모두

---

23) 페니 베이커. 1999. 『털어놓기와 건강』. 서울 : 학지사.
24) 이영돈. 2006. 『마음』. 서울 : 위즈덤하우스.

를 바탕으로 이야기를 듣자면 시간이 부족할 것은 자명하니, 이런 상황을 대비해 치료사가 적정 사진들을 몇 장 골라 제시한 후 선택을 해서 이야기를 풀어가는 방향을 잡아도 괜찮겠다.

〈표 4〉 노년기 통합감 증진을 위한 포토 에세이 쓰기 프로그램

| 세션 | 세부목표 | 선정 자료 | 관련 활동 |
| --- | --- | --- | --- |
| 1 | 프로그램의 이해 및 친밀감 형성 | 〈시 : 그 아이의 연대기〉 | 프로그램 소개, 집단 서약서 쓰기, 연대기로 소개하는 나 |
| 2 | 아동기에 대한 추억 회상하기 | 〈도서 : 나의 사직동〉 | 관련 사진 나누기, 에세이 구상하기 |
| 3 | 청소년기에 대한 추억 회상하기 | 〈시 : 사춘기인가?〉 | 에세이 나누기, 관련 사진 나누기 |
| 4 | 성인 전기에 대한 추억 회상하기 | 〈도서 : 당나귀 부부〉 | 에세이 나누기, 관련 사진 나누기 |
| 5 | 성인 중기에 대한 추억 회상하기 | 〈시 : 장식론 1〉 〈뮤직비디오 : 아버지〉 | 에세이 나누기, 관련 사진 나누기 |
| 6 | 성인 후기에 대한 추억 회상하기 | 〈도서 : 세상에서 제일 힘센 수탉〉 | 에세이 나누기, 관련 사진 나누기 |
| 7 | 슬픔 떠나보내기 | 〈도서 : 내가 가장 슬플 때〉 | 에세이 나누기, 관련 사진 나누기 |
| 8 | 비움과 용서 | 〈도서 : 마음의 집〉 | 에세이 나누기, 관련 사진 나누기 |
| 9 | 내가 깨달은 인생의 지혜 남기기 | 〈도서 : 황금률〉 〈도서 : 할머니가 남긴 선물〉 | 에세이 나누기, 관련 사진 나누기 |
| 10 | 통합감 확립 | 〈도서 : 딸은 좋다〉 | 에세이집 엮기, 참여 소감 나누기 |

에세이는 각 세션에 쓰지 않고 각자의 집에 돌아가 편한 시간에, 편한 곳에서, 원하는 분량만큼 적을 수 있도록 제안한다. 왜냐하면 세션 중 에세이를 쓰는 것이 상호작용할 수 있는 시간을 뺏기 때문이다. 따라서 에세이는 다음 주 프로그램에 참여할 때 작성해 오시면, 프로그램 중에는 그것을 나누는데 전력을 기울이기만 하는 것이다.

세부적인 프로그램 계획은 위의 〈표 4〉에 있으며, 각 세션 별 설명은 자료에만 중점을 두고, 이어서 활용 가능한 사진들 몇 개를 제시하는 것으로 마무리를 지을 예정이다.

## 3. 프로그램의 실제

노년기 통합감 증진을 위한 포토 에세이 쓰기 프로그램

| 제1회 | 프로그램의 이해 및 친밀감 형성<br>〈프로그램 소개, 집단 서약서 쓰기, 연대표로 소개하는 나〉 |

　누구를 대상으로 한 어떤 프로그램이든 첫 세션은 매우 중요하다. 첫 세션은 서로 첫 만남을 갖는 자리이기 때문에 치료사 및 참여자 서로에 대한 인상, 프로그램에 대한 인상이 결정되는 시간이다. 따라서 치료사는 편안한 분위기 속에 프로그램에 대해 상세히 설명을 하여 참여자들에게 동기를 부여할 필요가 있다. 때로는 첫 세션을 위해 선정된 자료 때문에 전체 프로그램에 호감을 갖고 참여하는 분들도 계시므로, 치료사는 이 부분 역시 신경을 써야 할 것이다.

### (1) 선정 자료

① 그 아이의 연대기 : 시집 『너무 멀리 걸어왔다』 中 / 박철 시 / 푸른숲
　1960년 서울에서 태어나 단국대 국문과를 졸업한 시인으로, 이 시는 시집 『너무 멀리 걸어왔다』에 실려 있다. 시의 전문은 〈참여

자 활동자료 1-1〉에 있다.

**(2) 관련 활동**

① 연대기로 소개하는 나

연대기(年代記, chronicle)는 연대순으로 역사적인 사상(事象)을 열거한 기록을 말한다. 중세 유럽에서 역사를 서술하는 하나의 형식으로 각 민족의 건국사, 국왕의 사적(事蹟), 전쟁, 교회, 수도원 등에 관한 기록이 많은 것처럼, 보통 우리는 세계사에 남을 인물들만이 그 대상이 될 수 있다고 생각한다. 그러나 필자의 생각으로는 이 세상에 태어나 각자의 역사를 갖고 살아가는 일 역시 가치가 있는 일이라고 생각한다.

따라서 이 활동은 선정 자료인 '그 아이의 연대기'를 참고해 나만의 연대기를 간략히 쓴 뒤, 자신을 소개해 보기 위한 것이다. 분량은 참여자가 쓰고 싶은 만큼, 내용 역시 기억나는 일들 위주로 쓰게 하면 되겠다.

〈참여자 활동자료 1-1〉

# 그 아이의 연대기

박철

1959년 12월 어느 날
음력 섣달그믐, 하얗게 눈 쌓이던 날에
뒷산에서 부엉이 울고 방 따뜻하던 날
한 사내아이 태어나 울다
우는 아이 보고 모두 웃다

1963년 5월 어느 날
김포벌판의 끝, 활주로 위로 비행기 날다
아이는 그 큰 새를 바라보며 힘차게 울다
할아버지 논둑에 나와 곰방대에 불을 붙일 때
발아래 노랗게 핀 민들레 보고 울음을 그치다

1965년 7월 어느 날
뚝방에 앉아 누이의 벗은 몸을 보다
서넛이 코를 움켜쥐고 물속으로 뛰어들다
한참 만에 떠오르는 누이를 보고 아이 울다
누이의 손을 잡고 소를 몰며 돌아오다
1968년 8월 어느 날

때까치 집에 오르다 떨어져 울다
낮잠에 때까치 나타나 아이의 머리를 쪼다
저녁 먹고 삼촌 따라 들길로 나가 어떤 여자 만나다
둘이 시시덕거리는 동안 아이 별을 세다

1969년 9월 어느 날
메뚜기 볶아 먹다 기름병 깨뜨리다
회초리 맞고 아이 울다
붕어 잡아 고추장에 찍어 먹고
들에 나가 뜸부기 알 주워서 칭찬받다

1972년 2월 어느 날
뒷산에 철조망 쳐지고 '입산금지' 팻말 붙다
철조망 뚫고 올라가서 놀다가 군인에게 걸리다
내무반에서 벌서고 아이 울다
라면 얻어먹고 내려와 다신 산에 안 가다

1975년 8월 어느 날
뚝방에 수영금지 팻말 붙고 물 색깔 변하다
할아버지 돌아가시고 아이 울다
농약 중독이란 말 뜻 모르고
농사를 대신 지으리라 아이 결심하다

1978년 2월 어느 날
여지 친구 데려와 밤에 논길을 걷다
아직 별 반짝이고 들판에 풀냄새 나지만
벼 베인 논엔 코카콜라병 굴러다니다

안녕이란 말 듣고 아이 뚝방에서 울다

1980년 4월 어느 날
새마을 운동으로 동네 홀딱 뒤집히다
듣도 보도 못하던 물 동네 앞에 흐르다
대학1학년, 아이 교문 나서다 최루탄 연기에 울다
동네 사람들 하나 둘씩 마을 떠나다

1982년 5월 어느 날
아직 참새 몇 마리 마당가에서 놀고
신작로 아스팔트 깔리다
방위병 되어 얻어터지고 아이 울다
외지 사람들 들어와 큰 집 짓고 도사견 기르다

1985년 6월 어느 날
옛 친구 고향 찾아 구멍가게에서 맥주 마시다
공장 다니는 그 친구와 술에 취해 이유 없이 아이 울다
뒷산에 소나무 하나 둘씩 죽어 가다
물가에 죽은 고양이 썩어 가다

1987년 12월 어느 날
첫 출근 위해 정류장에 서다
버스 오지 않고 물가에 악취 풍기다
첫눈 오시는 날 꿈속에서 새의 울음소리 듣다
아이 더 이상 울지 않다
1989년 7월 어느 날

길 넓혀지고 창문 열지 못하다
손바닥만 한 땅 팔리고 거간꾼 늘어붙다
뒷산 깎이고 아파트 들어서다
이곳저곳 땅 때문에 형제들 싸우다

1991년 4월 어느 날
아이 장가들어 아내 데리고 들길로 나가다
맑은 물 흐르던 곳
아무리 설명해도 아내 믿지 않다
아내, 땅 판 것만 아쉬워하다

1992년 6월 어느 날
마을에 공장 들어서다
아이, 아이를 낳고 그 아이 데리고 물가로 가다
아이의 아이, 물빛은 원래 검은 빛으로 알다
생수 값으로 아내와 다투다

1995년 3월 어느 날
아이 실직하고 돌아와 농사를 그리워하다
아내와 아이의 아이 울다
꿈속에 아이, 때까치 소리 듣다
우물가에서 맑은 물 한 잔 얻어먹는 꿈꾸다

『너무 멀리 걸어왔다 / 박철 시 / 푸른숲』

〈참여자 활동자료 1-2〉

## 관련 사진

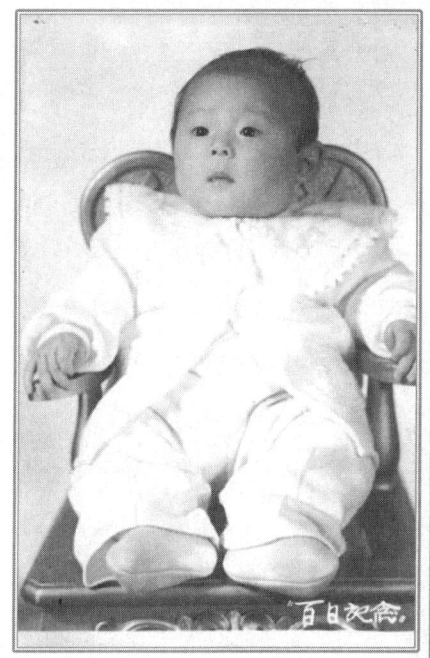

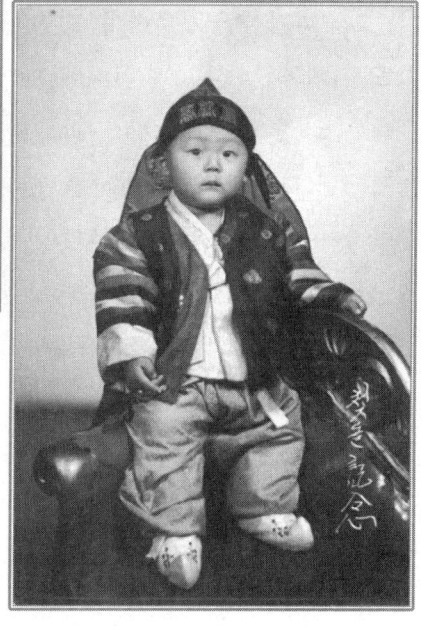

:::: 제2회 ::::  아동기에 대한 추억 회상하기
〈관련 사진 나누기, 에세이 구상하기〉

## (1) 선정 자료

① 나의 사직동 / 김서정 글, 한성옥 그림 / 보림

내가 나고 자란 곳은 충남의 부여라는 곳이다. 국사책에서 한 번쯤은 그 지명을 듣고 자랐을 바로 그 곳, 백제의 마지막 도읍지가 있던 곳이다. 우리 집은 그 부여 시내에서도 버스로 한 20여 분을 더 들어간 곳에 있는 마정리라는 작은 농촌 마을이었다. 그 곳에서 우리는 여느 다른 집들과 마찬가지로 많지 않은 논과 밭에 농사를 지으며 살았다. 부모님들이 논이나 밭으로 나가서 종일 허리를 굽히고 계실 때, 우리들은 학교가 파하고 집으로 돌아오면 가축들에게 먹일 꼴을 베러 가거나, 저희들끼리 모여 이런 저런 놀이를 했다. 그러다가 해질 무렵이 되면 집으로 돌아와 빨래도 걷어 놓고 밥도 지어놓았으며, 재 너머에 매어둔 염소도 몰아다 넣었다.

나는 그렇게 내가 나고 자란 마을에서 16년을 살다가 많은 사람들이 선망하는 도시로 이사를 왔다. 이사를 오고 난 후로 나에게도 찾아가야 할 고향이라는 것이 생겼다. 집이 있고, 할아버지 할머니의 산소가 있으며, 함께 많은 시간을 보낸 친구들과, 그 곳에 묻어둔 또한 내 마음 속에 간직된 추억들이 숨 쉬는 곳이 생긴 것이다.

하지만 늘 고향은 생각만큼 가까운 곳에 있지 않았다. 어쩌다가 정말 큰마음을 먹어야만 찾아갈 수 있는 곳, 어느새 마음속에서 조금씩 잊혀 가는 곳이 되어 버렸다. 어느덧 많은 시간이 흘러 이제 모두다 노인이 되어버린 어른들, 도시로 떠나와 버린 친구들, 그

흔적조차 없어져 버린 고향집…. 이제 그것들은 모두 정말 가슴속에서만 살아 있는 추억이 되어버렸다.

『나의 사직동』이라는 책을 읽고 났을 때, 난 이렇게 내 추억들 가운데서도 내가 나고 자란 고향에 대한 이야기를 하고 싶다는 생각이 들었다. 비록 내가 나고 자란 집이 이 책에 나오는 사직동의 집처럼 빨간 벽돌과 담쟁이덩굴이 멋지게 뻗어 올라간 집이 아닌, 그야말로 초가집에서부터 시작해 슬레이트 지붕으로까지 바꿔가며 살았던 곳이지만 말이다. 이 책『나의 사직동』은 이처럼 우리가 마음속에 간직해 두고 있는 지난 시간에 대한 추억을 끄집어내게 하는 힘이 있다. 담담한 어조로 그 때의 상황을 되짚어 주는 글은 우리를 그 시간, 그 자리로 데리고 가주는 힘이 있고, 수묵 담채(맞는지 모르겠지만, 사진을 흑백으로 처리해 그 위에 색을 입힌 것 같은 느낌도 든다)로 그려진 그림 역시 우리의 기억 위에 작은 오차도 없이 오버랩 되는 느낌이다. 사직동처럼 현대식으로 변해버린 동네가 어디 한 두 곳뿐일까 싶지만, 더 시간이 흘러 그런 아련한 기억조차 갖고 있는 사람이 없다면 정말 슬플 것이다. 이 책『나의 사직동』은 사직동에 대한 작가들의 추억에 대한 보고서로 남겠지만, 참여자들에게는 수많은 사직동을, 자기만의 사직동을 또 남기게 될 것이다.

### (2) 관련 활동

① 에세이 구상하기

사실 치료 도구로 쓰이기 위한 글쓰기에는 정해진 규칙이 없다. 보통 우리는 글을 쓴다고 하면 원고지라는 틀에, 하나하나의 규칙을 지켜서 써야 할 것만 같은 강박관념이 생기는데, 치료적인 글쓰기는 절대로 그렇지 않다. 분량, 글씨의 모양, 띄어쓰기 및 문법에 얽매이기보다는, 그저 마음 가는 대로 쓰면서 내 마음을 표현해 내는 것이 가장 중요하다. 따라서 글 작업 시 원고지를 제시하기보다는 줄이 그어져 있는 노트를 활용하는 것이 훨씬 좋으며, 다음과 같은 방안들을 활용하는 것은 구상 작업에 도움이 될 것이다.

 - 명상하기 : 어떤 일을 행하기 전 잠깐의 여유를 갖고 명상을 하는 것은 여러모로 도움이 될 수 있다. 글쓰기 역시 마찬가지로, 이 작업은 자유롭게 연상을 하는 시간적 여유를 확보하는 것이다. 그러니 5분 정도의 시간을 할애해 명상을 할 수 있도록 돕자.

 - 거침없이 쓰기 : 명상과 자유연상이 생각 속에서 이루어지는 것이라면, 이 방법은 떠오른 것들을 바로 종이에 옮기는 것이다. 피터 엘보(Peter Elbow)가 제안한 방식으로 머리에 생각이 나는 것들이 있으면 멈추거나 속도를 늦추지 말고 정해진 시간이 될 때까지 무조건 쓰는 것이다. 이 방안을 위한 시간 역시 5분이면 충분하다.

 - 빈 칸 완성하기 : 투사검사 중 하나인 '문장완성검사'처럼 회상을 돕기 위한 목적으로 몇 가지 단편적인 질문들을 빈 칸 완성하기 형식으로 구성한 것이다.

 - 마인드맵 : 떠오르는 생각을 거미줄처럼 이어지게 도식화하는 작업을 하기 때문에 생각그물이라고도 불리는 방안이다.

〈참여자 활동자료 2-1〉

## 관련 사진

### 제3회 | 청소년기에 대한 추억 회상하기
〈에세이 나누기, 관련 사진 나누기〉

### (1) 선정 자료

① 사춘기인가? : 시집 『난 빨강』 中 / 박성우 시 / 창비

박성우 시인은 2000년 중앙일보 신춘문예로 등단을 했다. 이 책은 그의 첫 시집으로, 학업에 대한 스트레스 및 갈등, 부모의 이혼, 성에 대한 관심, 우정 등을 주제로 한 시를 여러 편 선보이고 있다. 그의 시는 청소년들의 모습을 생생히 담고 있어, 만약 독자가 청소년이라면 쉽게 동일시를 할 수 있을 테고 이미 그 시기가 지난 사람이라면 아련한 추억에 빠질 수 있게 도와줄 것이다. 세 번째 세션을 위해 선정한 시는 '사춘기인가?'이다. 이 시는 〈참여자 활동자료 3-1〉에 소개를 할 것이다.

### (2) 관련 활동

① 에세이 나누기

이 활동은 지난 일주일 동안 어르신들께서 정성스레 써온 에세이를 함께 나누는 것이다. 에세이는 모두가 돌아가며 읽고 서로 그에 따른 반응을 주고받으면 좋겠으나, 굳이 이야기를 하고 싶지 않은 어르신이 계실 수도 있고, 모두 기회를 갖기에는 시간이 부족할 것이기 때문에 혼자만의 기록으로 남기고 싶은 어르신이 계신지 미리 파악을 해보는 것이 좋다. 이어서 나누기를 할 때는 어르신 당 일정 시간을 할당해 놓는 것이 좋다. 그렇게 정해두어도 시간 감각 없이 이야기를 하는 분들이 계시기 때문에, 다른 참여 어르신들을

위해서라도 꼭 지켜야 할 일임을 다시 한 번 강조할 필요도 있다.

② 관련 사진 나누기

〈참여자 활동자료 3-1〉

## 사춘기인가?

박성우

요샌, 아무 말도 하기 싫다

엄마랑 아빠가 뭘 물어와도
대답은커녕 그냥 짜증부터 난다
이게 사춘기인가?

엄마 말이 안 들리니? 들려요
너 요새 무슨 일 있지? 없어요
너 요새 누구랑 노니? 그냥 놀아요
너 요새 무슨 생각 하니? 아무 생각 안 해요
쉬는 날 식구들끼리 놀러 갈까? 싫어요
너 요새 진짜 왜 그래? 뭐가요
엄마랑 말하기 싫어? 고개만 끄덕끄덕
대충대충 설렁설렁 대답하고는
내 방으로 휙 들어가 버린다
제발 신경 끄고 내버려 두라고
신경질을 내기도 한다
엄마든 아빠든 다 귀찮아서
방문도 틱 잠가버린다

넌 안 그러니?

『난 빨강 / 박성우 시 / 창비』

〈참여자 활동자료 3-2〉

# 관련 사진

## 제4회 성인 전기에 대한 추억 회상하기
〈에세이 나누기, 관련 사진 나누기〉

### (1) 선정 자료

① 『당나귀 부부』 / 아델하이트 다히메네 글, 하이데 슈퇴링거 그림, 김경연 옮김 / 달리

사랑의 유효기간은 얼마나 될까? 3년이라고 하는 사람도 있지만, 서로 사랑하는 사이인 연인을 보거나 그 결과로 결혼을 해서 함께 사는 부부를 보면 저마다 다르다고 답을 하는 것이 맞을 것 같다. 그렇다면 부부의 연을 맺고 25년을 함께 산다면 어떨까? 이 책에 등장하는 당나귀 부부는 은혼식 날 큰 싸움을 하게 되고, 결국 더 나은 짝을 찾기 위해 길을 떠난다. 그러나 그 과정을 통해 서로에게는 그동안의 사랑을 확인시켜 주는 흔적이 남아 있음과 동시에, 서로에게 가장 잘 어울림을 다시금 인식하게 된다.

제4회를 위해 이 책을 선정한 이유는 대부분의 사람들이 성인기 전기에 결혼을 하기 때문이고, 결혼이라는 것이 이 발달 단계의 중요한 과업 중 하나이기 때문이다.

### (2) 관련 활동

① 에세이 나누기

② 관련 사진 나누기

〈참여자 활동자료 4-1〉

# 관련 사진

## 제5회 성인 중기에 대한 추억 회상하기
〈에세이 나누기, 관련 사진 나누기〉

### (1) 선정 자료

① 장식론 1 : 『홍윤숙 시선집』/ 홍윤숙 시 / 시와 시학

② 아버지 / 싸이 작사·작곡, 싸이·이승기 노래 / 뮤직비디오

'너무 앞만 보고 살아오셨네, 어느새 자식들 머리 커서 말도 안 듣네, [중략] 아버지 이제야 깨달아요, 어찌 그렇게 사셨나요, 더 이상 쓸쓸해하지 마요, 이젠 나와 같이 가요. [후략]'.

이 뮤직비디오를 처음 봤을 때가 생각난다. 평소 싸이라는 가수가 재기 발랄하다는 느낌은 있었지만, 이런 진중한 모습이 있는 줄은 몰랐다. 그래서 콕콕 가슴에 와 닿는 가사는 물론 애니메이션으로 구성된 뮤직비디오 모두 신선한 충격이었다. 그래서 많은 청소년들에게 빨리 보여주고 싶다는 생각을 했었다. 이후 청소년들과 가족(특히 아버지와의 관계)에 대해 작업할 때 자주 사용하고는 했는데, 시선을 사로잡는 애니메이션 덕분에 큰 효과를 보곤 했다. 하지만 아버지와의 관계만 주로 묘사되고 있어 한계는 있는데, 가족 전반에 관한 내용이 담긴 노래를 찾는다면 이승환의 '가족'을 추천하고 싶다.

### (2) 관련 활동

① 에세이 나누기

② 관련 사진 나누기

〈참여자 활동자료 5-1〉

# 장식론 1

홍윤숙

여자가
장식을 하나씩
달아가는 것은
젊음을 하나씩
잃어가는 때문이다.

"씻은 무" 같다든가
"뛰는 생선" 같다든가
(진부한 말이지만)
그렇게 젊은 날은
"젊음" 하나만도
빛나는 장식이 아니었겠는가

때로 거리를 걷다 보면
쇼 윈도에 비치는
내 초라한 모습에
사뭇 놀란다.
어디에
그 빛나는 장식들을
잃고 왔을까

이 피에로 같은 생활의 의상들은
무엇일까

안개 같은 피곤으로
문을 연다
피하듯 숨어 보는
거리의 꽃집

젊음은 거기에도
만발하여 있고
꽃은 그대로가
눈부신 장식이었다.

꽃을 더듬는
내 흰 손이 물기 없이 마른
한 장의 낙엽처럼 쓸쓸해져

돌아와 몰래 진보라 고운
자수정 반지 하나 끼워
달래 본다.

『홍윤숙 시선집 / 홍윤숙 시 / 시와 시학』

〈참여자 활동자료 5-2〉

# 관련 사진

## 제6회 성인 후기에 대한 추억 회상하기
〈에세이 나누기, 관련 사진 나누기〉

### (1) 선정 자료

① 세상에서 제일 힘센 수탉 / 이호백 글, 이억배 그림 / 재미마주

내가 살고 있는 오피스텔 한 쪽 구석에는 이 책이 iBbY 우수도서에 선정되었다는 문구가 들어간 커다란 포스터가 하나 놓여 있다. 그런데 그 포스터가 멋져 보이는지 드나드는 분들마다 저마다 한 마디씩 하곤 하는데, 가장 많이 듣는 말은 '씩씩한 수탉의 위용'에 관한 것이다. 실제로 이 책은 섬세하고도 아름다운 이억배님의 닭 그림이 단연 돋보이는데, 우리나라는 물론 세계에서도 인정을 받았으니 그 실력이야 독자의 한사람일 뿐인 내가 논하지 않아도 다 알 수 있을 것이다.

그렇다면 이번에는 내용을 한 번 살펴보자. 어느 화창한 봄날 태어난 수평아리 한 마리. 될성부른 나무는 떡잎부터 알아본다고, 이 수평아리는 달리기는 물론 높이뛰기, 힘에 있어서도 당할 자가 없는, 동네에서 으뜸인 수탉으로 자라난다. 그러던 어느 날 마을에서는 힘 자랑 대회가 열리고, 여유 있게 우승을 한 수탉에게는 이제 '세상에서 제일 힘센 수탉'이라는 별칭이 지어진다. 하지만 인생사 새옹지마라고 했던가? 힘에 있어서는 타의 추종을 불허하던 수탉도 세월의 무게 앞에서는 무너지고 말아, 결국 그 자리를 다른 수탉이 차지하고 만다. 그 때부터 세상에서 제일 힘센 수탉은 술독에 빠져, 결국 '세상에서 술을 가장 잘 마시는 수탉'으로 거듭난다. 하지만 점점 더 늙어만 가는 자신의 모습에 괴롭기만 한데, 그 때 수탉

의 현명한 내조자인 암탉은 수탉의 자녀와 손자·손녀들을 통해, 인생에 있어서의 또 다른 행복을 깨닫게 해준다.

이 그림책은 사람들의 인생사를 닭이라는 동물로 의인화해 표현하고 있다. 그 가운데서도 특히 우리네 아버지의 모습을 닮고 있다고 할 수 있는데, 자녀의 입장에서 보자면 항상 제일 힘이 세고 가장 멋진 존재로만 여겨졌던 아버지가, 점점 나이를 먹고 세상을 알아가면서 더 이상 큰 존재가 아니라는 것을 알게 된다는 측면이, 아버지의 입장에서 보자면 의기양양하던 젊은 시절을 보내고, 결혼을 해 자녀들을 위해 한 평생 일만 하다가 어느 순간 한없이 늙어버린, 초라해진 자신의 모습을 발견하고 있다는 측면으로 접근할 수 있겠다.

나는 이 책을 보면서 사람이 자신의 위치를 알고 있다는 것이 얼마나 중요하고 커다란 행복을 가져다주는지에 대해 생각해 봤다. 이는 세월의 순리 혹은 자연의 순리일 수 있겠는데, 그에 역행하지 않고 순응하는 삶을 살아갈 때, 그 안에서 만족을 느끼고 행복을 발견할 수 있을 때, 가장 멋진 인생을 살 수 있지 않을까 싶다. 마치 수탉이 세상에서 제일 멋진 꼬리 깃털을 활짝 편 것처럼 말이다.

**(2) 관련 활동**

① 에세이 나누기

② 관련 사진 나누기

〈참여자 활동자료 6-1〉

# 관련 사진

### 제7회  슬픔 떠나보내기
〈에세이 나누기, 관련 사진 나누기〉

**(1) 선정 자료**

① 내가 가장 슬플 때 / 마이클 로젠 글, 퀜틴 블레이크 그림,
　김기택 옮김 / 비룡소

우리는 누구나 행복을 꿈꾼다. 때문에 그 반대급부인 슬픔과 불행은 누구도 원하지 않는다. 하지만 인생을 살아가다 보면 누구에게나 슬픔과 불행이 찾아온다. 흔히 쓰는 표현처럼 슬픔과 불행은 바로 행복의 뒤에 있기 때문이다.

그런데 그 슬픔을 겪어 내는 모습은 저마다 다르다. 남자와 여자가 다르고, 어른과 아이가 다르고, 직업에 따라서, 성향에 따라서 모두 다르다. 그런 슬픔은 아주 클 때도 있고, 쉽게 이겨낼 수 있을 때도 있다.

그렇다면 이 세상에서 가장 큰 슬픔은 무엇일까? 물론 이 역시도 생각하는 사람에 따라 다르겠지만, 그래도 상실에 대한 슬픔을 많이 떠올릴 것 같다. 누군가를 잃는다는 것, 무엇을 잃어버린다는 것.

이 책에 등장하는 '나'는 사랑하는 에디를 잃었다. 크고도 강했던 사랑조차도 아들의 죽음을 막아낼 수는 없었는가 보다. 그래서 나는 깊은 슬픔에 빠져 있다. 슬픔의 깊이가 깊지만, 가끔은 누군가에게 모든 걸 말하고 싶기도 하고, 아무에게도, 전혀 말하고 싶지 않을 때도 있다. 그냥 혼자서만 마음속으로 생각하고 싶은 거다. 그런데 에디 생각을 멈출 수 없고, 또 다시 생각이 날 때면 그 생각을 떨치기 위한 이상한 행동을 하기도 한다. 물론 생각을 바꿔

모든 사람들에게도 슬픔은 찾아오고, 슬픈 것과 무서운 것은 다른 것이며, 날마다 즐거운 일을 하나씩 생각해 보기도 한다. 슬픔에 대한 글도 써 보고, 시도 써 본다. 그리고 옛 기억을 더듬어 보기도 한다. 가족과 함께 했던 행복한 기억들을 말이다.

이 책에 등장하는 주인공 '나'는 '아버지'라는 위치에 있다. 우리 주변에 계신 보통의 아버지를 떠올리면, 아버지는 감정 표현에 참 미숙하다. 하고 싶어도 하지 않으시다 보니, 어느덧 안 하는 것인지, 할 수 없는 것인지도 구분할 수 없는 상태로 변한다. 하지만 우리의 '아버지'들도 나름대로의 감정을 느끼고 계신다. 이렇듯 강렬한 슬픔이라는 감정을 말이다.

이 책은 『곰 사냥을 떠나자』라는 작품으로 우리에게 잘 알려진 '마이클 로젠'이라는 글 작가와 안데르센 상을 받기도 한 '퀀틴 블레이크'라는 그림 작가가 만나 만들어낸 것이다. 경쾌한 전작에 비해 절제되어 있으면서도 슬픔의 정서를 잘 전해주는 글과 그림은 우리 모두를 슬프게 만들기에 충분하다. 혹시 지금 슬픔이라는 손님이 내 곁에 찾아와 있는가? 그렇다면 이 책을 통해 자신의 슬픔이 어떤 것인지, 그 슬픔이 내게 어떤 영향을 미치고 있는지, 아울러 그 슬픔을 어떻게 이겨내면 좋을 것인지 생각해 보시기 바란다.

모든 사람이 슬프다는 것은 진리이지만, 그렇다고 그 말이 우리에게 위안까지 주는 것은 아니다. 자신의 앞에 촛불을 켜는 사람도 결국 자신이 되어야 하니까!

**(2) 관련 활동**

① 에세이 나누기

② 관련 사진 나누기

〈참여자 활동자료 7-1〉

# 관련 사진

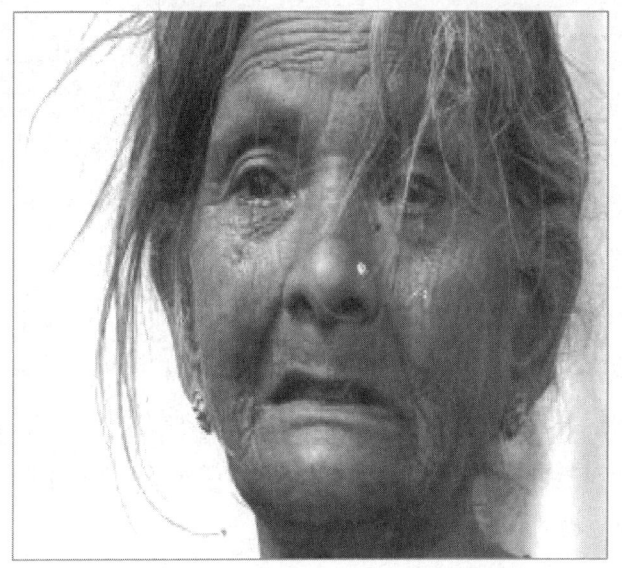

## 제8회   비움과 용서
〈에세이 나누기, 관련 사진 나누기〉

### (1) 선정 자료

① 마음의 집 / 김희경 글, 이보나 흐미엘레프스카 그림 / 창비

내게 있어 '이보나 흐미엘레프스카'라는 작가와의 만남은 신선한 충격이었다. 독서치료를 위한 자료 선정 시, 만약 자료가 그림책이면 구체적이면서도 상징적인 이미지가 매우 중요한데, 그런 면에서 이보나의 작품은 군더더기가 전혀 없으면서도 생각할 거리를 많이 제공해 주고 있었기 때문이다. 따라서 한 권의 책을 만난 이후, 나는 집착적으로 그의 작품을 수집하기 시작했다.

이 책 『마음의 집』은 사람이면 누구나 갖고 있지만 어디에 있는지 모르는 마음을, 우리가 살고 있기 때문에 매우 친숙한 집에 비유를 했다. 따라서 출입문이나 방, 계단이나 부엌, 화장실 등의 생활공간이 적절히 등장하는 것은 물론, 걱정이나 불안과 같은 마음, 그리고 사랑하는 사람으로 마음의 집 주인이 바뀌기도 한다는 사실을 절묘하게 이어주고 있다.

제8회의 만남을 위해 이 책을 선정한 이유는 각 참여 어르신의 마음에는 어떤 것들이 있는지 살펴보고, 이어서 버림과 용서로 인한 비움의 작업을 돕기 위해서이다.

### (2) 관련 활동

① 에세이 나누기

② 관련 사진 나누기

〈참여자 활동자료 8-1〉

# 관련 사진

## 제9회  내가 깨달은 인생의 지혜 남기기
〈에세이 나누기, 관련 사진 나누기〉

### (1) 선정 자료

① 황금률 / 아일린 쿠퍼 글, 가비 스비아트보브스카 그림,
   정선심 옮김 / 두레아이들

"네가 남에게 바라는 대로 남에게 해주어라. 세상 사람들은 이 말을 '황금률'이라고 부른단다."

'황금률'은 'Golden Rule'을 우리말로 옮긴 것으로, 이 말은 '다른 사람이 너에게 해주기를 바라는 대로 네가 다른 사람에게 해주어라'라는 뜻을 갖고 있다. 그리고 많은 것들 가운데 '황금'이라고 하는 이유는 살아가면서 아주 쉽게 행동으로 실천할 수 있는 방법이면서, 모든 사람에게 너무나도 소중한 말이기 때문이다. 이 말을 "네가 싫어하는 것을 다른 사람에게 하지 마라."라고 표현한 사람도 있으며, 각 종교에서도 비슷한 경구로 우리에게 가르침을 주고 있다. 먼저 기독교에서는 "네 이웃을 네 몸처럼 사랑하라.", 이슬람교에서는 "아무도 해치지 마라. 그러면 아무도 너를 해치지 않을 것이다.", 힌두교에서는 "다른 사람에게 고통을 주는 것은 어떤 것도 하지 마라. 이것은 꼭 지켜야 할 의무이니라.", 불교에서는 "너에게 해가 되는 것이라면 남에게도 하지 마라.", 미국의 쇼니 원주민들은 "다른 사람을 다치게 하거나 죽이지 마라. 왜냐하면 다치는 것은 그 사람이 아니라 바로 너 자신이기 때문이다."라고 하였다. 결국 이 말들을 모두 모으면 '황금률'이 되는 것이다.

사회가 발전할수록 사람 사이는 더욱 삭막해져만 가고 있다. 따

라서 그 어느 때보다도 '황금률'을 실천해야 하지 않을까 싶다. 아니 나아가 자신에게만 관심을 쏟고 행동하기보다는 서로가 돕고 나누는 '두레'와 '품앗이'가 필요하지 않을까 싶다.

제9회를 위해 이 책을 선택한 이유는 오랜 세월을 살아온 어르신들께서 갖고 있는 '황금률' 못지않게 필요하면서도 소중한 지혜를 나누기 위해서이다.

### (2) 관련 활동

① 에세이 나누기

② 관련 사진 나누기

〈참여자 활동자료 9-1〉

# 관련 사진

### 제10회 통합감 확립
〈에세이집 엮기, 참여 소감 나누기〉

### (1) 선정 자료

① 딸은 좋다 / 채인선 글, 김은정 그림 / 한울림어린이

아들도 물론 좋지만 딸이기 때문에 더 좋은 점들을, 어릴 때부터 시집을 보내 다시 손녀를 볼 때까지의 과정으로 엮은 그림책이다. 필자가 마지막 세션을 위해 이 책을 선정한 이유는, 딸과 아들 중 어느 쪽으로 태어났는가에 의미를 두기보다는, 사진처럼 구성된 한 장면 한 장면이 이 프로그램에서 주로 활용하는 자료와 닮아 있기 때문이기도 하고, 나아가 각 장면에 따른 에피소드를 엮어 한 권의 책으로 만들어 낸 점이 마음에 들었기 때문이다.

따라서 참여 어르신들은 이 책을 통해 지금껏 살아온 자신의 삶 전반을 되짚어 볼 수 있는 기회를 가질 수 있을 것이며, 어떤 방법으로 에세이를 엮어야 할지에 대한 힌트도 받을 수 있지 않을까 하는 생각도 든다.

이 그림책에는 멀티 동화 CD도 포함되어 있으니, 음악과 함께 자동으로 넘어가는 장면 장면들, 맑은 성우의 목소리로 책을 나누는 것이 더 나을 것 같으면, 그것을 활용하는 것도 한 방법이다.

### (2) 관련 활동

① 에세이집 엮기

글쓰기치료의 장점 가운데 한 가지는 써놓은 글이 남는다는 것, 그것을 묶어 한 권의 책으로 만들 수 있어 성취감을 고취시키는

데에도 도움을 준다는 점이다. 따라서 마지막 세션에서는 그동안 쓴 글을 모으고, 표지에 들어갈 제목과 그림 혹은 사진에 대해 구상을 한 뒤 드디어 제본으로 한 권의 책을 만드는 작업을 하면 된다. 어차피 사진치료적인 요소를 도입해 활용했으니, 표지에 들어갈 사진을 어르신들이 직접 찍는 것도 한 방법이겠고, 혹은 서로를 찍어 주는 것도 의미가 있겠다.

② 참여 소감 나누기

〈참여자 활동자료 10-1〉

# 관련 사진

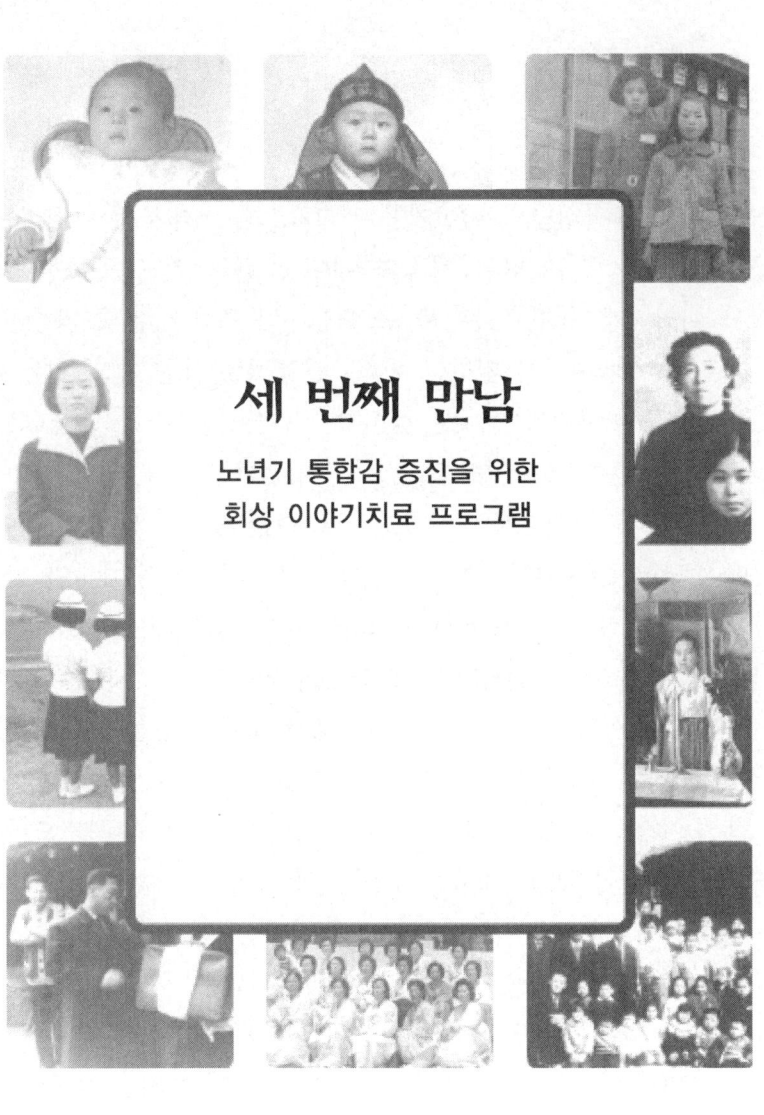

# 세 번째 만남

노년기 통합감 증진을 위한
회상 이야기치료 프로그램

## 1. 프로그램의 필요성

　모든 사람은 자신만의 이야기를 갖고 있다. 그래서 이야기 하는 것을 좋아하고, 또한 다른 사람의 이야기 듣는 것도 좋아한단다. 나아가 이야기가 담겨 있는 책, 스토리와 플롯이 있는 드라마, 영화 등도 좋아할 수밖에 없다고 한다. 결국 이야기를 품고 있는 사람이 또 다른 이야기와 만나는 셈이다.
　그런데 이 이야기에는 치료의 힘도 담겨 있다고 한다. 그래서 가까운 사람들과 허심탄회하게 이야기를 나눌 수만 있어도 심리 정서적인 고통이 상당히 줄어든다는 것이다. 심리치료가 치료사와 대상자 간의 만남을 전제로 하고, 그 안에서 이야기를 통한 상호작용에 중점을 두는 면을 생각해 보면, 이야기가 왜 도움이 되는지 그 원리를 짐작해 볼 수 있을 것이다. 하지만 그렇다고 해서 모든 사람들이 이야기를 잘 하며 지내는 것은 아니다. 워낙 이야기를 할 수 없는 여건이어서, 여건이 주어져도 자연스럽게 하던 일이 아니어서인지 속내를 드러내지 못하는 분들이 많다. 때문에 우울한 정서나 화병으로까지 치닫는 경우도 있는데, 역사 문화적인 측면에서 어르신들은(특히 여자 어르신들은) 상당부분 표현을 억압받았다. 그러다보니 많은 분들이 응어리진 마음을 품고 살아가고 있는데, 자유롭게 이야기를 나누고 서로가 들어주는 분위기를 만들어 주는 것만으로도 어르신들에게는 상당한 도움이 될 것이다. 이 프로그램의 필요성은 바로 그 점에 있다.

## 2. 프로그램의 구성

본 프로그램은 노년기 통합감 증진을 위해 회상 이야기치료 기법을 접목해 구성을 하였다. 따라서 구체적인 프로그램 구성을 설명하기에 앞서 이야기치료와, 그것이 갖고 있는 치료적 가치에 대해서 살펴보고자 한다. 다음의 내용 중 '이야기치료' 부분은 『이야기치료 집단상담이 기독노인의 신앙성숙 및 심리적 안녕감에 미치는 효과』라는 이진행의 석사학위논문에서, '노인상담에서의 이야기치료적 접근의 주요관점' 이하 내용은 『노인상담을 위한 이야기치료적 접근』이라는 장순자의 석사학위논문에서 참고해 그대로 옮겼거나 간략히 요약한 것임을 미리 밝힌다.

### 1) 이야기치료

**(1) 개념**

인간은 살아가는 동안 늘 이야기를 듣게 되고 이야기를 하게 되며, 이야기를 만들기도 하고 전하기도 한다. 또한 이야기를 통해 세상의 문화와 가치관, 세계관 등의 다양한 관점과 인간으로서 살아가기 위해 필요한 모든 것을 보고 배우며 알게 되는 통로가 될 수 있다.[1)]

이야기치료(narrative therapy)에서 이야기는, 이야기 상담학자들 중 다양한 의미와 용어의 뜻으로 사용되기도 하는데, 특히 영어의 내러티브(narrative)와 스토리(story)라는 용어의 뜻과 의미로 구분 지어 사용하는 경우가 종종 있다. 김번영(2007)[2])은 내러티브와 스토리를 구분 짓지 않는다고 하였으며, 그 이유로 자신의 세계관이 묻어나오는 내러티브와 줄거리를 통해 사건을 묘사하는 스토리에서 모두 자신만의 선택이 이미 선행되어 있음을 주장하며, 내러티브와 스토리를 구분하지 않고 통합하여 이야기라 명명하였다. 또한 이야기치료라는 것은 '이야기'라는 단어와 '치료'라는 단어를 함께 사용함으로 이야기로 치료한다는 의미를 가지고 있다. '내러티브'라는 용어를 단순한 '이야기'로서의 기능만으로 보는 것이 아니라 '이야기 접근법'의 측면을 포함한 것으로 보았다. 또한 '치유'라는 의미도 '상담'이라는 내용과 치유의 개념을 포함하고 있기 때문에 상담이라는 용어로 통합한다고 보았다.

따라서 이야기치료는 이야기 접근법을 통한 상담적 의미를 가지고 있는 것으로, 내담자들의 문제를 자신의 이야기와 관점에서 자신의 문제로 인식하고 해결해 나갈 수 있도록 돕는 과정이라 할 수 있다.

즉, 이야기치료는 상담자가 내담자를 이끌어 가는 주체가 아니라 내담자 자신이 주체가 되어 자신의 삶의 중심에 서서 문제를 객관적으로 분리하여 인식하는 상담 방식이라는 것이다. 이는 자신 외에 다른 세계에서 특성 지어지는 이야기에 적용되어 자신의 문제

---

1) 이진행. 2010. 『이야기치료 집단상담이 기독노인의 신앙성숙 및 심리적 안녕감에 미치는 효과』. 계명대학교 교육대학원. 석사학위논문.
2) 김번영. 2007. 『이야기치료와 상담』. 서울 : 도서출판 솔로몬.

를 하나의 이야기로 보고, 그 이야기가 의미하는 바가 무엇인지 해체작업을 통하여 객관적으로 재해석하는 방식이다. 내담자가 억압하고 있는 문제에 대해 이야기를 통해 해체하는 작업을 함으로 새로운 이야기를 함께 만들어, 현재의 문제가 더 이상 내담자의 삶에 부정적인 영향을 끼치지 않도록 돕는 과정이 바로 이야기치료라는 것이다.

## 2) 노인상담에서의 이야기치료적 접근의 주요관점

이야기치료 접근은 노인상담에서 모더니즘적 사고에 바탕을 둔 삶을 영위해왔던 세대인 노인들이 삶에 대한 자유의지를 회복하게 해주고, 삶을 짓눌러왔던 거대한 사회적 담론으로부터의 분리경험의 기회를 제공할 수 있다. 이러한 사회적 담론으로부터의 분리경험은 노인들의 정체성 확립과 자아통합의 통로를 찾을 수 있는 가능성을 발견하게 해준다. 고령화 사회의 정체성 위기에 놓인 노인들이 자신(self)을 찾고, 사회와 통합할 수 있도록 돕는 접근으로서 이야기치료의 어떠한 관점이 노인상담에 활용 가능한지에 대해 고찰해보고자 한다.

### (1) 탐구적인 언어의 사용

이야기치료는 설명적인 언어보다는 탐구적인 언어를 사용한다. 즉 네, 아니오, 또는 좋고 나쁨에 대해 직접적으로 언급하지 않으며 질문을 통해 내담자와 함께 상상하고, 그 상상을 드러낼 수 있는 참여적 자세로 탐구해 나가는 것이다. 이렇게 함으로써 상담자의 전문적 지식의 언어구조로 가두지 않고 내담자의 세계를 열어

보일 수 있게 하는 것이다.

노인들은 노년기의 특성상 감정표현이 쉽지 않고 직접적이고 설명적인 언어 사용에 위축을 느끼거나 거부감과 혼란을 느끼는 경우가 많다. 탐구적인 언어의 사용은 노인들이 자신의 이야기를 드러낼 수 있는(externalizing) 유용한 접근이다.[3]

### (2) 이야기를 이야기로 흐르게 하는 접근

이야기치료에서 가장 중요한 것은 이야기가 이야기로 흐르게 하는 것이다. 이야기치료의 성패는 툴(tool)이나 기법(skill)에 있지 않고 접근(approach)의 자세와 이야기의 흐름에 있기 때문이다. 접근하는 자세란 철학적 패러다임을 전제로 한다. 포스트모더니즘을 철학으로 하는 이야기치료는 상담에 대한 기본 인식부터 달리하기 때문에 기법이 아닌 인식적 접근과 자세가 먼저 요구되는 것이다.[4]

이야기치료의 이러한 접근은 노인을 어떠한 기준에도 꿰어 맞추려 하지 않고 노인이 선호하는 이야기를 중심으로 작업하기 때문에, 노인상담에 접근을 보다 용이하게 하며 직면과 수치심에 대한 두려움을 덜어주어 무리 없이 대화를 이어갈 수 있기 때문에 노인상담에 적절하다고 할 수 있다. 또 흐르는 이야기는 단지 이야기로 그치는 것이 아니라 이야기의 흐름을 따라 자기인식과 가치 재발견의 자연스런 변화를 이루어낼 수 있다.

---

3) 김번영. 앞의 책.
4) 김번영. 앞의 책.

### (3) 그때-거기의 경험을 지금-여기로 통합할 수 있는 가능성

노인들은 그때-거기에 대한 추억과 회상이 다른 세대에 비해 풍부하며 그 의미 또한 크다. 그러나 그러한 그때-거기에 경험은 그때-거기에 머물고 있다고 생각할 뿐, 오랜 시간의 경과로 인해 경험의 감각도 떨어지고 능력도 저하되어 지금-여기로 가져올 수 있다고 생각하지 못하는 경우가 많다. 이야기치료는 과거 그때-거기의 경험을 지금-여기로 불러와 재해석을 시도하고 의미를 부여하게 되므로 노인은 스스로 규범, 제도, 편견, 고정관념 등의 사회적인 담론으로부터 자신이 어떻게 영향을 받았는지에 대해 알 수 있게 됨으로써 자신을 이해할 수 있는 통로를 발견할 수 있다.

### (4) 이야기를 저술하는 작가로서의 내담자

노년세대는 사회의 중심이 되는 세대는 아니다. 노인들은 이제는 한 걸음 뒤로 물러나야 한다고 생각하면서 주변인으로 살아가는 것을 당연시 하는 경향이 있다. 이러한 경향은 노인 개인의 삶에서조차 주체성을 상실하게 되는 요인으로 연결되기도 한다. 그러나 이야기치료 접근은 노인이 자신의 이야기를 써가는 주체성 있는 작가의 관점을 유지하기 때문에 노인은 작가로서 주체성을 회복하고 책임감 있게 삶을 영위해나갈 수 있는 계기를 마련할 수 있다.

### (5) 합리적인 이성과 과학적인 사고의 무의미함

이야기치료적 접근은 과학적인 논리나 사고를 필요로 하지 않는다. 실재는 언어를 매개로 구성되며, 그 실재는 자신이 선호하는 이야기에 의해 사회적으로 구성된 것이라고 생각한다. 따라서 이러한 실재를 구성하는 과정에 모더니즘적인 이성의 합리성과 과학의 객관성과 보편성은 특별한 의미를 가지지 못한다.5) 단지 노인들의 풍부하고 특별한 삶의 이야기를 노인들 자신의 언어를 통해서 구성하도록 도우며, 노인들 자신을 스스로 수용할 수 있도록 해준다.

### (6) 지식의 범주에 삶의 지혜 포함

노인상담에서 노인의 삶에 대한 다양한 경험을 지식으로 인식하도록 돕는 것은 중요하다. 노인들은 지식의 개념을 교육에 의한 학문적인 측면으로 생각하여 실제 삶 속에서 획득한 경험은 지식이 아니라고 생각한다. 이는 지식과 경험을 분리하여 생각하는데서 오는 생각이며, 자기비하적인 사고방식이다. 이야기치료적 접근에서는 지식에 대해 구체적인 맥락을 강조하며, 그 구체적인 맥락에서 추출된 지식이야말로 그 상황에 가장 유용하고 적합한 실천적 지혜라고 보는 것이다.6) 이런 맥락에서 볼 때 그 어느 세대보다 많은 시간의 역사를 보유하고 삶에 대한 다양하고 풍부한 경험에서 쌓은 지혜야말로 지식으로 재조명되고 높이 평가되어야 한다. 그렇게 함으로써 노인이 삶의 지혜가 지식임을 알게 되고, 자신의 삶에 새로운 의미를 부여할 수 있는 또 다른 지식을 창출하게 될 수 있다. 상담자로서 이러한 관점을 인식하는 것은 상담과정에서 노인을 더욱 더 신뢰하고 강점을 강화할 수 있는 중요한 동기로 발전할 수 있게 된다.

---

5) Jill Freedman·Gene Combs 공저, 김유숙·전영주·정혜정 공역. 2009. 『이야기치료 : 선호하는 이야기의 사회적 구성』. 서울 : 학지사.
6) 김번영. 앞의 책.

### (7) 진리는 삶의 이슈와 관련된 맥락의 문제다

포스트모더니즘에서 진리의 문제는 인간 이해가 선행되어야 하며, 진리의 접근은 유한성의 인간이 선 그 자리(영역)에서부터 이야기되는 것으로서 고정되거나 보편화된 것이 아니라, 개인적이며 공동체적이고 사회문화적이며, 상호 관계적이고 상황적이며, '아직' 완성되지 않은 것이다. 노인들에게 진리라는 개념 또한 하늘의 어느 곳에서 위치하고 있으면서 인간 세상에 상위 하달 식으로 내려와서 인간이 수동적으로 이해할 수 없는 구조로 되어 있는 것[7]이라고 생각하거나, '신'의 영역으로 생각하는 경향이 있다. 즉 진리는 삶의 상황 속에서 얻어지는 것이 아닌 인간과 동떨어진 것, 도달할 수 없을 만큼 신성한 것이라는 생각이 지배적이라고 할 수 있다. 노인들이 이미 삶 속에서 벌어지는 여러 가지 이슈들 가운데 개인과 공동체를 통해 끊임없이 진리를 추구하고 있음을 알게 하는 것은 노인의 자아통합 성취와 삶의 질을 높이는데 유용한 관점이라고 할 수 있다.

### (8) 고정관념의 해체가 가능하다

이야기치료에서 해체(deconstruction)의 개념은 '고정관념'에서 탈피하여 좀 더 실재에 가까이 접근해보려는 의지다. 그리고 사회 문화적으로 주어지고 구축된 의미들에 대해 혹시 또 다른 의미들이 내포되어 있지는 않은지를 발견하고 좀 더 새로운 부분을 찾아내고자 하는 노력이 내포되어 있는 것이다.[8]

---

[7] 김번영. 앞의 책.

노인의 특성상 오랜 경험으로 인해 몸소 체득한 것에 대한 절대적이며 결정적인 확고한 고정관념이 내재되어 있는 경우가 많다. 이러한 것은 노인이 외부로부터의 자극에 대해 심리적으로 고립되기 쉽고, 관계의 상호작용을 어렵게 만드는 요인으로 작용하기 쉬우며, 노인의 사회화 과정에 한계로 작용할 위험이 있는 요소라고 할 수 있다. 이야기치료에서 의미하는 해체가 '거부' 혹은 '파괴적'이거나 '급진주의'를 의미하는 과격한 것이 아닌 만큼[9] 노인의 삶의 역사를 재조명하기 위한 해체작업은 노인을 개별화하고 사회화할 수 있는 중요한 관점이라고 할 수 있다.

### (9) 내담자와 상담자의 동반자적인 관계

모든 상담은 인간에 대한 정서적인 보살핌을 목적으로 한다고 할 수 있다. 그 가운데서도 노인상담은 노년기의 신체적, 심리적인 어려움에 처한 특성을 바탕으로 하여 '정서적 돌봄'으로 일관되게 정의되어 왔다. 이야기치료 접근 또한 정서적인 보살핌을 중요시한다. 그러나 노인에 대한 보살핌과 치료에 앞서 상담자와 함께 새로운 실재의 장(場)을 만드는 관계[10]가 이야기치료의 핵심이다. 단순한 돌봄은 노인의 기본적인 정서욕구를 충족시킬 수 있지만 주체적인 자아를 가진 인간으로서 노인의 삶에 변화를 가져오도록 영향을 미치기 어렵다. 그러나 이야기치료는 내담자와 상담자 관계를 돌봄이나 치료의 차원을 넘어 노인이 주체성을 가지고 새로운 선

---

8) 김번영. 앞의 책.
9) 김번영. 앞의 책.
10) Jill Freedman·Gene Combs 공저. 앞의 책.

호하는 삶을 살아갈 수 있도록 협력하는 동반자적인 관점을 선호한다. 이러한 관점은 노인을 존중하고 신뢰하는 입장을 나타내는 것으로, 상담자의 동반자(collaborative)적인 태도와 자세가 요구되는 부분이라고 할 수 있다.

### (10) 임파워먼트 관점

노인상담에서 임파워먼트(empowerment)가 요구되는 것은 임파워먼트 과정을 통해 자신감을 회복시켜주고 무력감에서 벗어나서 잠재능력과 자원을 충분히 활용해 나갈 수 있는 힘을 불어넣을 수 있기 때문이다.

노인들은 그 동안의 삶을 통해서 획득한 많은 자원을 가진 집단이다. 지금까지 종사해온 영역에서의 전문적인 지식과 기술 및 경험이 있다. 무엇보다도 삶의 다양한 경험을 소유하고 있으며, 이러한 자원은 그 활용도에 따라서 더 큰 자원으로 시너지효과를 낼 수 있는 독특한 자원이 있을 것이다. 그럼에도 불구하고 노인들이 스스로 무기력한 것은 신체적인 자신감 상실과 더불어 사회적 역할과 관계에서 벗어남으로 해서 자신들의 문제를 해결해 낼 수 있는 의지와 능력을 상실해 가고 있기 때문이다. 여기에 더해서 정치적 과정과 문화적인 요소도 중요한 요인으로 작용하고 있다.[11] 이야기치료 접근의 과거의 재해석과 경험에 대한 의미부여의 임파워먼트 관점은 노인들이 자립적, 독립적으로 살아갈 수 있는 노년기 태도 변화를 가능하게 할 수 있을 것이다.

---

11) 최선화. 2003. 임파워먼트를 통한 노인상담. 『노인복지연구』. 한국노인복지학회. Vol. 30. 2003 여름호.

### (11) 상담자의 이야기를 내담자와 나눔

상담을 할 때 상담자의 이야기를 내담자와 나누는 것은 그 자체가 상담자뿐만 아니라 내담자의 미래 이야기를 가꾸고 발전시키는 하나의 토대가 된다. 이 과정 속에서 서로에게 배우고, 서로를 격려하며, 서로의 이야기를 발전시켜 나아가게 된다. 이런 과정을 통해 개인의 이야기가 우리의 이야기가 되고, 우리의 이야기가 미래를 여는 밑거름이 된다.[12] 또한 상담자의 이야기 나눔은 상담자와 내담자의 벽을 허무는 기회를 제공한다. 또 내담자에게 동질감과 동류의식을 느끼게 하며 편안함을 제공하여 수치심을 줄여주는 역할을 할 수 있으며, 더 나아가 서로 협력적인 관계 구축이 용이해질 수 있다. 또 상담자가 자기 이야기를 나누는 것은 말문이 막힌 내담자의 이야기에 물고를 터주는 것과 같은 역할을 하며, 이럴 때 종종 내담자들은 상담과정 중 자신들이 상담사에게 더욱 진지하고 솔직하게 다가가게 된다고 한다.[13]

더욱이 노인상담에서는 상담가가 내담자보다 연령이 많지 않은 경우가 많을 수밖에 없다. 따라서 세대 간의 가치관이나 삶의 배경이 다르고 사회 문화적인 차이가 있을 수 있지만, 상담자의 솔직한 자기 이야기는 노인들에게 긍정적인 자극을 줄 수 있을뿐더러 신뢰감을 자아내어 안전한 상태에서 이야기를 풀어내고 재 저작할 수 있게 만들어 줄 것이다.

---

[12] 김번영. 앞의 책.
[13] 김번영. 앞의 책.

### (12) 삶의 방식으로 공동체와의 연결

내담자 노인의 정체성은 상담자가 주도하는 해석이나 의미부여 또는 칭찬에 의해 정해지는 것이 아니라 노인이 선호하는 대로 규정되는 것이며, 노인의 삶의 맥락이 되는 공동체 속에서 공유되면서 재정의 되는 것이기 때문에[14] 이야기치료는 노인 개인의 변화로부터 사회적 변화를 지향하는 공동체로 진화하며, 지역사회에서 노인이 정상화되어 고립되지 않고 지역주민의 일원으로 더불어 살아갈 수 있는 계기가 될 것이다.

### 3) 노인상담에서 이야기를 풍부하게 하는 대안적 기법들[15]

노인상담에 있어 이야기치료는 이야기를 보다 풍부하게 하기 위하여 다음과 같은 기법들을 병행하여 상담하는 것이 더욱 더 유용하다. 실제로 이야기치료는 효과적인 커뮤니케이션을 위해 여러 가지 방법들을 사용하는데, 대체적으로 놀이, 예술, 역할극, 드라마, 심벌, 상상 등을 활용한다.[16] 또한 박재간 외 8인은 노인상담기법으로 회상기법과 조각기법, 문장완성기법, 심리극기법을 제시하고 있다.

### (1) 회상기법

회상기법(Reminiscing Technique)은 일반적으로 노인의 개인상담과 집단상담에 모두 활용되는 기법으로, 회상을 촉진할 수 있는 다양한

---

14) 이선혜. 2008. 내러티브접근의 가족치료사적 의의와 한국 가족치료 발전에 대한 함의.『한국가족치료학회지』. 한국가족치료학회. 16(1).
15) 박재간 외 8인. 2006.『노인상담론』. 경기도 : 공동체.
16) 김번영. 앞의 책.

방법들이 사용되고 있다. Erikson(1997)은 노년기의 자아통합이라는 발달과제를 달성하는 데 있어서 회상이 중추적인 역할을 한다고 하였으며, Butler(1963)는 회상이 인생회고 과정을 형성하고 과거 갈등과의 중재를 촉진하는 등 다양한 적응적 기능을 가지고 있기 때문에 노년기의 회상(Reminiscing)은 과거로부터의 도피가 아니라, 정상적인 심리적 적응을 향상시키는 인지적 과정으로 보아야 한다고 주장하였다.[17]

### (2) 조각기법

조각기법(Sculpting Technique)은 주로 가족치료에서 사용된다. 여기서 노인은 조각가가 되어 다른 가족원들에게 자세를 취하게 된다. 조각기법은 가족들이 실제로 가상의 위치와 자세를 형성해 봄으로써 가족 간의 관계를 경험하는 비언어적 방법을 동원하는 치료방식이다. 따라서 가족 내의 관계가 분명해지며 갈등이 시각화 명료화 되는 장점이 있다. 가족 내에서 갈등의 주요 원인이라고 여겨지는 노인들이 실제 갈등의 주요 요인을 다른 가족원으로 지목하는 경우, 가족원들은 가족 내에 노인의 위치와 상황을 새롭게 느끼면서 보다 나은 가족관계 형성을 위해 협력하게 된다.

### (3) 심리극기법

심리극(Drama Technique)은 연극적 방법을 통해서 인격의 구조, 대인관계, 갈등 및 정신적 문제들을 탐색하며, 집단치료의 의미도 내

---

[17] 여인숙. 2005. "노년기 자아통합 증진을 위한 이야기치료 회상집단 프로그램 개발 및 효과". 경북대학교 대학원. 박사학위논문.

포하고 있다. 심리극의 목표는 내담자에 대한 통찰과 내담자의 감정적 문제, 정서적 갈등이나 경험을 극화시켜 연기하게 하여 자신의 느낌을 동작으로 자유롭게 표현하게 한다. 이로써 잘못된 편견이나 오해 등을 풀고 적응력을 회복시켜 치료를 돕는다. 이렇듯 내면의 문제를 통찰하고 탐구하게 하여 치료효과를 가져오는 심리극은 내담자에게 현실 문제를 직면시켜 주는 효과가 있다.

본 프로그램은 앞서 고찰한 이론적 배경을 바탕으로 총 10회로 구성을 하였다. 세부목표는 인생 전반에 걸쳐 중요한 화제가 될 것들 위주로 몇 개를 선정해 각 세션별로 이야기를 충분히 나눌 수 있도록 준비했으며, 그 작업을 돕기 위해 간략한 자료들을 선정하기도 했다. 이어서 관련 활동은 회상 이야기치료에 맞게 이야기가 주가 되어 진행되는데, 다음과 같은 단계를 따른다. 먼저 주제에 맞는 자신의 문제 이야기를 내놓고, 이어서 그 문제에 이름 붙이기 작업을 한다. 나아가 문제 이야기의 범주에 들어가지 않는 독특한 이야기를 찾은 뒤, 마지막으로 대안적인 이야기를 형성해 나갈 수 있도록 돕는다. 이 단계는 모든 세션에서 행해질 계획이다.

이 프로그램이 비록 글쓰기에 목적을 두고 있지는 않지만, 이야기와 글쓰기가 병행되면 시너지 효과를 볼 수도 있기 때문에 각 세션에 나눈 이야기를 바탕으로 글쓰기 작업을 해보실 수 있도록 독려를 하기도 했다.

〈표 5〉 노년기 통합감 증진을 위한 회상 이야기치료 프로그램

| 세션 | 세부 목표 | 선정 자료 | 관련 활동 |
|---|---|---|---|
| 1 | 시작하는 이야기 | 〈도서 : 임금님 귀는 당나귀 귀〉 | 프로그램 소개, 집단 서약서 작성, 이름으로 소개하는 나 |
| 2 | 원가족 이야기 | 〈사진 : 가족사진〉 | 분리→명명하기→ 독특한 이야기 발견→대안 이야기 |
| 3 | 친구 이야기 | 〈글 : 지란지교를 꿈꾸며〉 | 분리→명명하기→ 독특한 이야기 발견→대안 이야기 |
| 4 | 연애 및 결혼 이야기 | 〈도서 : 설탕엄마 소금아빠〉 | 분리→명명하기→ 독특한 이야기 발견→대안 이야기 |
| 5 | 자녀 이야기 | 〈도서 : 은행나무처럼〉 | 분리→명명하기→ 독특한 이야기 발견→대안 이야기 |
| 6 | 일, 업무 이야기 | 〈도서 : 우체부 슈발〉 | 분리→명명하기→ 독특한 이야기 발견→대안 이야기 |
| 7 | 털어놓고 싶은 비밀 이야기 | 〈도서 : 내 말 좀 들어주세요, 제발〉 | 분리→명명하기→ 독특한 이야기 발견→대안 이야기 |
| 8 | 함께 나누고 싶은 이야기 | 〈도서 : 쉬이이잇!〉 | 분리→명명하기→ 독특한 이야기 발견→대안 이야기 |
| 9 | 후세에 남기고 싶은 이야기 | 〈도서 : 너희들도 언젠가는 노인이 된단다〉 | 분리→명명하기→ 독특한 이야기 발견→대안 이야기 |
| 10 | 끝맺는 이야기 | 〈도서 : 포인트 스토리〉 | My Name Story 쓰기, 참여 소감 나누기 |

## 3. 프로그램의 실제

### 노년기 통합감 증진을 위한 회상 이야기치료 프로그램

**제1회** 시작하는 이야기
〈프로그램 소개, 집단 서약서 작성, 이름으로 소개하는 나〉

한 사람에게 있어 이름은 어떤 의미일까? 요즘에는 이런 저런 사유가 있어서 인정을 받으면 쉽게 바꿀 수 있는 것이 이름이지만, 과거에는 조부모나 부모에게 받은 이름을 바꾼다는 생각은 감히 하지 못하고, 그것 또한 숙명이라 생각하고 받아들인 것이 사실이다. 따라서 현 시대보다는 이름이 갖고 있는 의미가 더 컸을 테고, 그에 따른 에피소드 또한 많았을 것이라 생각된다.

마침 우리는 누군가와 처음으로 만날 때 이름을 서로 나누는 문화를 갖고 있으니, 프로그램 첫 세션에서도 서로의 이름을 나누는 기회를 가져보자. 그러면서 소개의 한 방법으로 이름에 얽힌 역사 및 에피소드도 함께 나누며, 자연스럽게 참여자 개개인을 탐색할 수 있는 기회로 삼았으면 한다.

(1) 선정 자료

① 임금님 귀는 당나귀 귀 / 서정오 글, 한지희 그림 / 보리

대부분의 사람들이 알고 있는 전래동화를 현대라는 시간적 측면과 연결되게 구성을 한 점이 독특한 그림책이다. 이 이야기에는 임금님의 귀가 당나귀의 귀처럼 길게 자라는 비밀을 알고 있는 할아버지가 등장한다. 그런데 할아버지는 비밀을 발설하면 안 된다는 임금님의 명령에 다른 누구에게도 말할 수가 없고, 혼자서만 속으로 끙끙 앓게 된다. 그러던 어느 날, 할아버지는 대나무 숲을 지나다가 그곳에서 실컷 소리를 지르고 속이 후련해짐을 느낀다.

이 전래동화는 이야기치료의 원전과도 같은 작품이다. 만약 할아버지가 끝내 그 누구에게도, 그 어떤 곳에서도 이야기를 할 수 없었다면 어땠을까? 아마 화병에 걸려 끙끙 앓다가 돌아가셨을 것이다. 하지만 다행히도 이야기로 표현할 수 있는 기회를 얻었고, 실행을 함에 따라 마음의 평안도 얻을 수 있었다.

이 전래동화를 첫 세션에 선정한 이유는 혼자 끙끙 앓고 있던 할아버지의 모습이 프로그램에 참여한 어르신들에게 동일시, 카타르시스, 나아가 통찰까지 얻을 수 있는 면을 갖고 있다고 판단했기 때문이다. 더불어 이야기치료가 지향하는 바가 무엇인지를 간략히 보여드리기 위한 목적도 있었다. 짧은 그림책이니 함께 읽고 발문을 나누며 상호작용 과정을 가져보자. 이미 알고 계신 이야기일 테니 더욱 반가워하실 수도 있다.

### (2) 관련 활동

① 프로그램 소개

이야기치료에서의 핵심은 결국 참여자들이 자신의 이야기를 털어놓는 것이다. 따라서 그런 분위기를 조성하는 것이 필요한 것은 물론, 누구나 주인공이 되어 이야기를 할 수 있음을 독려할 필요도 있다. 또한 집단 프로그램이기 때문에 혼자 모든 시간을 독점하려 하기보다는, 다른 사람의 이야기를 들어볼 수도 있는 기회를 가질 필요성에 대한 부분도 반드시 언급을 해줄 필요가 있다. 프로그램 소개는 그런 부분에 초점을 두어 간략히 진행을 하면 되겠다.

② 이름으로 소개하는 나

이름이 없는 사람은 없다. 또한 그 이름에 의미가 담겨 있지 않은 사람도 없다. 따라서 이름은 그 사람을 상징하는 한 요소이자, 인생 전반과도 닮아 있는 것이다. 그래서 다른 사람들과 이름을 나눈다는 것은 자신의 한 부분을 나누는 것과도 같다.

'이름으로 소개하는 나' 활동은 참여자들이 자신을 드러낼 수 있는 첫 기회이다. 그런데 6-70년을 다른 사람이 만들어서 준, 게다가 다른 사람들이 더 많이 부른 이름을 바탕으로 한다는 것 자체에 의미를 부여할 수 있다. 물론 그렇다고 해서 이름으로만 한정을 짓지 않고, 나이며 사는 곳 등을 더불어 나누는 것도 괜찮다. 또한 여러 사람이 볼 수 있게 큰 글씨로 쓴 다음 보여주며 소개를 하는 방법도 권장 할만하다.

### 제2회 　원가족 이야기

　모든 사람에게는 원가족이 있다. 원가족(原家族)은 혈통이나 유전으로 관련된 가족이나 친족 집단을 말하며, 더 이해하기 쉽게 설명하자면 결혼한 여자분들에게 있어 친정가족을 생각하면 된다. 즉, 나의 출생과 더불어 가족이 된 사람들을 총칭하는 말인 것이다. 때문에 원가족은 내 모든 것의 근원이 되는 집단이다. 따라서 이 집단에서 펼쳐질 이야기의 출발점도 그곳으로 잡은 것은 너무도 당연한 것이다.

### (1) 선정 자료
① 가족사진
　두 번째 세션을 위해 선정한 자료는 참여자 각 개인의 '가족사진'이다. 사진은 한 순간을 담고 있지만, 그 장면은 많은 등장인물만큼이나 많은 시간과 여러 추억들을 내포하고 있다. 따라서 이번 세션을 위한 자료는 문학작품이 아닌 참여자 각 개인의 가족사진으로 선정을 했다.
　그런데 이처럼 프로그램에 참여하는 참여자들이 직접 챙겨 와야 하는 실물을 주 자료로 선정하는 경우에는 고려할 점들이 몇 가지 있다. 우선 참여자들이 기억을 했다가 챙겨 와야 하기 때문에, 잊지 않고 가져올 수 있도록 그 부분에 대해 여러 차례의 공지와 함께 확인 과정을 거칠 필요가 있다. 또한 가져온 자료가 훼손이나 분실될 가능성도 있기 때문에, 그러지 않도록 주의를 기울일 필요도 있다. 이런 유의점 때문에 아동 및 청소년을 대상으로 한 프로그램에서는 실물자료 활용이 어려운데, 어르신들의 경우에는 사전에 공지만 잘 된다면 활용에 무리는 없을 것이다. 나아가 실물자료를 바탕으로 이야기를 풀어냈을 때에 훌륭한 소재가 되어 많은 이야기를 만들어 낼 수 있는 촉매제로서의 역할을 해 줄 것이다.

## 제3회 친구 이야기

아리스토텔레스는 친구를 제 2의 자신에 비유했다. 그래서 우리는 친구를 보면 그 사람을 알 수 있다고 이야기를 한 것이 아닐까 싶은데, 어르신들에게도 아동기 및 청소년기가 있었기 때문에 고향 친구들, 학교에서 만난 친구들, 사회에서 만난 친구들이 있었을 것이고, 현재도 있을 것이다. 또한 그들에 대한 이야기를 나눌 때면 마치 그 시절로 돌아간 듯 천진난만한 모습도 보여주실 것이다. 어쩌면 이미 세상을 떠난 친구, 고향을 떠나오면서 연락이 끊긴 친구도 있을 테지만, 그래도 내 인생의 많은 시간을 즐거움 속에 함께 나눈 친구들에 대한 이야기는 어르신들에게 활기를 불어넣어줄 것이다. 이 세션에 나눌 이야기의 주제는 '친구'이다.

### (1) 선정 자료
① 지란지교를 꿈꾸며 / 유안진 지음 / 서정시학

과거 여고생들 사이에서는 이 글을 담고 책받침을 만들고, 그것을 절친한 친구에게 선물하는 것이 유행했다고 한다. 그만큼 이 글은 '친구'를 떠올리면 가장 먼저 이야기가 될 만큼 유명하고 여러 사람들의 사랑을 받았다. 때문에 프로그램에 참여하는 어르신들께는 익숙한 글이어서 친구에 대한 향수를 더 불러일으키지 않을까 싶어서 선정한 자료다. 글의 전문은 〈참여자 활동자료 3-1〉에 담았다.

〈참여자 활동자료 3-1〉

## 지란지교를 꿈꾸며

유안진

　저녁을 먹고 나면 허물없이 찾아가 차 한 잔을 마시고 싶다고 말할 수 있는 친구가 있었으면 좋겠다. 입은 옷은 갈아입지 않고 김치냄새가 좀 나더라도 흉보지 않을 친구가 우리 집 가까이에 있었으면 좋겠다.

　비 오는 오후나 눈 내리는 밤에 고무신을 끌고 찾아가도 좋을 친구, 밤늦도록 공허한 마음도 마음 놓고 열어 보일 수 있고, 악의 없이 남의 이야기를 주고받고 나서도 말이 날까 걱정되지 않을 친구가.

　사람이 자기 아내와 남편, 제 형제나 제 자식하고만 사랑을 나눈다면 어찌 행복해 질 수 있을까? 영원이 없을수록 영원을 꿈꾸도록 서로를 돕는 진실한 친구가 필요하리라.

　그가 여성이어도 좋고 남성이어도 좋다. 나보다 나이가 많아도 좋고 동갑이거나 적어도 좋다. 다만, 그의 인품이 맑은 강물처럼 조용하고 은근하여, 깊고 신선하며 예술과 인생을 소중히 여길 만큼 성숙된 사람이면 된다.

그는 반드시 잘생길 필요는 없고 수수하나 멋을 알고 중후한 몸가짐을 할 수 있으면 된다. 때로 약간의 변덕과 신경질을 부려도 그것이 애교로 통할 수 있을 정도면 괜찮고, 나의 변덕과 괜한 흥분에도 적절히 맞장구를 쳐주고 나서 얼마의 시간이 흘러 내가 평온해지거든 부드럽고 세련된 표현으로 충고를 아끼지 않았으면 좋겠다.

나는 많은 사람을 사랑하고 싶지는 않다. 많은 사람과 사귀기도 원치 않는다. 나의 일생에 한 두 사람과 끓어지지 않는 아름답고 향기로운 인연으로 죽기까지 지속되길 바란다.

나는 여러 나라, 여러 곳을 여행하면서 끼니와 잠을 아껴 될수록 많은 것을 구경했다. 그럼에도 지금은 그 많은 구경 중에 기막힌 감회로 남은 것은 거의 없다. 만약 내가 한 두 곳, 한두 가지만 제대로 감상했더라면 두고두고 되새길 자산이 되었을 걸.

우정이라 하면 사람들은 관포지교를 말한다. 그러나 나는 친구를 괴롭히고 싶지 않듯이 나 또한 끝없는 인내로 베풀기만 할 재간이 없다. 나는 도 닦으며 살기를 바라지 않고 내 친구도 성현 같아지기를 바라지는 않는다.

나는 될수록 정직하게 살고 싶고, 내 친구도 재미나 위안을 위해서 그저 제자리서 탄로 나는 약간의 거짓말을 하는 재치와 위트를 가졌으면 하는 뿐이다.

나는 때로 맛있는 것을 내가 더 먹고 싶을 테고, 내가 더 예뻐지기를 바라겠지만 금방 그 마음을 지울 줄도 알 것이다.

때로 나는 얼음 풀리는 냇물이나 가을 갈대 숲 기러기 울음을 친구보다 더 좋아할 수 있겠으나, 결국은 우정을 제일로 여길 것이다.

우리는 흰 눈 속 침대 같은 기상을 지녔으나 들꽃처럼 나약할 수 있고, 아첨 같은 양보는 싫어하지만 이따금 밑지고 사는 아량도 갖기를 바란다.

우리는 명성과 권세, 재력을 중시하지도 부러워하지도 경멸하지도 않을 것이며, 그보다 자기답게 사는데 매력을 느끼려 애쓸 것이다.

우리가 항상 지혜롭진 못하더라도 자기의 곤란을 벗어나기 위해 진실일지라도 타인을 팔진 않을 것이다. 오해를 받더라도 묵묵할 수 있는 어리석음과 배짱을 지니길 바란다. 우리의 외모가 아름답지 않다 해도 우리의 향기만은 아름답게 지니리라.

『지란지교를 꿈꾸며 / 유안진 지음 / 서정시학』

### 제4회  연애 및 결혼 이야기

    현 시대에도 맞선과 중매 등의 방법으로 결혼을 하시는 분들이 있지만, 연애결혼에 비해서는 비율이 떨어지는 것이 사실이다. 그런데 과거에는 그 방법들이 더 많았던 것 같다. 어르신들의 이야기를 들어보면 남편 될 사람의 사진만 겨우 보고 시집을 오신 분들도 계시다고 하니, 우리야 황당하다며 웃지만 그 과정을 겪은 당사자들의 마음은 어땠을까 짐작이 가지 않는다. 아마 그 또한 그저 운명이라 받아들이지 않으셨을까 싶다. 물론 그럼에도 불구하고 백년해로 하며 행복한 가정을 꾸린 분들도 많겠지만 말이다. 이번 세션의 세부목표는 어르신들의 연애 및 결혼 이야기이다.

**(1) 선정 자료**

① 설탕엄마 소금아빠 / 디디에 코바르스키 글, 사무엘 리베롱 그림,
   류일윤 옮김 / 글뿌리

    우리는 믿음과 소망과 사랑 가운데서도 제일은 사랑이라고 한다. 그런데 그 사랑의 시작과 완성은 대상에 대한 온전한 이해로부터 시작된다는 것을 아는 사람은 많지 않은 것 같다. 그만큼 그 사람을, 또는 그 대상을 그 자체로 본다는 것이 쉽지 않음을 알 수 있는 현상인데, 이 책은 설탕과 소금으로 대비된 엄마와 아빠의 다름과, 그에 대한 인식 과정을 거쳐 진정한 사랑으로 거듭난다는 내용을 담고 있다. 설탕으로 만들어진 설탕엄마는 자연 설탕과 관계된 음식을 좋아하고, 소금으로 만들어진 소금아빠는 생선 등 소금과

함께 먹으면 좋을 음식들만 좋아한다. 이렇듯 생김새부터 다른 두 사람은 결국 서로의 차이를 몰라 헤어지게 된다. 소금 집으로부터 나온 설탕엄마는 따로 진흙집을 지어 생활하지만 소금아빠가 곁에 없어 행복하지 않았다. 그래서 소금아빠를 찾아갔지만, 소금아빠는 다시 돌아가라며 문전박대를 한다. 그러던 어느 날, 많은 비로 인해 소금아빠의 집은 모두 녹아 버리고, 소금 아빠 역시 물에 흠뻑 젖는다. 결국 설탕엄마를 찾아 온 소금 아빠는 따뜻한 키스를 나누게 되고, 녹아 버린 아빠의 입술 때문에 둘의 입맛이 바뀌어 버린다. 그제야 두 사람은 서로의 처지를 이해하게 되고, 더욱 큰 사랑을 할 수 있게 된다. 설탕과 소금, 그 두 가지는 비슷한 면도 많지만 결정적인 맛에서는 차이가 있는데, 작가는 재치 있게도 그 점을 잘 살려 의미 있는 이야기를 들려준다. 책 자체의 목적이 인성교육이다 보니 본문에 다음과 같은 내용이 들어가 있다. '부모의 불화를 보고 상처받은 아이를 치유하고, 엄마와 아빠를 이해하게 만드는 책, 아이들을 보여주기 이전에 부모님들이 먼저 읽어봐야 할 책이라고' 그 말에 전적으로 동감한다. 우리는 태어날 때부터 너무나 많은 것들이 다르지 않은가?

## 제5회 자녀 이야기

　부모들에게 있어 자식들은 삶의 의미 그 자체이기도 하다. 자식이 웃는 모습을 보면 하루 피곤이 싹 가시고, 자식 입에 밥 들어가는 것만 봐도 배가 부르다고 하지 않은가. 또한 눈 안에 넣어도 안 아플 자식이라는 표현에서는 부모들의 자식사랑이 얼마나 지극한 것인지 알 수가 있다.

　그런데 어르신들 세대에는 자식을 많이 두었다. 대여섯 명씩 있는 집은 일반적이고 많은 집은 열 명이 넘는 자식을 두기도 했다. 따라서 가지 많은 나무에 바람 잘 날이 없다고 했으니, 자식들을 키우며 겪었을 일은 시트콤보다 훨씬 재미있고, 최루성 드라마보다 훨씬 슬플 것이며, 그 어떤 다큐멘터리보다 감동적일 것이다. 이번 세션의 세부목표는 자녀들의 이야기를 나누는 것이다. 아마 이 시간 동안에 어르신들은 자식 자랑을 더 하고 싶은 부모의 모습일 것이다. 또한 친 자식만이 아니라 사위며 며느리, 손자와 손녀로까지 번질 가능성이 크다. 그렇기 때문에 그런 부분들에 대해서는 적정 통제가 필요할 것이다. 그럴 때면 초점을 맞추어 다시금 자녀에게만 집중할 수 있도록 유도를 해주자.

### (1) 선정 자료

① 은행나무처럼 / 김소연 글, 김선남 그림 / 마루벌

　'아마도… / 그런 걸 꽃을 피운다고 말할 거야. / 그런 걸 열매를 맺는다고 말할 거야. / 그 모든 걸 살아간다고 말할 수 있을 거야. /

은행나무 가까이로 가서 / 손을 뻗어 보렴. 그리고 … 안아 주렴. / 텅 빈 것 같지만 가득 차 있다는 걸 너도 느낄 수 있겠니?'

은행나무처럼 마주 보며 사랑을 나누고, 그 결실로 가정을 이루어 아이들을 낳았으며, 행복한 가정을 꾸려나가는 여정을 은행나무의 사계에 비유를 해서 풀어낸 그림책이다. 따라서 배경으로 깔린 은행나무는 색감과 소소한 변화 몇 가지만 반복적으로 이어지고 있는 것 같지만, 시간과 계절의 변화에 따라 각각 달라지는 모습에 대한 표현과, 아이에게 전하는 부모의 마음이 담긴 편지처럼 느껴지는 간결한 글이 인상적인 그림책이다.

## 제6회 : 일, 업무 이야기

사람에게 있어 어떤 할 일이 있다는 것은 매우 중요하다. 일은 생계를 위한 수입원이 되어주기도 하지만, 정기적인 과정이기 때문에 생활 주기를 안정적으로 만들어 주는 역할도 한다. 또한 내가 무엇인가를 하며 인정을 받고 성취감을 맛볼 수 있도록 해주는 요소가 되기도 한다. 따라서 사람은 그 종류가 무엇이든 일을 할 필요가 있다.

그런데 초고령화 사회가 되어감에 따라서 자연스레 정년 또한 늘어나야 할 것만 같은데, 실상은 그렇지 못하고 오히려 더 이른 나이에 은퇴를 해야 하는 분들이 계시다. 아직 능력을 발휘할 수 있을 만큼의 실력과 체력을 겸비하고 있음에도 불구하고 말이다.

따라서 좌절감 또한 일찍 맛보며 우울한 정서로 여생을 보내는 분들도 계시는데, 이번 세션에는 그동안 열심히 해왔던 일과 업무에 관해 털어놓을 수 있는 장이다. 혹 일과 업무에 대한 이야기를 나누면 여자 어르신들은 소외가 되는 것이 아닐까 생각하시겠지만 그렇지 않다. 왜냐하면 지금과 달리 농사 일 등 여자들도 억척같이 일을 해야만 했던 시대였기 때문이다. 만약 주부로서 살림만 했다는 어르신이 계시다면, 그 이야기만으로도 충분하다. 가장 바쁜 직업이 주부라는 것을 이미 알고 있지 않은가?

### (1) 선정 자료

① (꿈의 궁전을 만든) 우체부 슈발 / 오카야 고지 글,
  야마네 히데노부 그림, 김창원 옮김 / 진선

필자가 학교에 다닐 때만 해도 선생님께서 장래희망에 대해 물으면, 대통령이나 의사, 판사, 변호사, 선생님, 간호사, 과학자, 군인 등의 직업이 우선으로 이야기 됐던 것 같다. 그런데 요즘에는 물론 비슷한 부분도 있지만 상당히 구체화 된 것을 느낄 수 있다. 그만큼 사회가 변했고 여러 직업들이 창출된 면도 있지만, 그보다 현실적이고, 자신의 가치관에 따라 결정하는 자기 주도적인 면이 부각되기 때문이 아닐까 생각해 본다.

이 책 '꿈의 궁전을 만든 우체부 슈발'의 주인공 슈발은 아인슈타인으로 대표되는 엉뚱한 사람의 범주에 포함될 사람이다. 매일 반복되는 일상을 보내는 작은 마을의 우체부. 그는 말수도 적고 특별한 취미도 없는, 사교적이지 못하고 재미마저 없는 사람이다. 하지만 그는 공상을 좋아했는데, 그의 공상 속에는 궁전, 성, 탑 등이

항상 자리 잡았다. 마침 그 당시 열렸던 만국박람회 등의 사진 자료들은 그의 상상에 기름을 부은 격이었지만, 막상 실천을 하기에는 어렵다는 것을 알고 조금씩 잊어 가고 있을 즈음, 우연한 기회로 발에 걸린 돌부리의 모양이 신기해 그 돌을 이용해 건물을 지었으면 좋겠다는 결심을 하게 된다. 그 때부터 열심히 돌을 모은 슈발은 마을 사람들로부터 놀림을 당하기도 했지만, 33년이라는 시간을 한결같이 건물 짓기에 열중한 끝에 드디어 '꿈의 궁전'을 완성하게 된다. 이 궁전은 현재 12만 명이 넘게 방문하는 명소가 되었다고 한다.

정말 사람만큼 위대한 존재가 이 세상에 또 있을까? 사람의 의지만큼 대단한 것이 또 있을까? 비록 많은 어려움이 있었지만 불굴의 의지와 인내심으로 '꿈의 궁전'을 이룬 슈발의 삶은 우리에게 많은 의미를 준다. 또한 궁전 그 자체보다 자신의 꿈을 이루기 위해 노력할 수 있었던 그 의식 자체가 큰 감동을 준다. 따라서 이 책은 평생에 걸쳐 자신이 의미를 두고 실천해온 일, 그 결과로 이루어낸 성과에 대해 이야기를 하기 위한 매개로 쓰기 위해 선정을 했다.

## 제7회 : 털어놓고 싶은 비밀 이야기

비밀은 숨기어 남에게 드러내거나 알리지 말아야 할 일, 밝혀지지 않았거나 알려지지 않은 내용을 말한다. 비밀을 털어놓는 것을 자유를 맡기는 것과 같음에 비유를 한 스페인의 속담을 떠올려 보면, 한 사람의 자유를 박탈할 수 있을 만큼의 힘을 갖고 있기 때문에 절대 발설을 하지 말아야 할 것 같다. 하지만 이 세상에 영원한 비밀은 없다는 이야기도 있는 것을 보면, 결국 비밀은 알려지게 되어 있는 것이 아닐까 싶다. 왜냐하면 그 비밀을 간직하고 있는 사람은 그만큼 힘이 들 것이므로, 끝내 누군가에게 이야기를 하고 싶은 충동을 이기지 못할 테니 말이다.

이번 세션에는 참여 어르신들에게도 그동안 간직한 비밀을 털어놓을 수 있는 기회를 드린다. 어린 시절 새끼손가락 걸며 친구와 나누었던 비밀, 결혼생활을 하며 남편이나 아내에게 말하지 못했던 비밀, 직장생활을 하며 알게 된 비리나 동료 직원의 비밀, 신체의 비밀 등, 다른 사람의 비밀을 듣는 시간은 흥미롭기만 할 것이다. 하지만 이야기를 듣는 사람들은 비밀을 털어 놓는 사람의 자유를 담보로 잡은 것이니, 비밀 보장의 원칙을 다시금 주지시킬 필요도 있겠다.

### (1) 선정 자료

① 내 말 좀 들어주세요, 제발 / 하인츠 야니쉬 글, 질케 레플러 그림, 김라합 옮김 / 상상스쿨

이 책은 주인공 곰의 이야기를 통해 의사소통을 할 수 있도록 도와주는데 목적이 있는 그림책이다. 주인공 곰은 혼자 있으면 두려움을 느끼는 것이 고민이다. 곰은 발명가, 재단사, 노점상 등등 여러 사람들을 차례로 만나면서 자신의 고민을 털어놓는다. 하지만 아무도 곰의 말을 제대로 들어주지 않고, 제 멋대로 곰에게 필요한 게 무엇인지 아는 척을 한다. 사람들로 하여금 해결 방법을 찾지 못한 곰은, 자신의 이야기를 자세히 들어준 파리로부터 결국 해결

의 실마리를 찾게 된다.

우리는 여러 사람과 관계를 맺으며 그 중 조금 더 좋은 사람을 만나기도 하고, 얼굴과 체격은 괜찮은데 성격적인 부분에서는 잘 맞지 않는 사람을 만나는 등 다양한 경험을 한다. 그러다 보면 자연스레 비밀도 쌓이게 되는데, 이번 세션에는 하고 싶은 이야기를 충분히 할 수 있었으면 좋겠다. 특히 그동안 비밀로 간직하고 있었던 일에 대해서 말이다.

## 제8회 함께 나누고 싶은 이야기

노인복지센터에서 상담을 할 때의 경험을 떠올려 보면, 확실히 남자와 여자 어르신들 사이에는 차이가 있었다. 여자 어르신들은 복지관 강당에서 열리는 노래 교실에 참여해 목청껏 따라 부르거나 춤을 추기도 하고, 복지센터 여기저기에 모여 도란도란 이야기를 나누는 모습도 쉽게 볼 수 있었다. 그에 반해 남자 어르신들은 당구를 치거나 바둑, 장기를 두는 분들이 몇, 그밖에 분들은 소파나 벤치에 우두커니 앉아 있는 경우가 많았다. 게다가 몇 어르신들이 모여서 하고 있는 당구나 바둑, 장기에서도 대화가 많이 이루어지지는 않았다. 그나마 그런 것을 할 수 있는 분들은 함께 참여가 가능했지만, 그마저도 취미가 없는 분들은 멀찍이 지켜보거나 그냥 앉아 계시는 것이 유일하게 할 수 있는 일이었다. 마치 하나의 풍경이 된 것처럼 말이다.

그런데 앞서 살펴봤듯이 이야기는 나누는 것 자체만으로도 큰 치료적 힘을 갖고 있다. 그런 면에서 보자면 여자 어르신들은 자가 치료를 열심히 하고 계시는 것이고, 반면 남자 어르신들은 그마저도 하고 있지 못한 실정이다. 따라서 이번 세션에는 어떤 주제이든 집단 참여 어르신들과 나누고 싶은 이야기를 할 수 있는 기회를 드려보자. 단, 모든 어르신들이 이야기를 해야 하기 때문에 일정한 시간을 정해서 그 시간 동안에만 할 수 있도록 운영하자. 왜냐하면 이번 세션의 목표는 모두가 이야기를 나눌 수 있는 기회를 갖는 것이기 때문이다. 그래서 평소 집단에서도 말수가 적은 어르신들에게도 표현의 기회를 드려 보고, 앞 세션에서 충분히 다루어지지 않은 이야기를 주제로 꺼내는 어르신이 계시다면 그렇게 조금 더 작업을 할 수 있도록 하자.

**(1) 선정 자료**

① 쉬이이잇! / 진 윌리스 글, 토리 보스 그림 양희진 옮김 / 아이즐북스

과연 뒤쥐가 갖고 있는 굉장히 멋진 소식은 무엇일까? 뒤쥐는 자신이 알고 있는 멋진 소식을 세상 모두에게 전하고 싶다. 하지만 세상은 너무너무 시끄러웠기에 조용해질 때까지 기다리고 또 기다렸지만 조용할 때가 오지는 않았다. 때문에 아침이 되어도, 골짜기 아래에서, 산꼭대기에서 아무리 소리쳐도 꼬마 뒤쥐의 소리를 들은 이는 아무도 없었다. 그래도 뒤쥐는 결코 포기하지 않고, "하나, 둘, 셋. 쉬이이잇!"이 세상을 바꿀 수 있는 말이라는 것을 우리에게 알려준다.

8회를 위해 이 책을 고른 이유는, 그동안 여러 이야기를 나누었

겠으나, 그럼에도 불구하고 함께 나누고 싶은 이야기가 있는지 확인해 보기 위한 것이었다. 그래서 만약 있다면 다른 참여자들에게 자신의 이야기를 할 수 있는 시간을 드리면 되겠다.

## 제9회 후세에 남기고 싶은 이야기

재주가 남만 못하다고 스스로 한계를 짓지 말라.
나보다 어리석고 둔한 사람도 없겠지만,
결국에는 이룸이 있었다.
모든 것은 힘쓰는데 달렸을 따름이다.

- 김득신이 스스로 지은 묘비명에서 -

위 글귀는 오언절구와 칠언절구가 빼어나 당대 최고의 시인으로 추앙받았던 백곡 김득신(1604-1684)이 스스로 지은 묘비명을 인용한 것이다. 그는 명문 사대부가 정3품 부제학을 지낸 아버지를 둔 집안에 태어났으나, 10살에야 겨우 글을 배우기 시작했고 20살에 첫 작문을 했다고 한다. 하지만 그는 책을 읽고 또 읽는 노력에 노력을 기울인 끝에 59세에 문과에 장원급제를 해서 성균관에 입학하게 되었고, 죽을 때까지 자기만의 시어로 독창적인 시 세계를 창조한 당대 최고의 시인이 되었다. 그야말로 인간 승리의 주인공이 된 것이다.

비록 높은 위치에 올라 권력을 갖고, 많은 부를 축적해 재력을 가졌으며, 명예와 덕망을 쌓지 못했다고 해도, 인생이라는 긴 발달 과정을 무사히 거쳐 온 사람들은 그 자체만으로도 매우 훌륭하다고 생각한다. 왜냐하면 그만큼의 지혜가 쌓여 있을 테고, 그 지혜는 다른 누구도 함부로 평가를 할 수 없는 것이기 때문이다.

이번 세션의 목표는 후세에 남기고 싶은 이야기를 나누는 것이다. 어르신들의 한 마디 한 마디는 그 어떤 유명 철학자가 남긴 말 못지않게 값질 것이다.

### (1) 선정 자료

① 너희들도 언젠가는 노인이 된단다 / 엘리자베트 브라미 글,
  얀 나침베네 그림, 이효숙 옮김 / 보물창고

인간의 능력이 제아무리 다양하고 기술이 고도로 발달을 해도 세월은 거스를 수가 없다. 따라서 해가 거듭될수록 사람은 나이가 들게 마련이고, 그러다 보면 결국 노인이 되어 죽음을 맞게 된다. 이는 재력이나 권력의 여부, 남녀의 여부, 기타 다른 요소들의 여부에도 불구하고 누구에게나 동등하게 적용되는, 어쩌면 이 세상에서 가장 평등하다 느껴지는 유일한 일이기도 하다. 물론 순서의 차이, 삶이라는 기간 동안의 질에는 분명 차이가 날 테지만 말이다.

이 그림책은 『늙은 아이들(Les Vieux Enfants)』이라는 원제를 갖고 있는 작품으로, 유년의 시기와 노년의 시기가 그리 멀리 떨어져 있지 않다는 것을 알려 주고 있다. 더불어 우리 모두가 노인이 될 것이기 때문에 그 시기에 도달하기 전까지 행복하게 지내기를, 나아가 노인들을 사랑할 필요가 있음을 언급한다. 왜냐하면 결국 언젠가는 우리들도 그들처럼 될 테니까.

필자가 제9회를 위해 이 도서를 선정한 이유는 이렇다. 어르신들에게 과거로부터 살아온 자신의 삶을 돌아볼 수 있게 하는 것이

첫 번째 목적이고, 두 번째는 더 나은 노년기를 위해 필요한 것이 무엇인가에 대해 생각해 볼 수 있도록 돕기 위해서이다. 즉 프로그램 참여 동기를 높이고 더불어 자신만의 목표를 생각해 볼 수 있도록 하기 위함이다. 에릭슨이 구분한 노년기 발달 단계의 과업인 통합을 위해서 말이다.

## 제10회 끝맺는 이야기

 어르신들과의 만남은 더욱 진한 아쉬움을 남긴다. 왜냐하면 더 오랜 시간 이야기를 나누고 싶기 때문이다. 그러나 항상 시간은 정해져 있기 때문에 그 이야기를 다 들어드릴 수가 없다. 그래서 어르신들을 대상으로 한 프로그램은 세션도 길고 한 세션 당 시간도 길었으면 하는 바람을 갖고 있다.
 제10회는 프로그램의 마지막 세션이다. 따라서 끝맺는 이야기를 나누면 되는데, 이 날은 그동안 나누었던 이야기를 한 권의 책으로 남기는 작업을 실시한다. 즉, 말로 하는 이야기가 아닌 글로 남기는 이야기인 셈이다. 책 작업은 이번 세션을 위해 선정한 도서『포인트 스토리』를 응용해, 자신이 평생 갖고 살아온 이름에서부터 출발하도록 한다. 결국 시작과 끝이 자신의 이름인 셈이다.

### (1) 선정 자료

① 포인트 스토리 / 강우현 지음 / 나미북스

이 그림책은 수묵화로 그린 철학적 낙서와 같다. 점의 속성, 그리고 그 점이 모여 이루어진 선의 속성 등을 친근하고 재치 있는 삽화를 통해 묘사하며, 그 어떤 형태를 취하든 간에 그 고유의 형태가 갖고 있는 아름다움과 유의미가 존재함을 밝히고자 하는 책이다. 즉, 다양한 정체성이 모두 그 자체로 가치 있음을 드러내어 보여준다고도 할 수 있다. 이미지는 동양화적으로, 문구들은 시적으로 표현되어 있는 책이다. 그만큼 그려지거나 쓰인 메시지뿐만 아니라 여백 역시도 중요하게 기능하고 있다는 것을 알 수 있다. 이는 독자가 자신만의 감상을 책 속에 심도 있게 풀어놓을 수 있는 사색과 여유의 공간이 되어줌은 물론이다.

여백의 여유라는 것은 수용의 공간이 그만큼 넓다는 것이며, 수용은 있는 그대로의 우리 자신이 되게끔 하는 가장 중요한 조건 중의 하나다. 이 책은 바로 그렇게 자연스레 있는 그대로의 내가 되는 과정을 도울 수 있다.

### (2) 관련 활동

① My Name Story 쓰기

우리는 첫 세션에서부터 참여자의 이름을 바탕으로 한 작업을 했다. 그래서 마지막 활동 역시 자신의 이름에서 시작을 해볼 수 있도록 기회를 만들어 주었다. 마침 선정 자료 '포인트 스토리'가 점에서 출발해 선이 되고 또 다른 무엇인가가 되는 장면들이 반복되는데, 이런 장면들을 참고해 자신의 이름이 담긴 포인트 스토리를 만들어 보고, 이어서 나누기 작업까지 해보자. My Name Story는 북 아트 기법 가운데 '아코디언 북'으로 만들어진 책에 쓰시게 하면 되고, 만약 작업을 위한 시간이 충분하지 않으면 10년 주기로 한 페이지를 나누어, 그 주기를 표현할 수 있는 하나의 상징적인 단어나 그림으로 표현할 수 있도록 하는 것도 방법이다. 그러면서 그동안 프로그램에 참여하면서 나눈 이야기, 자신의 생 전체를 정리할 수 있는 기회를 드리는 것이다.

② 참여 소감 나누기

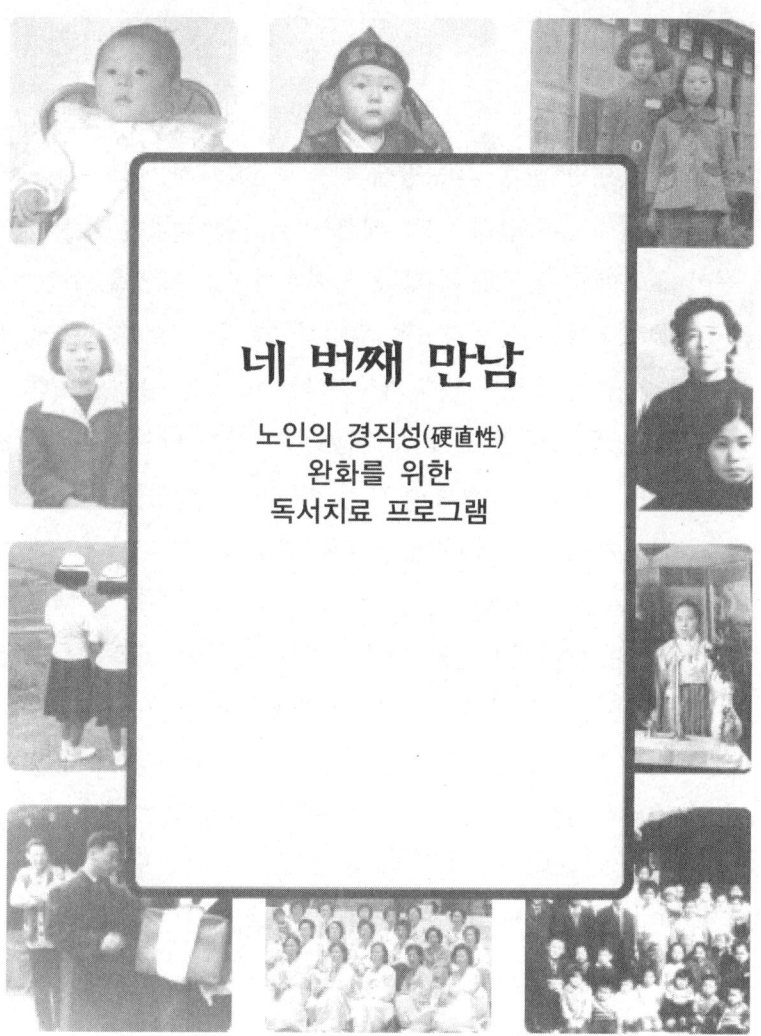

# 네 번째 만남

노인의 경직성(硬直性)
완화를 위한
독서치료 프로그램

## 1. 프로그램의 필요성

경직성(硬直性)이란 융통성과 반대되는 개념으로서, 어떤 태도·의견 그리고 문제해결 장면에서 그 해결 방법이나 행동이 옳지 않거나 이득이 없음에도 불구하고, 옛날과 마찬가지로 방법을 고집하고 이를 여전히 계속하는 행동경향을 말한다. 따라서 상호작용 시 상대방으로 하여금 답답하거나 고지식하다는 느낌을 불러일으킬 수 있으며, 결국 관계를 증진시키기보다는 좋지 않게 만드는 장애요소가 될 수 있다. 그러므로 상황에 따라 융통성을 발휘할 수 있어야 하는데, 경직성(硬直性)은 노년기 심리적 특성 가운데 하나라고 한다. 즉, 노인들은 이전 발달 단계에 비해 자신이 마음먹은 대로 하려는 경향성, 자신의 방식만을 고수하려는 측면이 더욱 강하다는 것이다. 이런 특성은 결국 자손들과의 관계는 물론 노인들 사이에서도 소통이 잘 되지 않는 사람, 독불장군으로 인식되어 외로운 나날을 보낼 수밖에 없게 만드는 요인이 된다. 또한 경직성은 강박증을 유발시키기도 한다.

따라서 이 프로그램은 경직성을 완화시키는 대신 그동안 살아오면서 얻은 지혜와 통찰력을 바탕으로 세상을 바라보고, 관계를 원활히 해나갈 수 있도록 독서치료적 관점에서 돕는데 목표를 두고 있다.

## 2. 프로그램의 구성

본 프로그램은 노인의 경직성 완화를 위해 독서치료 기법을 접목해 구성을 하였다. 앞에서 살펴본 다른 프로그램들과 마찬가지로 총 10회에 걸쳐 진행할 수 있도록 설계했으며, 자료 선정의 지침과 선정된 자료 역시 같은 맥락을 띠고 있다. 다만 관련 활동에서는 집단치료라는 점을 십분 활용해 서로가 다름을 보다 쉽게 인식할 수 있는 것, 그래서 경직성 대신 융통성을 확립하는데 도움이 될 수 있는 것으로 구성하려 노력했다. 세션 당 운영 시간은 2시간으로 설정을 했으며, 집단에 참여하는 숫자는 10명 내외인 것도 마찬가지이다.

각 세션에 선정한 자료 및 관련 활동에 대한 구체적인 설명은 프로그램 계획서 다음에 이어진다. 그런데 앞서 출간된 책이나 앞 장을 읽은 분이라면 충분히 이해하고 있을 부분이라 판단된 곳에서는 자세한 설명을 곁들이지 않았다.

〈표 6〉 노인의 경직성 완화를 위한 독서치료 프로그램

| 세션 | 세부 목표 | 선정 자료 | 관련 활동 |
|---|---|---|---|
| 1 | 오리엔테이션 및 마음 열기 | 〈시 : 인생〉 | 프로그램 소개, 집단 서약서 작성, 소개 나누기 및 목표 설정 |
| 2 | 경직성 점검 - 사고 | 〈영상 : KBS-2TV 안녕하세요 '부자의 전쟁'〉 | 뇌 구조 그리기를 통해 경직된 사고 찾기 |
| 3 | 경직성 점검 - 정서 | 〈노래 : 봉우리〉 | 나의 봉우리에 남아 있는 감정 찾아 해소하기 |
| 4 | 경직성 점검 - 행동 | 〈도서 : 우리 할아버지〉 〈영상 : EBS-TV 지식채널 ⓔ '그걸 바꿔 봐'〉 | 자손 및 친구들이 이해하지 못하는 내 행동 |
| 5 | 융통성 확장 1 | 〈글 : 상대방의 말 중복하기〉 〈도서 : 학과 해오라기〉 | 거울 대화 연습 |
| 6 | 융통성 확장 2 | 〈도서 : 똑바로 보기 거꾸로 보기〉 〈그림 : 착시 그림들〉 | 내가 보고 싶은 것, 내가 보지 못한 것, 내가 봐야 하는 것 |
| 7 | 융통성 확장 3 | 〈도서 : 공원에서 일어난 이야기〉 | 입장에 따른 정당성 찾기 |
| 8 | 강박성 감소 | 〈시 : 나를 위로하는 날〉 | 모방 시 쓰기 |
| 9 | 융통성 확립 | 〈시 : 마음의 지도〉 〈노래 : 나 가거든〉 | 마음의 지도가 이어지는 길 그리기 |
| 10 | 관계로 향하는 문 열기 | 〈도서 : 두 사람〉 | 프로그램을 통해 얻은 통찰과 소감 나누기 |

## 3. 프로그램의 실제

### 노인의 경직성 완화를 위한 독서치료 프로그램

**제1회** 오리엔테이션 및 마음 열기
〈프로그램 소개, 집단 서약서 작성, 소개 나누기 및 목표 설정〉

**(1) 선정 자료**

① 인생 : 시집 『(대한민국 현대시인 12인선) 꽃들의 붉은 말』 中 /
정성수 외 시 / 도서출판 예지

현대시인 12인의 진솔한 성찰의 시를 담은 책이다. 그 중 이번 세션을 위해 선정한 자료는 정성수 시인의 '인생'이다. 시의 전문은 〈참여자 활동자료 1-1〉에 소개를 할 예정이다.

**(2) 관련 활동**

① 프로그램 소개

사람은 누구나 고집스러운 면이 있다. 다만 그 정도의 차이가 있어서, 어떤 사람은 더 경직되어 보일 뿐이고 어떤 사람은 융통성이 있어 보이는 것뿐이다. 이 프로그램은 경직성을 완화시켜 관계 증진을 돕는데 목표가 있기 때문에, 참여 어르신들에게 그 부분을 명확히 인지시키는 것이 중요하다. 다만 자칫 스스로를 고집 센 늙은이라 평가한 것은 아닌지 하는 오해와 함께 기분 나빠 하실 수 있는 여지도 있으니, 사람들과의 관계를 더 좋게 하기 위해 고정되어 있는 내 생각과 한정된 마음의 폭을 넓히기 위한 작업을 해나갈 것이라는 말로 바꾸어 설명을 해주면 좋겠다.

② 집단 서약서 작성

③ 소개 나누기 및 목표 설정

첫 만남이므로 치료사는 물론 어르신들 개개인도 소개하는 시간을 갖고, 이어서 프로그램에 참여하며 어떤 부분에서 도움을 받고 싶은지 스스로의 목표를 설정해 발표하는 시간도 가져보자. 이처럼 개개인이 설정한 목표는 프로그램에 더욱 적극적으로 참여할 수 있는 동기를 부여해 줄 것이다.

〈참여자 활동자료 1-1〉

## 인 생

정성수

늙은 철학자가 바닷가 백사장에서
인생을 생각합니다.
평생을 다하여 두고두고 생각해도
알 수 없는 인생.
"인생이란 무엇인가?"
백사장에 써 놓은 이 명제를 풀 수가 없어
멀리 수평선을 하염없이 바라봅니다.
파도가 밀려 와 "인"자를 지웠습니다.
파도가 밀려 와 "생"자를 지웠습니다.
파도가 밀려 와 "이"자를 지웠습니다.
파도가 밀려 와 "란"자를 지웠습니다.
파도가 밀려 와 "무"자를 지웠습니다.
파도가 밀려 와 "엇"자를 지웠습니다.
파도가 밀려 와 "인"자를 지웠습니다.
파도가 밀려 와 "가"자를 지웠습니다.
파도가 밀려 와 "?"를 지우지 못했습니다.
또 파도가 밀려 와 "?"를 지우지 못했습니다.
수 없이 파도가 밀려 왔지만 "?"를 지우지 못했습니다.
아, 더 이상 지우는 못하는 "?" (Question Mark)
늙은 철학자는 무릎을 탁 쳤습니다.
그래, 인생은 "?"야.
아무도 풀 수 없는 "?" (Question Mark)

『(대한민국 현대시인 12인선) 꽃들의 붉은 말 / 정성수 외 시 / 도서출판 예지』

## 제2회 경직성 점검 - 사고
〈뇌 구조 그리기를 통해 경직된 사고 찾기〉

### (1) 선정 자료

① 부자의 전쟁 : 『KBS-2TV 대국민 토크쇼 안녕하세요』中 / KBS

KBS-2TV를 통해 매주 월요일 밤 방송되고 있는 프로그램 '안녕하세요'는, 남녀노소 불문하고 이 시대를 함께 살아가고 있는 대한민국 국민들의 소소한 이야기부터 말 못할 고민을, 웃음과 감동으로 풀어냄으로써 소통 부재로 인한 사람들 사이의 벽을 허물고자 기획이 되었다고 한다.

이 프로그램을 통해 소개가 된 고민은 정말 다채로운데, 그 가운데 '부자의 전쟁'은 경상도에 살고 있는 50대 아버지와 20대 아들이 함께 출연을 하여 소통이 되지 않음으로 인해 겪고 있는 어려움을 나눈다.

### (2) 관련 활동

① 뇌 구조 그리기를 통해 경직된 사고 찾기

우리는 이미 인터넷 매체를 통해 여러 연예인들과 직장인, 고등학생 등 특정 계층의 사람들이 주로 어떤 생각을 갖고 있는가를 알려주는 뇌 구조 그림을 자주 접했다. 이 활동은 그런 측면을 응용한 것으로, 프로그램에 참여하는 어르신들에게는 어떤 생각이 자리 잡고 있는지를 알아보기 위한 것이다. 생각의 구조를 그림으로 그렸을 때의 장점은 눈으로 확인할 수 있다는 점이며, 나아가 집단에 참여하는 어르신들끼리 서로의 것을 보며 자신과 비교를 해볼 수 있다는 순기능적인 면도 있다. 따라서 다음에 제시되는 그림을 어르신들에 맞게 확대하여 제시를 하고, 각 부분에 내용을 채워 넣은 뒤 함께 보며 이야기를 나누어 보면 되겠다.

〈참여자 활동자료 2-1〉

## 뇌 구조 그리기를 통해 경직된 사고 찾기

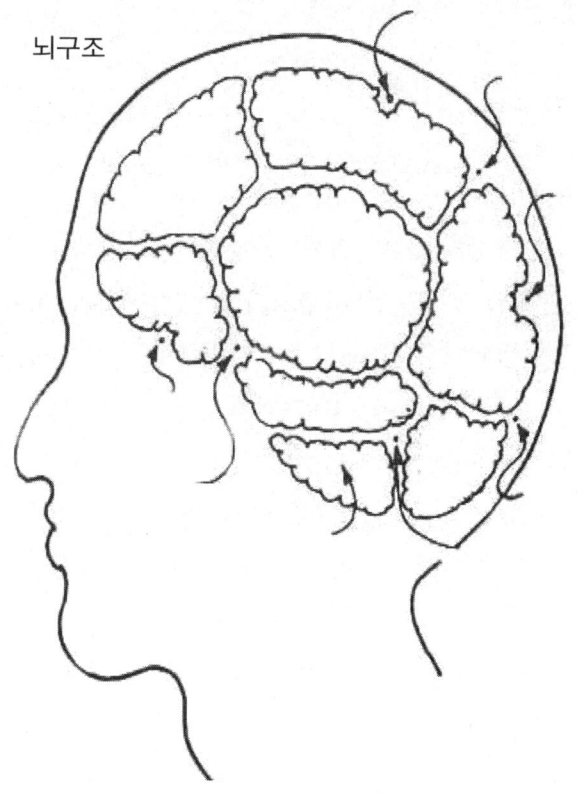

> **제3회** 경직성 점검 – 정서
> 〈나의 봉우리에 남아 있는 감정 찾아 해소하기〉

경직은 사람의 몸에서만 일어나는 것이 아니다. 사고는 물론 정서적인 측면에서도 일어난다. 그런데 나는 우리나라 국민들의 마음이 서양 사람들에 비해 평균적으로 더 경직되어 있다고 느낀다. 그 이유는 여러 가지가 있겠지만, 가장 큰 이유 가운데 하나는 정서에 대한 표현을 자유롭게 하지 못했기 때문이다. 그런 역사는 대대로 이어져 자연스레 경직되게 만들었는데, 이번 세션에서는 그런 마음들을 점검해 보는데 목표를 두고 있다.

**(1) 선정 자료**

① 봉우리 : 앨범 『Past Life of 김민기』 中 / 김민기 작사·작곡·노래 / 학전 Music

이 앨범은 총 6장의 CD와 함께 노래 가사집, 책자로 구성되어 있다. 1971년 발매된 후 곧 판매 금지되었던 김민기의 데뷔 앨범이자 유일한 정규 앨범인 『김민기』 LP의 복각 CD로써, 1984년 작업한 노래일기 『엄마, 우리 엄마』와 1987년 작업한 『아빠 얼굴 예쁘네요』 LP를 하나로 묶은 노래일기 『연이의 일기』 복각 CD, 그리고 1993년 발매되었던 『김민기』 1, 2, 3, 4를 다시 마스터링하고, 〈밤뱃놀이〉, 〈눈길〉, 〈아침〉, 〈아침이슬〉의 독일어 버전 〈Morgentau〉 네 곡을 추가한 4장의 CD가 한데 묶였다. 책자에는 1971년 LP 재킷에 실렸던 경음악 평론가 최경식의 〈김민기론〉을 비롯하여, 시인 김지하, 성공회대 김창남 교수 등의 평론과 김민기 연보, 노래일지, 디스코 그래피가 한글, 영어, 일어로 실려 있다. LP를 연상시키는 독특한 디자인으로 노래 가사집에는 음반 패키지에 수록된 전곡의 가사가 역시 영어와 일어 번역본과 함께 담겨져 있다.

그 가운데 이번 세션을 위해 선정한 노래 〈봉우리〉는 1988년 서울 올림픽 때 경기에 참가했지만 메달을 따지 못한 선수들을 위한 텔레비전 프로그램의 테마 음악으로 만들어진 것이라고 한다. 김민기 씨 특유의 중저음과 가사 내용이 오래도록 가슴을 울리는 힘이 있는 노래이다. 노래 가사는 〈참여자 활동자료 3-1〉에 제시했다.

### (2) 관련 활동

① 나의 봉우리에 남아 있는 감정 찾아 해소하기

이 활동을 위해서는 참여자 각각 먼저 A4용지 1장과 연필, 지우개가 필요하다. 재료가 준비되면 종이에 자유롭게 봉우리를 그리라고 지시한다. 그렇게 각자의 봉우리가 그려지면, 그 위에 자신이 살아오면서 겪었던 일 가운데 힘들었거나 상처가 되었던 경험을 떠올리게 한 뒤, 봉우리의 꼭대기가 내가 지향하는 목표라고 했을 때 어느 지점에서 그랬는지 표시를 해보라고 한다. 그런 다음 그때의 경험에 의해 자리 잡고 있는 감정에는 어떤 것들이 있는지 적어보라고 한다. 이어서 그 내용을 함께 나누며 감정을 해소할 수 있도록 돕는다.

〈참여자 활동자료 3-1〉

# 봉우리

김민기 작사·작곡·노래

(내레이션)

사람들은 손을 들어 가리키지,
높고 뾰족한 봉우리만을 골라서.

내가 전에 올라가 보았던 작은 봉우리 얘기 해줄까?
봉우리.

지금은 그냥 아주 작은 동산일 뿐이지만,
그래도 그때 난 그보다 더 큰 다른 산이 있다고는 생각지를 않았어.
나한텐 그게 전부였거든.

혼자였지.
난 내가 아는 제일 높은 봉우리를 향해 오르고 있었던 거야.

너무 높이 올라온 것일까?
너무 멀리 떠나온 것일까?
얼마 남지는 않았는데,
잊어버려, 일단 무조건 올라보는 거야.
봉우리에 올라서서 손을 흔드는 거야, 고함도 치면서.
지금 힘든 것은 아무 것도 아냐,
저 위 제일 높은 봉우리에서 늘어지게 한숨 잘 텐데 뭐.

(노래)

허나 내가 오른 곳은 그저 고갯마루였을 뿐
길은 다시 다른 봉우리로
거기 부러진 나무 등걸에 걸터앉아서 나는 봤지
낮은 데로만 흘러 고인 바다
작은 배들이 연기 뿜으며 가고

(내레이션)

이봐, 고갯마루에 먼저 오르더라도
뒤돌아서서 고함치거나 손을 흔들어 댈 필요는 없어.
난 바람에 나부끼는 자네 옷자락을
이 아래에서도 똑똑히 알아 볼 수 있을 테니까 말이야.
또 그렇다고 괜히 허전해 하면서 주저앉아 땀이나 닦고 그러지는 마.
땀이야 지나가는 바람이 식혀주겠지 뭐.
혹시라도 어쩌다가 아픔 같은 것이 저며 올 때는 그럴 땐 바다를 생각해.
바다, 봉우리란 그저 넘어가는 고갯마루일 뿐이라구.

(노래)

하여 친구여 우리가 오를 봉우리는
바로 지금 여긴지도 몰라
우리 땀 흘리며 가는 여기 숲속의 좁게 난 길
높은 곳엔 봉우리는 없는지도 몰라
그래 친구여 바로 여긴지도 몰라
우리가 오를 봉우리는

『Past Life of 김민기 / 김민기 작사·작곡·노래 / 학전 Music』

### 제4회 경직성 점검 - 행동
〈자손 및 친구들이 이해하지 못하는 내 행동〉

### (1) 선정 자료

① 우리 할아버지 / 릴리스 노만 글, 노엘라 영 그림, 최정희 옮김 / 미래M&B

주인공 블레이크는 할아버지를 따분하고 성가신 분이라고 생각했다. 왜냐하면 자신의 이름을 마음대로 부르는 것은 물론, 음식도 자신이 원하는 것 이외에는 드시지 않는 행동을 보이는 분이기 때문이다. 그러나 이제 할아버지는 돌아가셔서 이 세상에 안 계신다. 블레이크는 할아버지와 좋았던 기억을 떠올리고 그 기억을 소중하게 간직해야 한다는 것을 깨닫게 된다.

이 그림책은 손자의 입장에서 어느 날부터 함께 살게 된 할아버지를 이해해 나가는 과정을 담고 있다. 자신들과는 다른 시대를 살아왔기에 여러모로 다를 수밖에 없는 할아버지 때문에 가족들은 모두 불편함을 겪지만, 그런 모습을 수용한 장면들이 있어 이 세션을 위해 선정했다.

② 그걸 바꿔 봐 :『EBS-TV 지식채널 ⓔ』中 / EBS-TV

EBS에서 절찬리에 방송되는 프로그램 '지식채널 ⓔ' 가운데 한 편이다. 필자는 프로그램 중에 '지식채널 ⓔ'를 자주 활용하는데, 이유는 짧은 시간 동안에 효과적인 메시지를 전달해 주기 때문이다. 그래서 이 세션을 위한 자료로도 선정해 봤는데, 내용은 작은 수정만으로도 많은 부분이 달라질 수 있다는 것이었다.

(2) 관련 활동

① 자손 및 친구들이 이해하지 못하는 내 행동

사실 본인을 가장 모르는 사람은 자기 자신이다. 왜냐하면 시시 때때로 자기 합리화를 하며 행동 등에 당위성을 부여하기 때문이다. 하지만 주변 사람들의 이야기를 들어보면 너무 다른 평가가 내려질 때가 있다. 따라서 이 활동은 가장 가까운 관계인 자손 및 친구들이 나를 어떻게 평가하는가에 대해 나누어 보는 것이다. 이 활동 역시 자신이 스스로에 대한 면을 이야기하는 것이므로 완전한 객관성을 띠기는 어렵지만, 치료사가 그동안 참여하며 관찰한 내용도 반영을 해드린다면 조금 더 객관성을 띨 수 있지 않을까 생각된다. 나아가 다른 참여자들의 피드백도 도움이 될 수 있겠는데, 다만 부정적인 측면에서의 지적이나 충고는 이루어지지 않도록 하는 것이 좋겠다.

### 제5회 융통성 확장 1
〈거울 대화 연습〉

이번 세션부터는 경직성을 넘어 융통성을 키워드리기 위한 작업이 시작된다.

### (1) 선정 자료

① 상대방의 말 중복하기 : 천만 명의 마음을 울린 세상에서 가장 아름다운 이야기 中 / 이옌 지음, 이은희 옮김 / 리베르

선정 자료에 대한 설명은 첫 번째 만남을 참고하라.

② 학과 해오라기 / 존 요먼 글, 퀜틴 블레이크 그림, 김경미 옮김 / 마루벌

'여러분이 혹시 그 늪에 가게 된다면, 아직도 학과 해오라기가 이리 왔다 저리 갔다 하는 것을 보게 될지도 몰라요. 둘이 언젠가는 마음을 정하게 될까요?'

이 이야기의 마지막 부분이다. 의도하지 않은 말로 상처를 주고 다시 후회를 반복하는 학과 해오라기를 보면서, 한 편으로는 우습고 '그래서 대화법을 가르칠 필요가 있다니까' 하는 생각을 하면서도, '결국에는 화해를 하고 결혼까지 갔으면 좋겠다'는 마음이었는데, 끝내 반복된 행동을 일삼는 모습으로 끝나서 안쓰러웠다.

그렇다면 '학과 해오라기'에게 필요한 것은 무엇이었을까? 첫 번째로는 서로에 대한 배려심이다. 둘은 뒤돌아섰을 때에야 상대방의 입장을 생각해봤지 대면하고 있을 때에는 자신 안에만 머물러 있었다. 때문에 더 심한 말을 통해 상처를 주게 됐는데, 말하기 전에

세 번만 더 생각을 했더라면 둘 사이는 상당히 달라져 있을 것이다. 물론 그러자면 상대방의 말을 듣는 쪽에서도 배려를 했어야 했다. 사과를 하러 왔는데 그 마음을 전혀 수용해 주지 않는다면 상대방도 당황할 테니 말이다.

두 번째로 인내심이 필요했다. 좋지 않은 상황이 벌어졌을 때 시간을 오래 끌어 불편한 마음을 굳히는 것도 좋지 않지만, 감정이 나쁜 상태일 때 일을 해결하려 하다 보면 더 나쁜 상황으로 치달을 수도 있다. 따라서 조금 더 시간을 가졌으면 어땠을까 하는 생각이 들었다.

세 번째로 바람직한 경청의 태도와 공감 능력, 나아가 대화 기술이 필요했다. 만약 학과 해오라기가 관찰-느낌-욕구-요청으로 이어지는 비폭력대화(Non Violence Communication)를 알고 있었더라면 어땠을까? 역시 끝없이 늪을 이리 왔다 저리 갔다 하는 대신 행복한 신혼을 만끽하고 있었을지도 모를 일이다.

짧지만 강한 메시지와 유머러스한 그림 덕분에 머리와 마음에 쏙 와 닿는 그림책이다.

### (2) 관련 활동
① 거울 대화 연습

이 활동을 위해서는 먼저 두 사람씩 짝을 지어야 한다. 그런 뒤 마치 서로가 거울을 보는 듯 상대방의 말을 듣고 그대로 반복을 해주는 것이다. 한 사람 당 이야기 할 수 있는 시간은 5분으로 제한을 하고, 한 분의 이야기가 끝나면 들은 사람이 다시 이야기를 하는 기회를 갖는다. 그런 다음 이야기를 맞게 들었는지 확인하는 작업을 하고, 이어서 역할을 바꾸어 본다.

이 활동은 자신이 대화 장면에서 어떤 태도를 보이고 있는지, 이야기의 내용을 그대로 전해 듣고 있는지 아니면 자신이 원하는 방향으로만 듣고 있는지를 가늠해 보는데 효과가 있을 것이다.

### 제6회 융통성 확장 2
〈내가 보고 싶은 것, 내가 보지 못한 것, 내가 봐야 하는 것〉

**(1) 선정 자료**

① 똑바로 보기 거꾸로 보기 / 미리암 프레슬러 글, 율리안 유짐 그림, 고맹임 옮김 / 키득키득

이 그림책은 똑바로 보면 이 생물이 보이지만, 거꾸로 뒤집거나 90도를 돌리면 또 다른 생물이 보이는 독특한 구조를 띠고 있다. 이 그림책 역시 관점의 차이에 대해 이야기를 나누기 위해 선정을 한 것이다.

② 착시 그림들

착시(錯視, optical illusion)란 시각의 착오라는 뜻으로, 바르게는 안구(眼球)의 생리작용에 의해 일어나는 착각이나 병적 착각 등이 포함되는데 보통은 기하학적 도형이 주는 착각(기하학적 착시)과 색채의 대비에 의한 착각을 말한다. 어떤 도형을 볼 때 그 객관적인 크기, 길이, 방향이 다르게 느껴지는 경우가 있다. 영화처럼 조금씩 다른 정지한 영상을 잇달아 제시하면 연속적인 운동으로 보이는 가현 운동, 주위의 밝기나 빛깔에 따라 중앙 부분의 밝기나 빛깔이

반대 방향으로 치우쳐서 느껴지는 밝기와 빛깔의 대비, 공복 시에 다른 대상의 그림을 음식물의 그림으로 잘못 보는 시각의 변화 등도 일종의 착시라고 할 수 있다. 그 주된 것으로 ㉠각도 또는 방향의 착시, ㉡분할의 착시 - 분할된 선이나 면은 분할되지 않은 것보다 크게 보인다. ㉢뮬러 라이어의 도형, ㉣대비의 착시 - 각도, 원 등이 그 주변에 큰 것이 있으면 주변에 작은 것이 있을 경우보다 작게 보인다. 물리적으로 같은 명도의 회색이 흑색 중에 있을 때와 백색 중에 있을 때 다르게 보이는 것도 대비의 착각 때문이라고 한다. ㉤수직수평의 착시 - 수직의 길이가 수평의 길이보다 길게 보인다. ㉥상방거리(上方距離)의 과대시 - 같은 크기의 도형이 상하로 겹칠 때 위의 것이 크게 보인다. 8, 3, S, Z 등의 글자가 일반적으로 글자의 윗부분을 작게 하는 것은 이 때문이다. ㉦반전성실체착시(反轉性實體錯視) - 도형이 계단으로 보이거나 계단을 뒤편에서 보는 듯한 느낌 등 도형이 전후로 반전하는 착시 등이 있다.

착시에 관해서는 19세기 중엽 이래로 많은 심리학자들이 연구했는데, 착시는 대체로 심리학적 착오 때문이라고 했다. 최근 어떤 학자는 감각생리학의 입장에서 연구를 추진하여 망막전류(網膜電流), 즉 빛이 망막에 부딪칠 때 생기는 전류를 연구한 결과 망막에 연결된 빛의 상(像)의 주변에도 영향이 미치는 것을 발견했다. 이것을 유도(誘導)라 이름하고 색의 대비현상이나 기하학적 착시도 유도의 장(場, 영향이 미친 평면)의 작용에 의한 것임을 밝혔다. 이 설에 의하면 지금까지 착시라고 하던 것은 착시가 아니라 정상적인 육안의 소유자 모두에게 나타나는 공통된 바른 감각이다.[1]

---

1) 네이버 지식사전

이 세션을 위해 착시 현상을 담은 그림을 여러 장 선택했는데, 그 이유는 앞의 자료 선정 이유와 같다.

### (2) 관련 활동

① 내가 보고 싶은 것, 내가 보지 못한 것, 내가 봐야 하는 것

사람들은 내가 보고 싶은 것 위주로 보려는 경향이 있다. 그러다 보면 중요함에도 불구하고 보지 못하는 것들이 있다. 만약 그런 현상이 잦으면 어떤 일이 벌어지겠는가?

이 활동은 선정 자료인 착시 그림을 한 장씩 보여드리며 참여 어르신들 각자가 본 것을 먼저 적게 한 뒤, 한 장면씩 되돌려 설명을 하면서 보지 못한 것을 기록하게 한다. 그런 뒤 소감을 나누고, 이어서 생활면에서도 그런 일이 있었는지 떠올려 빈 칸을 채우고 이야기를 나누어 본다. 활동지는 〈참여자 활동자료 6-1〉에 있다.

〈참여자 활동자료 6-1〉

# 내가 보고 싶은 것, 내가 보지 못한 것, 내가 봐야 하는 것

먼저 착시 그림을 보면서 내 눈에 보이는 사물을 모두 적어보세요.

| 내가 본 것 | 내가 보지 못한 것 |
|---|---|
|  |  |
|  |  |
|  |  |

이번에는 실생활에 접목을 시켜, 내가 보고 싶은 것만 본 경우, 그래서 보지 못한 것은 무엇이 있었는지, 그때 내가 봐야만 했던 것은 무엇이 있는지 적어보세요.

| 내가 보고 싶었던 것 | 내가 보지 못한 것 | 내가 봐야 했던 것 |
|---|---|---|
|  |  |  |
|  |  |  |
|  |  |  |

### 제7회 융통성 확장 3
〈입장에 따른 정당성 찾기〉

 어떤 상황에 놓여 있는, 혹은 어떤 문제에 직면한 사람에게는 모두 저마다의 사정이라는 것이 있다. 하지만 그 사정은 자신만을 위한 정당성일 때가 더 많다. 역지사지라고 하지 않던가. 따라서 이번 세션에는 상대방의 입장에도 어떤 정당성이 있는가를 찾아보며 융통성을 확장할 수 있도록 돕는데 목표가 있다.

**(1) 선정 자료**

① 공원에서 일어난 이야기 / 앤서니 브라운 글·그림, 김향금 옮김 / 곧은나무

 찰스 엄마는 빅토리아란 개와 아들 찰스를 데리고 공원에 산책을 하러 간다. 그런데 그 공원에는 스머지와 아빠, 그리고 개도 함께 오게 된다. 공원에서 찰스 엄마는 저녁에 무엇을 먹을까 생각을 하고, 그 옆에 앉아 있는 스머지의 아빠는 딸과 개가 노는 모습을 보면서 신문의 구인 광고를 살펴본다. 스머지는 찰스에게 놀자고 제안하고 둘은 신나게 놀게 되는데 작은 사건이 생긴다. 같은 공간, 같은 시간 동안에 벌어지는 네 사람의 이야기가 각각의 관점에서 그려지는 독특한 그림책이다.

**(2) 관련 활동**

① 입장에 따른 정당성 찾기

 이 활동은 선정 자료를 바탕으로 한 것이다. 따라서 먼저 그림책

을 읽고 발문을 나누기 전 〈참여자 활동자료 7-1〉에 제시된 활동지를 작성하도록 하면 된다. 작성이 끝나면 어떤 정당성들을 찾으셨는지 나누면 된다.

〈참여자 활동자료 7-1〉

## 입장에 따른 정당성 찾기

이 그림책에 등장하는 찰스, 찰스의 엄마, 스머지, 스머지 아빠의 입장에서 각각의 상황에 따른 행동에 대한 정당성을 찾아보기 바랍니다.

| 찰스 | 스머지 |
|---|---|
|  |  |
| 찰스의 엄마 | 스머지 아빠 |
|  |  |

## 제8회 강박성 감소
〈모방 시 쓰기〉

### (1) 선정 자료

① 나를 위로 하는 날 : 시집『외딴 마을의 빈집이 되고 싶다』中 / 이해인 시 / 열림원

우리 모두는 가끔이나마 스스로를 위로할 필요가 있다. 이 시는 위로가 필요한 사람들에게 따뜻한 벗이 되어줄 것이다. 이번 세션을 위해 이 자료를 고른 것은, 가시밭길과 같았을 세월을 훌륭히 살아내신 어르신들을 위로하고 싶었기 때문이다. 그러면서 몸안에 축적된 강박들도 이제는 편히 쉴 수 있게 해주고 싶은 마음이었다.

### (2) 관련 활동

① 모방 시 쓰기[2)]

시의 요소에는 내용 요소와 형식 요소가 있다. 내용 요소에는 '주제, 제재, 소재, 이미지' 등이 있고, 형식 요소에는 '시어, 시행, 연, 운율' 등이 있다. 모방 시는 이와 같은 시의 요소 중에서 어떤 시의 형식 요소와 표현법을 그대로 모방해서 쓴 시를 말한다. 즉, 행(줄)의 수, 연의 수, 운율 그리고 표현법이 원작 시와 비슷해야 모방시라고 할 수 있다. 다시 말하면 운율과 표현법과 어조 등은 그대로 본뜨고, 그 정해진 형식 안에다 새로운 소재와 주제를 담아낸 시가 모방 시라는 뜻이다. 원래의 시와 모방 시는 '주제'면에서만 다르고 그 외의 형식면에서는 흡사하다고 할 수 있다.

---

2) 임성관. 2011.『독서치료의 모든 것』. 서울 : 시간의 물레.

모방시의 정의를 내린다면 '원작 시가 가진 형식적인 특징을 그대로 모방하여 새로운 주제로 재창조한 시'라고 할 수 있다. 따라서 시 치료 장면에서 모방 시를 쓰게 하는 이유는 처음부터 전적으로 자신의 시를 창작해 내기 어려운 내담자에게 동일시와 카타르시스, 나아가 통찰을 얻을 수 있게 도와주는 시 작품을 먼저 만나본 후에, 비로소 자신의 심리 정서가 담긴 시를 쓸 수 있게 하기 위해서다. 아래 작품을 바탕으로 모방 시를 써보도록 하자.

관련 양식은 〈참여자 활동자료 8-2〉에 있다.

〈참여자 활동자료 8-1〉

## 나를 위로하는 날

이해인

가끔은 아주 가끔은
내가 나를 위로할 필요가 있네

큰일 아닌데도
세상이 끝난 것 같은
죽음을 맛볼 때

남에겐 채 드러나지 않은
나의 허물과 약점들이
나를 잠 못 들게 하고

누구에게도 얼굴을
보이고 싶지 않은 부끄러움에
문 닫고 숨고 싶을 때

괜찮아 괜찮아 힘을 내라구
이제부터 잘하면 되잖아

조금은 계면쩍지만
내가 나를 위로하며
조용히 거울 앞에 설 때가 있네

내가 나에게
조금 더 따뜻하고 너그러워지는
동그란 마음 활짝 웃어주는 마음

남에게 주기 전에
내가 나에게 먼저 주는
위로의 선물이라네

『외딴 마을의 빈집이 되고 싶다 / 이해인 시 /열림원』

〈참여자 활동자료 8-2〉

## 모방 시 쓰기

제목 :

　　　　　　　　이름 :

### 제9회 융통성 확립
〈마음의 지도가 이어지는 길 그리기〉

### (1) 선정 자료

① 마음의 지도 : 시집 『마음의 오지』 中 / 이문재 시 / 문학동네

　이 시집에 담긴 시들의 주제를 두 단어로 압축한다면 '상실'과 '그리움'일 것이다. 여러 편의 아름다운 시 가운데 9세션을 위해 선정한 시는 '마음의 지도'이다. 시의 전문은 〈참여자 활동자료 9-1〉에 제시했다.

② 나 가거든(If I leave) : 앨범 『명성황후 OST(The Lost Empire)』 中 / 강은경 작사, 이경섭 작곡, 조수미 노래 / CJ E&M

　드라마 〈명성황후〉의 주제곡으로 세계적인 성악가 조수미 씨가 불러서 더욱 유명해진 곡이다. 그동안 여러 가수들이 여러 무대에서 불렀는데, 장중한 멜로디와 가슴을 적시는 가사가 많은 이들의 심금을 울린다. 이번 세션을 위해 이 곡을 고른 이유는 참여 어르신들을 위한 헌정의 의미이다. 이 노래의 가사는 〈참여자 활동자료 9-2〉에 담았다.

### (2) 관련 활동

① 마음의 지도가 이어지는 길 그리기

　아마 마음에는 수백 수천 갈래의 길이 있을 것이다. 따라서 너무 복잡해서 아무도 모를 것 같지만, 사실 상황마다 어느 길로 가야하는지 정확히 알고 있는 사람은 자기 자신뿐이다.

　이 활동은 참여 어르신들이 프로그램에 참여하며 얻게 된 통찰

의 측면을 엿보기 위한 것으로, 향후 생활하면서 나아가야 할 마음의 길을 눈에 보이게 그려보게 하려는데 의도가 있다. 이렇게 그려진 지도는 필요할 때마다 꺼내어 볼 수 있는 훌륭한 자원이 될 것이다. 특별한 양식은 없는 대신 활동에 대한 팁을 제공하자면, A3 용지와 펜을 각각 배부하고 내 마음의 한 지점을 먼저 선택하게 한다. 그런 다음 그 길을 이어서 당도하고 싶은 곳까지 잇게 한 뒤, 그 끝나는 지점에 내가 원하는 내용을 적으면 된다.

〈참여자 활동자료 9-1〉

## 마음의 지도

이문재

몸에서 나간 길들이 돌아오지 않는다
언제 나갔는데 벌써 내 주소 잊었는가 잃었는가
그 길 따라 함께 떠난 더운 사랑들
그러니까 내 몸은 그대 안에 들지 못했더랬구나
내 마음 그러니까 그대 몸 껴안지 못했더랬었구나
그대에게 가는 길에 철철 석유 뿌려놓고
내가 붙여댔던 불길들 그 불의 길들
그러니까 다 다른 곳으로 달려갔더랬구나
연기만 그러니까 매캐했던 것이구나

『마음의 오지 / 이문재 시 / 문학동네』

〈참여자 활동자료 9-2〉

## 나 가거든

강은경 작사, 이경섭 작곡, 조수미 노래

쓸쓸한 달빛 아래 내 그림자 하나 생기거든
그땐 말해볼까요 이 마음 들어나 주라고
문득 새벽을 알리는 그 바람 하나가 지나거든
그저 한 숨 쉬듯 물어볼까요 나는 왜 살고 있는지
나 슬퍼도 살아야 하네 나 슬퍼서 살아야 하네
이 삶이 다하고 나야 알 텐데 내가 이 세상을 다녀간 그 이유
나 가고 기억하는 이 나 슬픔까지도 사랑했다 말해주길

흩어진 노을처럼 내 아픈 기억도 바래지면
그땐 웃어질까요 이 마음 그리운 옛 일로
저기 홀로 선 별 하나 나의 외로움을 아는 건지
차마 날 두고는 떠나지 못해 밤새 그 자리에만
나 슬퍼도 살아야 하네 나 슬퍼서 살아야 하네
이 삶이 다하고 나야 알 텐데 내가 이 세상을 다녀간 그 이유
나 가고 기억하는 이 내 슬픔까지도 사랑하길
부디 먼 훗날 나 가고 슬퍼하는 이 난 슬픔 속에도 행복했다 믿게 해

『명성황후 OST(The Lost Empire) /
강은경 작사, 이경섭 작곡, 조수미 노래 / CJ E&M』

## 제10회 관계로 향하는 문 열기
〈프로그램을 통해 얻은 통찰과 소감 나누기〉

10회 동안 이어온 프로그램을 종결하는 세션이다. 따라서 이 시간에는 그동안 참여하며 느낀 감정, 깨닫게 된 부분들을 중심으로 소감을 나누면 된다.

**(1) 선정 자료**

① 두 사람 / 이보나 흐미엘레프스크 글·그림, 이지원 옮김 / 사계절
선정 자료에 대한 설명은 첫 번째 만남을 참고하라.

**(2) 관련 활동**

① 프로그램을 통해 얻은 통찰과 소감 나누기

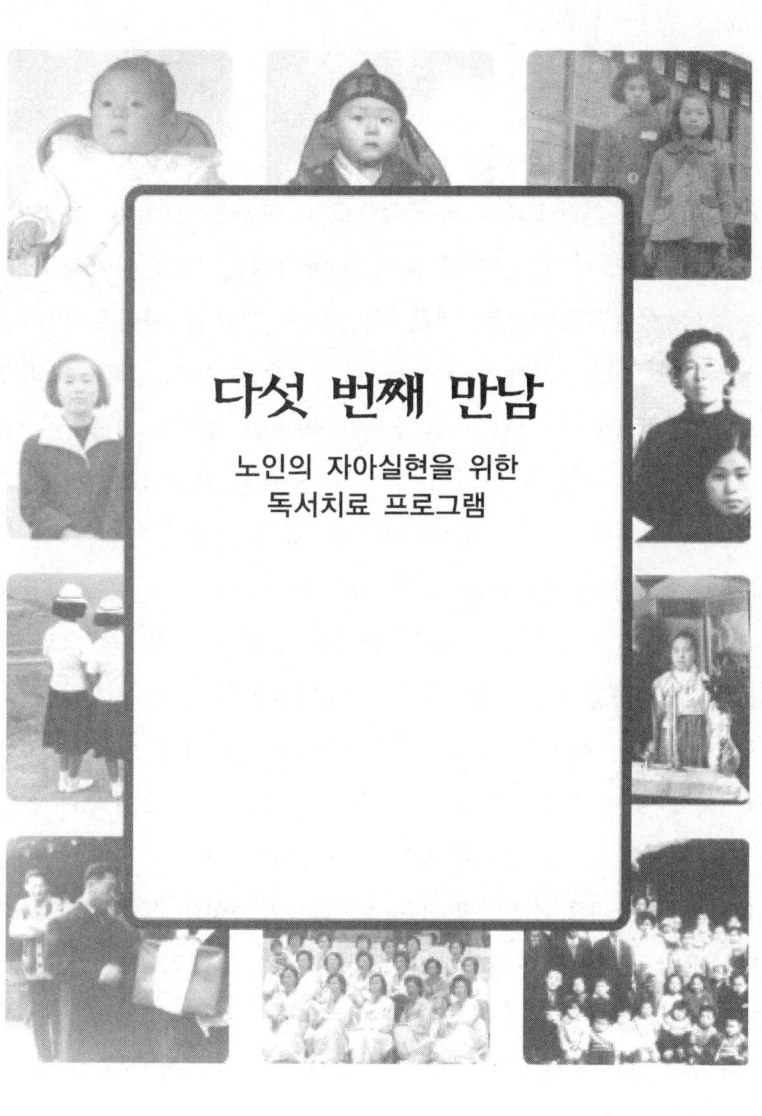

# 다섯 번째 만남

노인의 자아실현을 위한
독서치료 프로그램

## I. 프로그램의 필요성

자아실현은 인간교육이 궁극적으로 지향하는 것이며, 윤리의 핵심 요소이기도 하다. 인간의 삶이 자아실현을 위한 자아의 잠재적 가능성의 실현과정이라는 것을 처음으로 언급한 사람은 아리스토텔레스이다. 그는 인간의 본질을 합리성으로 보고, 그것을 최대한으로 발휘함으로써 인간의 궁극적인 목적인 행복에 이를 수 있다고 하였다. E. 프롬은 인간이 자신의 잠재적 가능성을 창조적으로 발휘하고 실현하는 것을 생산성이라는 말로 표현했다. 여기서 생산성이란 창조성이라는 말과 같은 의미를 지닌다. 프롬은 '생산성은 인간의 특유한 잠재적 가능성을 인간이 실현하는 것, 곧 그의 힘의 사용'이라고 하였다. A. 매슬로우는 자아실현은 성장 동기가 계속적으로 충족되는 것이라 하고, T. 브라멜드는 문화에 의해서 성립된 사회 속에서 자신의 가능성과 잠재력이 발휘되는 것이라고 설명한다. 또한 그리스도교 관념주의자들 가운데는 신의 의지가 구현되는 것으로 설명하기도 한다. 인간은 잠재적 가능성을 생득적으로 타고 나며, 또한 그것을 현실화하고 실현하려는 본래적 욕구를 가지고 있다. 그렇기 때문에 윤리와 교육의 목적은 인간 각자가 자아실현을 할 수 있도록 하는데 있다. 자아실현은 개체의 목적과 본질을 중시하는 교육사상가들이 교육의 궁극적 목적을 표현하는 것으로 사용하는 개념이다. 어떻든 각자가 자신이 바라는 가치를 발견하고, 그 가치를 삶의 과정에서 어떻게 올바른 방법으로 실현시켜야 하는가를 생각하면서 살아가는 것이 자아실현의 길이라 하겠다.[1]

인간은 살아 있는 동안 끊임없이 자신을 발전시키기 위해 노력하는 존재이다. 따라서 노인이 되어 이제 죽을 날이 얼마 남지 않았다고 해도, 자아를 실현하고자 하는 욕구는 젊은이들과 크게 다르지 않다. 오히려 인생이 무엇인지를 조금 더 이해할 수 있는 연배이기 때문에 자아실현이 가능할 수도 있다.

따라서 본 프로그램은 참여 어르신들이 자아를 실현할 수 있도록 돕는데 목표를 두고 있다. 만약 자아를 실현할 수만 있다면 인생 전반을 통합했다는 느낌이 들면서 행복한 여생을 보낼 수 있을 것이다.

---

[1] 네이버 지식사전

## 2. 프로그램의 구성

본 프로그램은 노인의 자아실현을 돕기 위해 독서치료 기법을 접목해 구성을 하였다. 앞에서 살펴본 다른 프로그램들과 마찬가지로 총 10회에 걸쳐 진행할 수 있도록 설계했으며, 자료 선정의 지침과 선정된 자료 역시 같은 맥락을 띠고 있다. 세션 당 운영 시간은 2시간으로 설정을 했으며, 집단에 참여하는 숫자는 10명 내외인 것도 같은 부분이다.

각 세션에 선정한 자료 및 관련 활동에 대한 구체적인 설명은 프로그램 계획서 다음에 이어진다. 그런데 앞서 출간된 책이나 앞 장을 읽은 분이라면 충분히 이해하고 있을 부분이라 판단된 곳에서는 자세한 설명을 곁들이지 않았다.

본격적으로 프로그램 계획과 각 세션 별 설명을 하기 전, 자아실현에 대한 이해가 필요한 분들을 위해 약간의 내용을 정리해 보았다.

### 1) 자아실현의 개념 및 특징

(1) 자아실현의 개념

자아실현(self-actualization)이라는 용어는 Goldstein에 의해 처음 사용되었는데, 그는 형태심리학적인 입장에서 유기체를 하나의 통일되고 체계화된 전체로 보는 '유기체 이론(organismic theory)'을 주장하였다. 즉, 유기체를 움직이게 하는 충동은 개인이 가지고 있는 잠재력을 최대한으로 발전시킴으로써 자아를 실현하려는 경향에서 나온 힘이며, 이 힘이 유기체로 하여금 자아실현을 추구하게 하는 원동력이 된다고 하였다. 따라서 자아실현이란 개인이 선천적인 속성과 잠재능력을 실현하기 위한 계속적인 노력으로써 인간생활에 방향과 통일성을 제공해 준다는 것이다.[2]

자아실현의 개념과 이론을 가장 종합적이고 체계적으로 발전시킨 Maslow[3]는 자아실현을 개인이 잠재된 가능성을 충분히 발휘하는 것이라고 정의하였다. 더불어 개인에 있어 질병, 신경증, 정신질환, 능력의 상실 또는 감퇴 등이 가장 적게 존재하는 상태를 가장 건강한 상태라고 말하며, 자아실현이 인간의 욕구인 동시에 최고의 목표라고 하였다. 또한 그는 정신적으로 건강한 상태에 관심을 갖고 있었는데, 건전한 정신생활이란 수시로 느끼는 긴장, 고통, 갈등, 불만을 적절한 수준에서 조절하고 현명하게 해소함으로써 새롭게 통합을 유지하고 발전하는 것을 의미한다.

(2) 자아실현자의 특징

Rogers[4]는 자아실현 된 사람은 자기 자신에 경험에 대하여 개방적이며 수용하는 태도를 가지고, 고정관념에 얽매어 있는 것이 아니라 변화를 따라가며 변화의 흐름을 타고 살아간다고 하였으며, 건강하게 자아실현을 하는 사람을 '충분히 기능하는 인간'으로 보았

---

[2] 이서연. 2008. 『댄스 스포츠 참가자의 자아 이미지와 심리적 안녕감 및 자아실현의 관계』. 동국대학교 대학원. 박사학위논문.
[3] Maslow, A. H. 조대봉 옮김. 1992. 『인간의 동기와 성격』. 서울 : 교육문화사.
[4] Rogers, C. R. 1962. *Counseling and psychotherapy*. Boston : Houghton Mifflin.

다. 그 특징을 살펴보면 다음과 같다.

첫째, 경험에 대해 개방적이다. 자신의 내적인 욕구와 감정을 있는 그대로 받아들이면서도 언제나 사리판단이 명확하다.

둘째, 실존적인 삶을 산다. 인간 존재의 모든, 그리고 각각의 순간에 풍부하게 사는 능력을 일컫는다.

셋째, 자신 유기체에 대해 신뢰성을 가진다.

넷째, 경험적인 자유감을 갖는다. 경험에 의거한 자유로운 선택자로서 활동한다는 것을 말한다.

다섯째, 창조성이 높다. 자발적인 행동을 하고, 자기를 둘러싼 풍요로운 삶의 작용에 대응하여 변화하고, 성장하고 발달한다.

이를 정리해 보면, '충분히 기능을 발휘 한다'는 것은 가진 재능과 능력을 구사하고, 잠재력을 실현시키며, 나름대로 안전한 지식과 넓은 경험을 쌓아가는 인간의 행위라 할 수 있다.[5]

Maslow는 이러한 인간의 무한한 가능성에 대한 강한 신뢰를 갖고 있었으며, 그 신뢰를 바탕으로 하여 다양한 분야에서 자신의 가능성을 실현시키려는 욕구와 동기가 강하다고 간주되는 49명을 선별하여 연구하였다. 그가 연구대상으로 삼았던 인물은 개인적으로 친분이 있는 사람들, 친구들, 공인, 그리고 역사적 인물들이었다. 현존 인물들은 모두 비공개로 진행되었으며, 공적, 역사적 인물로는 Abraham Lincoln(1805-1865), Thomas Jefferson(1743-1826), Albert Einstein (1879-1955), Theodore Roosevelt(1858-1919), John Adams(1735-1826), William James(1842-1910), Albert Schweitzer(1875-1965), Baruch de Spinoza (1632-1677), Aldous Leonard Huxley(1894-1963) 등이었다. 현존 인물들은 임

---

5) 이중석. 2001. 『사랑의 심리학』. 서울 : 협신사.

상적 방법을 적용하여 연구하였으며, 역사적 인물들은 생애사 연구 방법을 적용하였다. Maslow가 연구했던 사람들은 정치, 경제, 사회, 문화, 종교, 예술 등 자신이 속한 분야에서 자신의 능력을 최대로 실현시킨 사람들이다. 정치가, 경제학자, 철학자, 종교인, 예술가로서 그들이 속한 세계에서 자신이 가진 능력과 욕구, 동기를 현실로 실현시켰다. Maslow는 이들을 자아실현인이라 개념화하면서 그들에게서만 나타나는 특징들을 다음과 같이 정리하였다. 즉 Maslow에 의하면 자아실현한 사람들은 ① 현실 지각, ② 수용, ③ 자발성, ④ 문제 중심적 태도, ⑤ 고독, ⑥ 자율성, ⑦ 늘 감사하는 마음, ⑧ 절정 기능, ⑨ 인간적 유대, ⑩ 겸손과 존중, ⑪ 대인관계, ⑫ 윤리, ⑬ 목적과 수단, ⑭ 유머, ⑮ 창의성, ⑯ 사회화에 대한 저항, ⑰ 불완전성, ⑱ 가치, ⑲ 이분법 해소 등의 면에서 독특한 특징을 보였다. 그가 범주화했던 자아실현인의 특징과 그에 대한 개념 정의를 표로 나타내면 〈표 7〉과 같다.[6]

---

[6] 김은아. 2011. 『Maslow의 이론에 비추어 본 퇴계의 교육적 자아실현』. 전남대학교 대학원. 박사학위논문.

〈표 7〉 Maslow의 자아실현인의 특징

| 특징 | 개념 정의 |
|---|---|
| ① 현실지각 | 정확하고 유능한 현실지각 능력 |
| ② 수용 | 자기와 타인의 인간 본성을 있는 그대로 인정 |
| ③ 자발성 | 사고나 행동이 단순하고 자연스러움 |
| ④ 문제 중심적 태도 | 자기보다는 외부의 문제들에 더 집중함 |
| ⑤ 고독 | 고독과 사생활을 긍정적으로 즐김 |
| ⑥ 자율성 | 물리적, 사회적 환경으로부터 독립적임 |
| ⑦ 늘 감사하는 마음 | 삶의 기본적인 것들에 감사함 |
| ⑧ 절정체험 | 강렬한 신비체험을 빈번하게 경험 |
| ⑨ 인간적 유대 | 인간에 대한 일체감, 동정심, 애정을 느낌 |
| ⑩ 겸손과 존경 | 계급, 교육수준, 정치적 신념, 인종과 무관하게 겸손 |
| ⑪ 대인관계 | 깊고 심오한 인간관계 유지 |
| ⑫ 윤리 | 명확한 도덕기준 |
| ⑬ 목적과 수단 | 목적에 집중 |
| ⑭ 유머 | 호의적이고 온정적인 유머 구사능력 |
| ⑮ 창의성 | 천성적으로 천진난만하고 순수한 창의성 소유 |
| ⑯ 사회화에 대한 저항 | 자신이 속한 사회·문화와 내면적 거리 유지 |
| ⑰ 불완전성 | 소심하고 불안한 성격적 결함도 소유 |
| ⑱ 가치 | 현실을 수용하여 행함 |
| ⑲ 이분법의 해소 | 양극화, 대립, 이분법적 현상들이 융화되고 조화를 이룸 |

다음은 위의 내용을 15가지로 압축해 제시하면서 상세한 설명을 곁들인 내용이다. 중복되는 면이 있지만 이해를 돕는데 도움이 될 것 같아 제시해 본다.

Maslow[7]는 자아실현자의 개념을 보다 명확히 정의하기 위해 주변 사람들이나 역사적 인물들 중 자기실현에 성공한 사람들을 골라 그들의 기록, 전기, 인터뷰, 행동사항들을 면밀히 관찰하였다. 그 결과 15가지의 공통된 심리적인 특징을 발견하였는데, 그 특징들은 다음과 같다.[8]

첫째, 현실 중심적이다(reality-centered). 자아실현자는 사람과 사물을 객관적으로 지각한다. 즉, 자신의 소망, 감정, 욕망으로 인해 현실을 왜곡하지 않으며, 환경에 대한 분석이 객관적이고 거짓과 부정직함을 감지하는 능력이 있다.

둘째, 문제 해결 능력이 강하다(problem-centered). 자기 자신 이외의 어떤 일에도 책임감을 가지며, 한결같이 그런 일에 열중한다. 그들은 자기의 모든 정열을 바칠 일에 대한 사명의식을 가지고 있으며, 일에 대한 열렬한 헌신을 통해 성장욕구를 성취하거나 충족시킬 수 있다.

셋째, 수단과 목적을 차별하지 않는다(different perception of means and ends). 옳고 그름, 선과 악, 목적과 수단을 구별할 줄 알며, 이에 대해서 보통사람이 겪는 혼란, 불일치, 갈등이 적다. 또한 많은 사람들이 평의주의에 근거해서 의사결정을 하지만, 자아실현자들은 아무리 좋은 목적이라도 수단이 도덕적으로 옳지 않으면 추구하지

---
7) Maslow, A. H. 1954. *Motivation and personalty*. New York : Harper & Row.
8) 김진원. 2007. 『인간행동과 사회환경 1』. 서울 : 참복지머슴.
   이근홍. 2006. 『인간행동과 사회환경』. 서울 : 공동체.

않는다.

넷째, 사생활을 즐긴다(need for privacy). 혼자 있기를 좋아하고 홀로인 것에 개의치 않는다. 즉, 보통사람들보다 고독과 프라이버시를 즐긴다.

다섯째, 환경과 문화에 영향을 받지 않는다(independent of culture and environment). 자율적인 성향을 띠고 있을 뿐만 아니라 물질적, 사회적 환경으로부터 비교적 독립적인 태도를 보인다.

여섯째, 문화적 동화에 저항한다(resisted enculturation). 자아실현자는 자신의 문화를 대부분 인정하지만 무조건 동의하지는 않는다. 문화에 대한 비판력을 가지고 자유롭게 의사를 결정하는 주체적인 입장이다.

일곱째, 민주적인 가치를 존중한다(democratic values). 민주적인 성격 특성을 가지고 있어 타인의 출생, 인종, 혈통, 가문, 나이, 힘 등에 의하여 사람을 차별하지 않고 누구에게나 조건 없이 우호적이다.

여덟째, 인간적이다(social interest). 모든 사람을 한 가족의 성원으로 간주하고 형제애를 보여주며, 사회의 잘못됨에 대해 분노를 표시하지만 자신도 그 사회의 일원이라는 생각을 가지고 문제를 해결하려는 마음을 가진다.

아홉째, 인간관계를 깊이 한다(intimate personal relations). 대인관계가 피상적이지 않고 깊고 풍부하지만, 가까이 지내는 사람들의 범위는 넓지 않다.

열 번째, 공격적이지 않은 유머를 즐긴다(un-hostile sense of humor). 자아실현자들은 다른 사람에게 상처를 주거나 어떤 특정한 사람을 놀림감으로 삼는 종류의 유머를 좋아하지 않는다.

열한 번째, 자신과 남을 있는 그대로 받아들인다(acceptance of self and others). 자기의 약점과 장점, 각종 성향을 부끄럽게 생각하거나 죄책감을 가지지 않고 자신의 본성 그대로를 받아들인다. 또한 자신은 물론 그들이 알고 있는 사람들의 결점 및 모든 인류의 결점에 대해서도 관대하다.

열두 번째, 자연스러움과 간결함을 좋아한다(spontaneity and simplicity). 자아실현자는 삶의 모든 측면에서 가식이 없고 솔직하며, 자연스럽고 자발적이다.

열세 번째, 풍부한 감성을 갖고 있다(freshness of appreciation). 고정관념의 틀에서 벗어나 경이, 기쁨, 황홀감을 가지고 삶을 신선하고 순수하게 계속해서 감상할 수 있는 능력을 가지고 있다.

열네 번째, 창의적이다(creative). 창의성은 반드시 미술이나 음악, 과학 등에서 나타날 수 있는 비범한 재능이나 천재성이 아니라, 자연적이고 비제도적인 것을 의미한다.

열다섯 번째, 최대한 많은 것을 알고 경험하려 한다(peak experiences). 종교적 경험과 유사한 강렬하고 저항할 수 없는 황홀한 기쁨을 경험하는 것을 즐긴다. 그들은 이러한 결정경험을 하는 동안 자아는 초월하게 되고 자신감, 결정감, 지배감, 성취감 등과 같은 심오한 의식을 갖게 되며, 자신이 몰두하고 있는 활동에서 쾌감을 느낀다.

Maslow는 자아실현 욕구가 인간에게 있어서 자연스럽고 필요한 것이지만, 실제 자아실현에 성공한 사람들은 인류의 극소수인 1% 미만에 불과하다는 것을 인정하면서도, 대부분의 사람들이 이상적인 상태인 완전한 인간성에의 도달 가능성에 관해서는 낙관적이다.[9]

---

[9] 이상우·정종진. 1984. 『인간 성격의 이해 : 건강한 성격에 관한 제접근』. 서울

## 2) 자아실현 욕구

인간은 성장과 자기실현의 기본 동기를 갖추고 있다고 주장하는 인본주의 심리학자를 대표하는 두 사람은 Rogers[10]와 Maslow이다.

Rogers는 자기실현이 자연스러운 성향으로서 간섭이나 방해를 받지 않으면 인간은 자기실현의 방향으로 저절로 나아갈 것이라고 생각하였다. 또한 자기실현 혹은 성장이 인간뿐만 아니라 모든 생명체에 내재하는 기본 성향이라고 주장하였다.

Maslow도 자기실현 동기의 중요성에는 공감을 하지만, 이러한 동기가 부각되기 위해서는 하위의 보다 기본적인 동기들이 어느 정도 충족되어야 한다고 주장했다. Maslow는 사람이 자기실현의 단계에 들어서기 위해서는 먼저 아래 단계에 있는 기본적 욕구들이 충족되어야 한다고 주장했다. 배고프면 먹을 것을 찾고, 추우면 따뜻한 곳을 찾고, 주변이 불안하거나 위험하면 안전한 곳을 먼저 찾는다는 것이다. 그리고 외롭고 고립됐다는 느낌이 들거나 자신감, 자긍심이 부족하다면, 자기실현을 생각하기보다는 먼저 이에 대한 욕구를 충족시키기 위해 움직인다고 하였다. 즉, 자아실현의 욕구가 추진력을 얻기 위해서는 먼저 결핍 상태를 극복해야 한다는 것이다. 자신이 신체적으로 혹은 정신적으로 뭔가 결핍되어 있는 상태라면 자아실현에 대한 노력을 충분히 기울일 수가 없다는 뜻이다.

또한 Maslow는 욕구단계설에서 인간다움의 최고 양식을 추구하는 인간의 노력은 인간 본질 속에 생물학적 근거를 갖는 본질적 속성으로 간주되며, 인간이 참 자아(real-self)를 실현하기 위하여 제

---

: 중앙적성출판사.
10) Rogers, C. R. 1962. op. cit.

욕구의 단계(hierarchy of prepotent needs)가 순서적으로 만족되어야 한다고 제안했다.

〈표 8〉 노인의 자아실현을 위한 독서치료 프로그램

| 세션 | 세부 목표 | 선정 자료 | 관련 활동 |
|---|---|---|---|
| 1 | 오리엔테이션 및 마음 열기 | 〈시 : 꽃〉 | 프로그램 소개, 집단 서약서 작성, 소개 나누기 및 목표 설정 |
| 2 | 자아실현자가 되기 위한 요건 점검 | 〈체크리스트 : Rogers와 Maslow가 말한 자아실현자의 특징〉 | 자아실현자의 특징을 자신과 비교해 보기 |
| 3 | 기본적인 동기 충족 여부 살펴보기 | 〈그림 : Maslow의 욕구단계설〉 | 내게 채워진 동기, 채워지지 않은 동기 |
| 4 | 결핍된 부분 채워주기 | 〈도서 : 나무 하나에〉 〈시 : 나무의 꿈〉 | 기본적인 동기 중 결핍된 부분 채워주기 |
| 5 | 자아실현자가 된 모습 확립 - 인지적 측면 | 〈시 : 실〉 | 나를 지배하고 있는 고정관념 바꾸기 |
| 6 | 자아실현자가 된 모습 확립 - 정서적 측면 | 〈시 : 나를 열 받게 하는 것들〉 | 부정적 감정 표출하고 정화하기 |
| 7 | 자아실현자가 된 모습 확립 - 행동적 측면 | 〈시 : 다섯 연으로 된 짧은 자서전〉 | 구멍 속에 빠져 있던 나 꺼내주기 |
| 8 | 자아실현자가 된 모습 확립 - 통합적 측면 | 〈글 : '나'한테 '나' 돌아가기〉 | '나'를 주제로 시 쓰기 |
| 9 | 자신감 기르기 | 〈시 : 나의 자존감 선언〉 | 모방 시 쓰기 |
| 10 | 스스로의 과제 정하기 및 실천 방안 만들기 | 〈노래 : 봉우리〉 | 프로그램을 통해 얻은 통찰과 소감 나누기 |

## 3. 프로그램의 실제

노인의 자아실현을 위한 독서치료 프로그램

**제1회** 오리엔테이션 및 마음 열기
〈프로그램 소개, 집단 서약서 작성, 소개 나누기 및 목표 설정〉

**(1) 선정 자료**

① 꽃 : 시집 『김춘수 시론전집』 中 / 김춘수 시 / 현대문학

첫 번째 세션을 위해 선정한 시 〈꽃〉은 김춘수 시인의 대표작이자, 많은 사람들이 알고 있는 유명한 작품이기도 하다. 그는 이 시를 통해 앎의 중요성에 대해 역설을 했다고는 하지만, 독자들은 다른 의미로 해석을 해서 더욱 유명해졌다는 웃지 못할 일화가 전해지기도 한다. 시인이 어떤 심상에서 어떤 의미를 담았던, 시를 활용한 치료에서는 내담자 및 참여자들이 어떤 의미를 담아 해석을 하는가가 더 중요하기 때문에, 그런 측면들은 크게 고려하지 않은 채 선정을 했다. 시의 전문은 〈참여자 활동자료 1-1〉에 담았다.

### (2) 관련 활동

① 프로그램 소개

사실 사람으로 태어나 살면서 자아실현을 하는 이가 몇이나 될까 싶다. 물론 자아마다 실현하고 싶은 이상이 다르기 때문에 속단을 하기는 어렵겠지만, 결코 쉬운 일은 아닐 것이다. 따라서 프로그램에 참여하신 어르신들도 막상 참여는 했으나, 이 시간을 통해 과연 자아를 실현할 수 있을 것인가에 대한 의구심을 갖고 계실 수 있다. 그러므로 프로그램의 개요에 대해 정확히 설명을 드릴 필요가 있겠는데, 이 프로그램에서는 각 개인이 갖고 있는 저마다의 자아를 100% 실현시켜 드릴 수는 없다. 다만 자아를 실현하기 위한 과정에서 겪었던 심리 정서적 측면에서의 어려움을 나누고, 노년기의 과업인 통합을 지향할 수 있도록 도우며, 나아가 죽음을 앞둔 시점에서 생을 정리할 수 있는 기회를 드리는데 목적이 있다. 어쩌면 이 자체만으로도 무엇인가를 완수해 냈다는 생각을 갖게 해, 현재에 대한 만족감과 향후 생활에 대한 긍정성을 높이지 않을까 싶다.

② 집단 서약서 작성

③ 소개 나누기 및 목표 설정

첫 만남이므로 치료사는 물론 어르신들 개개인도 소개하는 시간을 갖고, 이어서 프로그램에 참여하며 어떤 부분에서 도움을 받고 싶은지 스스로의 목표를 설정해 발표하는 시간도 가져보자. 이처럼 개개인이 설정한 목표는 프로그램에 더욱 적극적으로 참여할 수 있는 동기를 부여해 줄 것이다.

〈참여자 활동자료 1-1〉

## 꽃

김춘수

내가 그의 이름을 불러 주기 전에는
그는 다만
하나의 몸짓에 지나지 않았다.

내가 그의 이름을 불러 주었을 때
그는 나에게로 와서
꽃이 되었다.

내가 그의 이름을 불러 준 것처럼
나의 이 빛깔과 향기(香氣)에 알맞은
누가 나의 이름을 불러다오.
그에게로 가서 나도
그의 꽃이 되고 싶다.

우리들은 모두
무엇이 되고 싶다.
너는 나에게 나는 너에게
잊혀지지 않는 하나의 눈짓이 되고 싶다.

『김춘수 시론전집 / 김춘수 저 / 현대문학』

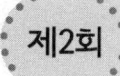

## 제2회 자아실현자가 되기 위한 요건 점검
〈자아실현자의 특징을 자신과 비교해 보기〉

앞서 우리는 Rogers가 제안한 다섯 가지 자아실현자의 특성을 만나보았다. 또한 Maslow가 정리한 열다섯 가지 심리적인 특성들도 만나보았다. 그 내용을 간략히 옮겨보면 다음과 같다.

첫째, 경험에 대해 개방적이다. 자신의 내적인 욕구와 감정을 있는 그대로 받아들이면서도 언제나 사리판단이 명확하다.
둘째, 실존적인 삶을 산다. 인간 존재의 모든, 그리고 각각의 순간에 풍부하게 사는 능력을 일컫는다.
셋째, 자신 유기체에 대해 신뢰성을 가진다.
넷째, 경험적인 자유감을 갖는다. 경험에 의거한 자유로운 선택자로서 활동한다는 것을 말한다.
다섯째, 창조성이 높다. 자발적인 행동을 하고, 자기를 둘러싼 풍요로운 삶의 작용에 대응하여 변화하고, 성장하고 발달한다.

다음은 Maslow가 정리한 자아실현자의 열다섯 가지 심리적 특징이다.

첫째, 현실 중심적이다(reality-centered).
둘째, 문제 해결 능력이 강하다(problem-centered).
셋째, 수단과 목적을 차별하지 않는다(different perception of means and ends).
넷째, 사생활을 즐긴다(need for privacy).
다섯째, 환경과 문화에 영향을 받지 않는다(independent of culture and environment).

여섯째, 문화적 동화에 저항한다(resisted enculturation).
일곱째, 민주적인 가치를 존중한다(democratic values).
여덟째, 인간적이다(social interest).
아홉째, 인간관계를 깊이 한다(intimate personal relations).
열 번째, 공격적이지 않은 유머를 즐긴다(un-hostile sense of humor).
열한 번째, 자신과 남을 있는 그대로 받아들인다(acceptance of self and others).
열두 번째, 자연스러움과 간결함을 좋아한다(spontaneity and simplicity).
열세 번째, 풍부한 감성을 갖고 있다(freshness of appreciation).
열네 번째, 창의적이다(creative).
열다섯 번째, 최대한 많은 것을 알고 경험하려 한다(peak experiences).

이번 세션에는 위 내용들을 바탕으로 참여 어르신들이 자아실현자가 되기 위한 요건을 얼마나 갖추고 있는가를 점검하는데 목표를 두고 있다.

### (1) 선정 자료

① 체크리스트 : Rogers와 Maslow가 말한 자아실현자의 특징

이번 세션을 위해 선정한 자료는 책이나 시가 아닌, Rogers와 Maslow가 말한 자아실현자의 특징을 표로 만든 체크리스트이다. 두 사람의 내용을 정리하면 총 20개의 체크리스트가 완성되는데, 그 중 완벽히 겹치는 부분을 제외한(Rogers의 넷째와 Maslow의 열다섯 번째,

Rpgers의 다섯째와 Maslow의 열네 번째) 18개만 담아 검증을 해보시게 했다. 해당 자료는 〈참여자 활동자료 2-1〉에 제시해 보았다. 이 자료는 신뢰도와 타당도가 검증된 것은 아니지만, 참여 어르신들 스스로 통찰을 꾀할 수 있도록 활용하기 위해서 구성을 해 본 것이다.

### (2) 관련 활동

① 자아실현자의 특징을 자신과 비교해 보기

선정 자료를 바탕으로 결과를 내어보고, 그 내용을 바탕으로 이야기를 나누어 본다. 물론 개개인마다 처한 삶의 역사와 현재 처해 있는 환경이 다르기 때문에 단적인 비교를 하기에 무리가 있겠으나, 역사적인 인물들을 바탕으로 구성했거나 유명한 심리학자가 정리한 내용이니, 그런 부분에 의미를 두고 이야기를 나누어 보면 되겠다. 그러면서 자신의 상황에 맞게 응용을 할 수 있다면 비로소 진정한 가치가 생기지 않을까 싶다.

〈참여자 활동자료 2-1〉

# Rogers와 Maslow가 말한 자아실현자의 특징

다음은 Rogers와 Maslow가 말한 자아실현자의 특징을 모아 표로 만든 것입니다. 내용을 읽고 자신에게 해당되는 것에 동그라미 표시를 해주십시오.

| 순번 | 내용 | 체크 |
|---|---|---|
| 1 | 경험에 대해 개방적이다. | |
| 2 | 실존적인 삶을 산다. | |
| 3 | 자신 유기체에 대해 신뢰성을 가진다. | |
| 4 | 경험적인 자유감을 갖는다. | |
| 5 | 창조성이 높다. | |
| 6 | 현실 중심적이다. | |
| 7 | 문제 해결 능력이 강하다. | |
| 8 | 수단과 목적을 차별하지 않는다. | |
| 9 | 사생활을 즐긴다. | |
| 10 | 환경과 문화에 영향을 받지 않는다. | |
| 11 | 문화적 동화에 저항한다. | |
| 12 | 민주적인 가치를 존중한다. | |
| 13 | 인간적이다. | |
| 14 | 인간관계를 깊이 한다. | |
| 15 | 공격적이지 않은 유머를 즐긴다. | |
| 16 | 자신과 남을 있는 그대로 받아들인다. | |
| 17 | 자연스러움과 간결함을 좋아한다. | |
| 18 | 풍부한 감성을 갖고 있다. | |
| | 계 | |

## 제3회 기본적인 동기 충족 여부 살펴보기
〈내게 채워진 동기, 채워지지 않은 동기〉

이 세션을 위해서는 매슬로우가 이야기 한 욕구의 단계(hierarchy of needs theory)에 대한 이해가 필요할 것 같다. 그래서 그 내용을 먼저 인용해 보고자 한다.

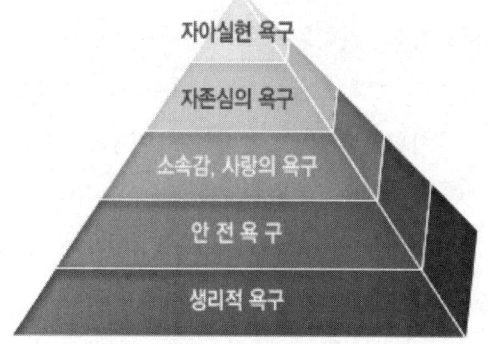

매슬로우의 욕구 5단계설

A. Maslow는 인간을 유기적이고 통합된 전체로 보고, 긍정적인 측면으로 접근하여 인간의 성장과 잠재력에 관해 연구하였다. 그는 건강하면서 적응을 잘하고 있는 사람들의 특성을 이해하고 연구하기 위해 대부분의 시간을 사용했다고 한다. 그는 동기에 관해 고찰하게 되었고, 이러한 인간의 욕구들은 위계질서를 지니고 있으며 피라미드를 형성하고 있다고 하였다. 이를 '욕구 5단계설'이라고 하는데, 그 안에는 아래에서부터 순차적으로 생리적 욕구, 안전욕구, 소속감과 사랑의 욕구, 자기 존중의 욕구, 자아실현 욕구가 담겨 있다. 이를 그림으로 제시하면 위와 같다.

그럼 이번에는 각 단계별 욕구의 내용을 구체적으로 살펴보자.[11]

먼저 생리적 욕구(Physiological Needs)는 다른 모든 욕구 중 가장 강력하다. 사람을 정상적인 상태로 유지하기 위한 신체의 노력이며, 이는 식욕에서 나타나는 욕구나 결핍으로 인해 쉽게 알 수 있다. 이러한 욕구는 생존에 반드시 필요한 것들이며 동물적이다.

안전 욕구(Safety Needs)는 두려움과 혼돈에서 벗어나 질서와 법을 지키려는 욕구로, 낯선 대상보다 익숙한 대상을, 모르는 것보다 아는 것을 선호하는 욕구이다. 비를 피하기 위한 피난처라든지 자신을 보호해줄 지도자를 원하는 보호의 욕구이다. 안전을 확보한 사람은 위험을 느끼지 못하므로 이를 확보하기 위해 현대 사회에서는 보험에 가입하거나, 종교를 갖는 등 자신이 의존할 수 있는 대상을 찾고 보호받을 수 있는 법과 권위를 추구한다. 자신이 의존할 수 있는 보호 장치, 즉 더 강한 사람이나 체제, 피난처를 찾는 모습에서 발견할 수 있다. 안전, 질서, 법 등이 이에 속한다.

소속감과 사랑의 욕구(Belongingness and Love Needs)는 무리를 이루고 그곳에 소속되어 함께 몰려다니고자 하는 근본적인 동물 성향으로, 배우자, 가족에서부터 시작하여 자신과 같은 부류, 계층에 이르기까지 모든 애정을 주고받는 인간관계를 원하는 욕구를 말한다. 이 욕구는 사회적인 특성을 지니며 사회적인 상호작용을 통해 만족된다고 볼 수 있다. 아프레이의 텃세현상에 따르면, 무리를 이루고 그 안에 소속되고자 하는 것은 근본적인 동물 현상이다. 이러한 소속감과 사랑의 욕구는 집단의 형성을 통해 단결을 이끌어 내고, 일이

---

11) 김보미. 2011. 『Twitter의 자기소개에 나타난 A. Maslow의 욕구 이론 분석 연구』. 성균관대학교 정보통신대학원. 석사학위논문에서 재인용.

라면 협동을 통한 좋은 결과를, 가족이라면 일체감을, 국가라면 외부의 위협으로부터 서로 간의 친밀감과 동질감을 느끼게 한다.

자기 존중의 욕구(Esteem Needs)는 자신에게 자신감을 얻는 숙련감, 권력감에 대한 욕구와, 다른 사람들로부터 인정받고자 하는 욕구를 나타낸다. 이러한 욕구는 지위와 명성을 추구하고 자신이 세상에 필요한 존재라고 느끼게 하며, 결핍될 경우 열등감이나 무력감을 느끼게 한다. 덕망, 지위, 명성, 지배, 관심, 품위 등을 추구하려는 욕구이다. 인간의 욕망은 공통적으로 만인이 우러러 보는 자존감을 얻기를 바란다. 개인의 어떤 특성이나 인성으로 인하여 존중받을 수 있기 때문에, 자기 존중 욕구는 평가적이다.

자아실현의 욕구(Self-Actualization Needs)는 자신을 완성하려는 욕구, 즉 자신의 잠재성을 실현하려는 성향으로, 개인의 꿈을 완성하여 최고가 되고 싶은 욕구를 말한다. 원하는 것을 이루고자 하는 욕망은 자신의 한계까지 분발하려고 하는 것이며, A. Maslow는 이를 가장 인간적인 욕구로 중요하게 생각하였다. 모든 사람은 자기실현의 잠재력을 가지고 있으며, 실현하려는 사람들은 효율적이며 정확하고, 사고와 정서가 자발적이며, 자연스러우며, 독창성과 창의성이 있다.

### (1) 선정 자료

① 그림 : Maslow의 욕구단계설

이번 세션을 위해 선정한 자료는 Maslow의 욕구 5단계설을 표현한 그림이다. 그림은 앞서 제시한 것을 활용해도 된다.

### (2) 관련 활동

① 내게 채워진 동기, 채워지지 않은 동기

이 활동은 Maslow의 욕구 5단계설 그림을 통해, 참여 어르신 스스로가 채워진 것과 그렇지 않은 것을 점검해 보는데 목표를 두고 있다. 따라서 각 어르신들에게 그림을 나누어 주고, 빈 곳에 100점 만점으로 수량화해서 적어보게 하는 것도 한 방법이다. 이는 곧 아래 단계의 욕구들이 충분히 채워지고 나야 다음 단계로 나아갈 수 있다는 이론에 근거를 둔 것이다.

## 제4회 : 결핍된 부분 채워주기
〈기본 동기 중 결핍된 부분 채워주기〉

사람은 결핍된 욕구를 채우기 위해 말과 행동을 한다. 또한 그것이 채워지지 않을 때 분노가 일게 되고, 그런 패턴의 반복은 자아실현을 이룰 수 없게 만드는 요소가 된다.

이번 세션에는 앞서 점검한 부분을 이어, 결핍된 부분으로 나타난 동기를 채워주는데 목표를 두고 있다. 물론 어르신에 따라 당장 채울 수 없는 부분도 있겠으나, 그 방안을 모색하는 것도 의미가 있을 것이다.

### (1) 선정 자료

① 나무 하나에 / 김장성 글, 김선남 그림 / 사계절

우리가 보기에는 단순한 나무 한 그루일 뿐이지만, 그 안에는 무

수히 많은 생물들이 살고 있으며, 그것들이 모여서 거대한 숲을 이룬다는 내용의 그림책이다. 자연의 경이로움을 느낄 수 있음은 물론, 충만하게 채워진 느낌이어서 결핍감을 느낄 수 없다.

이번 세션을 위해 이 그림책을 선정한 이유는 올곧게 서서 오랜 시간을 버텨내며 '숲'을 이루기 위해 기여하는 나무의 모습을 통해, 참여 어르신들 자신을 볼 수 있도록 하기 위해서이다.

② 나무의 꿈 : 시집『낯선 금요일』中 / 문정영 시 / 시선사

문정영 시인의 두 번째 시집에 실려 있는 시이다. 이 시인은 생활 주변의 이런저런 일들이나 물상들을 섬세하게 그려내거나 그 세부를 유추함으로써 삶의 이치나 사물의 새로운 의미를 발견해내곤 한다. 시의 전문은 〈참여자 활동자료 4-1〉에 실려 있다.

(2) 관련 활동

① 기본적인 동기 중 결핍된 부분 채워주기

이해인 수녀님의 시 〈나를 위로하는 날〉에 보면, 내가 가끔은 나를 위해 먼저 주는 동그란 마음이 있어야 한다는 구절이 나온다. 기본적인 동기 중 결핍된 부분을 어떻게 채워주면 좋을 것인지 함께 방안을 찾아보도록 하자. 어쩌면 그런 상황에 대해 여러 참여자들이 공감을 해주고, 지지와 격려를 보내주는 것만으로도 많은 부분이 채워질 수 있음을 기억하자.

〈참여자 활동자료 4-1〉

## 나무의 꿈

문정영

내가 직립의 나무였을 때 꾸었던 꿈은
아름다운 마루가 되는 것이었다
널찍하게 드러눕거나 앉아있는 이들에게
내 몸 속 살아있는 이야기들을 들려주는 것이었다
그렇게 낮과 밤의 움직임을 헤아리며
슬픔과 기쁨을 그려 넣었던 것은
이야기에도 무늬가 필요했던 까닭이다
내 몸에 집 짓고 살던 벌레며, 그 벌레를 잡아먹고
새끼를 키우는 새들의 이야기들이
눅눅하지 않게 햇살에 감기기도 하고,
달빛에 둥글게 깎이면서 만든 무늬들
아이들은 턱을 괴고 듣거나
내 몸의 물결무늬를 따라 기어와 잠이 들기도 했다
그런 아이들의 꿈속에서도 나는 편편한 마루이고 싶었다
그러나 그 아이들이 자라서 더 이상
내 이야기가 신비롭지 않을 때쯤, 나는 그저 먼지 잘 타고
매끄러운 나무의 속살이었을 뿐, 생각은 흐려져만 갔다
더 이상 무늬가 이야기로 남아 있지 않는 날
내 몸에 비치는 것은 윤기 나게 마루를 닦던 어머니,
어머니의 깊은 주름살이었다

『낯선 금요일 / 문정영 시 / 시선사』

## 제5회 자아실현자가 된 모습 확립 – 인지적 측면
〈나를 지배하고 있는 고정관념 바꾸기〉

고정관념은 잘 변하지 아니하는, 행동을 주로 결정하는 확고한 의식이나 관념을 의미한다. 그렇다 보니 좋지 않은 측면에서 바라보는 관점이 지배적인데, 꼭 그렇지만은 않다는 것을 잘 정리한 글이 있어 잠시 옮겨본다.12)

사람들이 세상을 지각하는 가장 근본적인 방법은 범주화이다. 타인들을 지각할 때도 마찬가지다. 우리는 타인의 언어, 억양, 옷차림, 행동을 보고 그 사람을 범주화하고, 같은 범주에 속한 사람들은 유사한 특성들을 공유하고 있는 것으로 생각한다. 가령 어떤 사람이 그의 사투리에 의해 경상도 사람이라고 범주화가 되면, 우리는 자동적으로 그 사람이 경상도 사람들의 특성들(무뚝뚝하고, 다혈질 등등)을 가졌을 것이라고 생각한다. 이렇게 범주의 특성을 그 성원들의 특성으로 일반화시켜 적용시키는 것이 대인지각에서 고정관념의 사용이다. 영어에서 고정관념이라는 의미가 있는 stereotypes라는 단어는 Walter Lippmann이라는 언론인이 처음으로 소개하였으며, 그는 '머릿속의 그림(pictures in the head)'라는 의미로 사용하였다. 즉 집단의 사람들이 어떤 모습을 하고 있으며, 어떤 행동을 하는 지에 대한 단순화된 정신적 이미지라는 의미이다.

고정관념은 크게 네 가지로 구분한다.

첫째는 굳어버린 생각이다. 사람의 생각은 차갑고 빳빳하게 굳어버리기 쉽다. 경직된 사고는 사람의 생각과 행동을 제약할 수밖에 없다.

---

12) 네이버 지식 iN(http://kin.naver.com/qna/detail.nhn?d1id=6&dirId=613&docId=104639962&qb=6rOg7KCV6rSA64WQ&enc=utf8&section=kin&rank=3&search_sort=0&spq=1&pid=gIVgD35Y7vwsssnw6IGssc--276206&sid=T6sTlzL4qk8AAAPwEY4)

굳어버린 생각은 틀에 박힌 '공식'을 좋아하기 마련이고 경직된 사고는 새로운 세계를 닫아 버린다. 고정관념에 빠지면 어떤 일이든 개척하기 어려울 뿐 아니라 나태해지기 쉽다.

둘째는 고정된 시각이다. 사물이나 현상을 한쪽에서만 보려고 하니 다양성이 부족할 수밖에 없다. 편견, 부정적 사고, 흑백논리, 수직적 사고 같은 것에 빠지면 사물이나 현상을 제대로 볼 수가 없다. 사물이란 여러 각도에서 봐야 제대로 파악이 되는데 한쪽에서만 보니 문제가 된다. 고정된 각도에서 보면 동전의 모양은 언제나 둥글지만 다른 각도에서 보면 동전은 타원이나 직선의 모습으로도 보인다.

셋째는 습관이다. 사람은 세월이 흐르면서 습관과 관습, 전통에 길들여진다. 옛날부터 그래왔다는 것에 지나치게 가치를 부여하다 보니 그것을 새롭게 전환시키는 걸 망설이게 된다. 새 구두를 신으면 발이 아프지만 헌 구두를 신으면 발이 편한 이치와 비슷하다. 누구나 옛것을 편하게 여기고 변화하기를 거부하려는 경향은 조금씩 있기 마련이다. 이것이 고정관념이다.

넷째는 상대적 가치와 절대적 가치의 혼돈, 즉 주객의 전도다. 본질은 무엇이고 수단은 무엇인지, 변하는 것은 무엇이며 변하지 않은 것은 무엇인지, 중요한 것은 무엇이며 덜 중요한 것은 무엇인지를 파악하지 못하는 것이다. 그래서 우리는 흔히 본질보다 수단, 절대적 가치보다 상대적 가치, 내용보다 포장에 더 가치를 두고 의미를 부여하려고 한다.

"고정관념은 현상유지에 만족하는 것"

그렇다고 남들이 하지 않는 생각이나 행위를 한다고 무조건 고정관념을 깨는 것으로 볼 수는 없다. 무의미하고 비실용적인 것은 진정한 '고정관념 깨기'라 할 수 없다. 고정관념을 깬다는 것은 일상의 궤도를 이탈하는 것이 아니라 되레 궤도로 복귀하는 것으로 이해해야 한다.

경직된 사고에서 벗어나 사물을 좀 유연하게 보고 인식하자는 것이다. 관습이나 편견에 얽매이지 말고 처음 시도하듯이 시작하는 자세가 필요하다. 고정관념을 깨는 것은 곧 변화를 의미한다.

  문제는 이런 고정관념 자체를 무조건 나쁘다고 규정해 버리면 그 자체가 이미 고정관념이 되어 버리고 일반화의 오류를 범하게 되는 것이다. 고정관념은 많은 경험과 시간, 그리고 지식을 통해 축적된 일정한 가치를 지닌 소중한 부분이 반드시 있기 마련이다. 이것을 모조리 나쁘다고 본다면 인간이 지금까지 쌓아온 모든 것을 부정하게 된다. 고정관념은 발전을 위해서는 깨어져야하지만 그 자체가 무조건 나쁘다고 본다면 인간은 아무 판단도 행위도 할 수 없게 될 것이다.

### (1) 선정 자료

① 실 : 시집 『사랑하라 한 번도 상처받지 않은 것처럼』 中 / 류시화 엮음 / 오래된 미래

이 시집은 류시화 씨께서 힐링 포엠(Healing Poem, 치유의 시)을 주제로 엮은 시집이라고 한다. 힐링 포엠은 21세기에 들어와 서양의 여러 명상 센터에서 마음을 치유하기 위해 새롭게 등장한 한 방법이다. 이 시집에는 고대 이집트 파피루스 서기관에서부터 노벨문학상 수상자에 이르기까지 시대를 넘나드는 시인들의 작품 77편이 담겨 있다.

이번 세션을 위해 선정한 시 '실'은 '윌리엄 스태포그'의 작품이다. 시의 전문은 〈참여자 활동자료 5-1〉에 제시했다.

### (2) 관련 활동

① 나를 지배하고 있는 고정관념 바꾸기

이번 세션을 통해서 바꾸고자 하는 고정관념은 삶을 부정적으로 이끄는 측면의 것이다. 인지적인 측면에서 자신을 지배하고 있는 고정관념에는 어떤 것이 있고, 그것이 어떤 영향을 미쳤는지, 왜 바꿀 필요성을 느끼는지, 그렇다면 어떻게 바꿀 수 있을 것인지 이야기를 나누어 보자.

〈참여자 활동자료 5-1〉

# 실

윌리엄 스태포그

내가 따르는 한 가닥 실이 있다.
그 실은 변화하는 것들 사이로 지나간다.
하지만 그 실은 변하지 않는다.
사람들은 네가 무엇을 따라가는지 궁금해 할 것이다.
너는 그 실에 대해 설명해야만 한다.
그러나 사람들에게는 잘 보이지 않는다.
그 실을 붙잡고 있는 한 너는 길을 잃지 않는다.
비극은 일어나기 마련이고, 사람들은 상처 입거나
죽는다. 그리고 너는 고통 받고 늙어간다.
시간이 하는 일을 너는 어떻게도 막을 수 없다.
그래도 그 실을 절대로 놓지 말라.

「사랑하라 한 번도 상처받지 않은 것처럼 / 류시화 엮음 / 오래된 미래」

### 제6회    자아실현자가 된 모습 확립 - 정서적 측면
〈부정적 감정 표출하고 정화하기〉

### (1) 선정 자료

① 나를 열 받게 하는 것들 : 시집 『외롭고 높고 쓸쓸한』 中 /
안도현 시 / 문학동네

안도현 시인은 1984년 동아일보 신춘문예 시 부문이 당선되어 등단을 했다. 그 이후 그는 많은 사람들이 쉽게 공감할 수 있는 보편적 정서를 지닌 쉬운 언어로 세상과 사물을 따뜻하게 포착해온 작품들로 대중적인 사랑을 받았다. 이 시집은 그의 네 번째 시집으로, 이번 세션을 위한 시 「나를 열 받게 하는 것들」 외 여러 작품이 실려 있다.

### (2) 관련 활동

① 부정적 감정 표출하고 정화하기

부정적인 감정은 강력한 힘을 갖고 있다. 따라서 적절히 표출할 수 있는 기회를 갖지 못하면, 지속적으로 영향을 미치는 특성도 있다. 이번 세션에는 그 감정을 다루어야 하기 때문에 치료사 또한 약간의 긴장을 할 필요가 있다. 물론 시간적인 제한 등으로 인해 충분히 다루어질 수 없다는 것도 미리 고려가 되어야 한다. 그래서 많은 감정이 드러나는 활동보다는 적정 선에서 참여 어르신 및 치료사가 통제할 수 있는 것으로 결정을 하는 것이 좋다. 우선 간단히라도 부정적인 감정을 느끼는 일은 무엇인지, 혹은 어떤 상황인지, 어떤 대상인지를 적어보게 하는 것도 좋다. 그런 다음 이야기를 나누어 보자.

〈참여자 활동자료 6-1〉

## 나를 열 받게 하는 것들

안도현

나를 열 받게 하는 것들은,
후광과 거산의 싸움에서 내가 지지했던 후광의 패배가 아니라
입시비리며 공직자 재산공개 내역이 아니라
대형 참사의 근본 원인 규명이 아니라
전교조 탈퇴확인란에 내 손으로 찍은 도장 빛깔이 아니라
미국이나 통일문제가 아니라
일간신문과 뉴스데스크가 아니라
아주 사소한 것들
나를 열 받게 하는 것들은,

이를테면,
유경이가 색종이를 너무 헤프게 쓸 때,
옛날에는 종이가 얼마나 귀했던 줄 넌 모르지?
이 한마디에 그만 샐쭉해져서 방문을 꽉 걸어 잠그고는
훌쩍거리는데 그때 그만 기가 차서 나는 열을 받고
민석이란 놈이 후레쉬맨 비디오에 홀딱 빠져 있을 때,
이제 그만 자자 내일 유치원 가야지 달래도 보고
으름장도 놓아 보지만 아 글쎄, 이놈이 두 눈만 껌뻑이며
미동도 하지 않을 때 나는 아비로서 말 못하게 열 받는 것이다

밥 먹을 때, 아내가 바쁘다는 이유로 시장을 못 갔다고
아침에 먹었던 국이 저녁상에 다시 올라왔을 때도 열 받지만
어떤 날은 반찬 가짓수는 많은데 젓가락 댈 곳이 별로 없을 때도 열 받는다
어른이 아이들도 안하는 반찬 투정 하느냐고 아내가 나무랄 때도 열 받고
그게 또 나의 경제력과 아내의 생활력과
어쩌고저쩌고 생활비 문제로 옮겨오면 나는 아침부터 열 받는다
나는 내가 무지무지하게 열 받는 것을
겨우 이만큼 열거법으로밖에 표현하지 못하는
나 자신한테 또 열 받는다
죽 한 그릇 얻어먹기 위해 긴 줄을 서 있는 아프리카 아이들처럼
열거는 궁핍의 증거이므로

헌데
열 받을 일이 있어도 요즘 사람들은 잘 열 받지 않는다
열 받아도 열 받은 표를 내려고 하지 않는다
요즘은 그것이 또한 나를 무진장 열 받게 하는 것이다

『외롭고 높고 쓸쓸한 / 안도현 시 / 문학동네』

## 제7회   자아실현자가 된 모습 확립 – 행동적 측면
〈구멍 속에 빠져 있던 나 꺼내주기 〉

### (1) 선정 자료

① 다섯 연으로 된 짧은 자서전 : 시집『지금 알고 있는 걸 그때도 알았더라면』中 / 류시화 엮음 / 열림원

'성철' 큰 스님께서 쓰신 글이라는 설도 있으나, 정확히 누구인지 모른다는 설이 더 많아서 그쪽의 주장을 택해 일단 작자는 미상으로 표시했다. 다섯 연이라는 짧은 시이지만, 통찰을 얻어 행동으로 옮기기까지의 변화 과정이 잘 표현되어 있는 시다. 그래서 특히 행동적 측면을 살펴보는 이번 세션을 위해 적합한 자료가 판단되어 선정하였다. 시의 전문은 〈참여자 활동자료 7-1〉에 제시되어 있다.

### (2) 관련 활동

① 구멍 속에 빠져 있던 나 꺼내주기

여기서 의미 하는 구멍은 개개인 별 '풀리지 않는 생각', '고민', '스트레스', '상처' 등의 상황일 수 있다. 때문에 그런 것들이 확실히 해결되지 않아서 자신은 물론 대인관계에서도 문제를 불러일으키는 경우가 있을 것이므로, 마치 그 헤어 나올 수 없는 '구멍' 속에 있는 참여자들을 꺼내주는데 이번 세션의 목표가 있다. 물론 참여 어르신들 스스로가 나오는 것이 바람직하기 때문에, 그에 따른 방안을 함께 모색해서 나올 수 있도록 돕는 것이 치료사의 역할일 것이다.

〈참여자 활동자료 7-1〉

## 다섯 연으로 된 짧은 자서전

작자미상

1
난 길을 걷고 있었다.
길 한가운데 깊은 구멍이 있었다.
난 그곳에 빠졌다.
난 어떻게 할 수가 없었다.
그건 내 잘못이 아니었다.
그 구멍에서 빠져 나오는데
오랜 시간이 걸렸다.

2
난 길을 걷고 있었다.
길 한가운데 깊은 구멍이 있었다.
난 그걸 못 본 체했다.
난 다시 그곳에 빠졌다.
똑같은 장소에 또다시 빠진 것이 믿어지지 않았다.
하지만 그건 내 잘못이 아니었다.
그곳에서 빠져 나오는데
또다시 오랜 시간이 걸렸다.

3
난 길을 걷고 있었다.
길 한가운데 깊은 구멍이 있었다.
난 미리 알아차렸지만 또다시 그곳에 빠졌다.
그건 이제 하나의 습관이 되었다.
난 비로소 눈을 떴다.
난 내가 어디 있는가를 알았다.
그건 내 잘못이었다.
난 얼른 그곳에서 나왔다.

4
내가 길을 걷고 있는데
길 한가운데 깊은 구멍이 있었다.
난 그 둘레로 돌아서 지나갔다.

5
난 이제 다른 길로 가고 있다.

『지금 알고 있는 걸 그때도 알았더라면 / 류시화 엮음 / 열림원』

**제8회** 자아실현자가 된 모습 확립 - 통합적 측면
〈'나'를 주제로 시 쓰기〉

### (1) 선정 자료

① '나'한테 '나' 돌아가기 : 정채봉 전집 『눈을 감고 보는 길』 中 /
   정채봉 지음 / 샘터사

맑은 감성으로 따뜻함을 선물해 주는 정채봉 씨의 에세이 전집이다. 그 가운데 이번 세션을 위해 선정한 내용은 〈'나'한테 '나' 돌아가기〉이다. 이 글 또한 타인을 위한, 타인에 의해 성립되는 내가 아닌 내적 성찰로 인해 발견하는 '나'의 중요성을 담고 있어, 스스로를 생각해 보고 치료 목표를 설정하는 데 도움을 주고자 선정했다. 글의 전문은 〈참여자 활동자료 8-1〉에 제시했다.

### (2) 관련 활동

① '나'를 주제로 시 쓰기

〈참여자 활동자료 8-1〉

## '나'한테 '나' 돌아가기

정채봉

그녀는 운전을 하고 있었다.
그런데 갑자기 옆에서 화물트럭이 덮쳐들면서 쾅 소리와 함께 정신을 잃었다.
그녀는 누군가의 질문을 받았다.
"너는 누구인가?"
그녀는 자신의 이름과 주민등록 번호와 운전면허증 번호 그리고 주소를 댔다.
들려오는 소리가 다시 물었다.
"나는 너희 사회에서 그런 분류형식을 묻고 있는 것이 아니다. '너는 누구인가?' 물었다."
그녀는 대답했다.
"네, 저는 사장 부인입니다. 남들이 저를 가리켜 사모님이라고 부르기도 합니다."
그러나 들려오는 소리는 다시 말했다.
"나는 누구의 안사람이냐고 묻지 않았다. '너는 누구인가'라고 물었다."
그녀는 다시 대답했다.

"네, 저는 1남 1녀의 어머니입니다. 딸아이는 특히 피아노에 천재적인 재능이 있습니다. 얼마 전에는 큰 신문사 주최의 음악 콩쿠르에서 상을 받아오기도 하였습니다."

그런데도 들려오는 소리는 계속 물었다.

"나는 누구의 어머니냐고 묻지 않았다. '너는 누구인가?'라고 물었다."

"저는 교회에 다니고 있습니다. 간혹 불우한 이웃을 돕기도 하였습니다. 저희 교회에 다니는 사람들은 저를 잘 알고 있습니다."

그래도 들려오는 소리의 질문은 그치지 않았다.

"나는 너의 종교에 대해 묻지 않았다. '너는 누구인가?'라고 물었다."

........

........

마침내 그녀는 응급실에서 깨어나 흐느끼며 중얼거리고 있었다.

"내가 누구인지 좀 가르쳐주세요. 내가 누구인지…."

『눈을 감고 보는 길 / 정채봉 / 샘터사』

## 제9회 자신감 기르기
〈모방 시 쓰기〉

### (1) 선정 자료

① 나의 자존감 선언 : 『삶의 목표』 中 / 버지니아 사티어 / 발행처 불명

가족치료 분야의 선구자인 버지니아 사티어(Virginia Satir, 1916-1988)는 전 세계 가족들의 문제를 해결하는 탁월한 능력을 발휘하였을 뿐만 아니라, 그 방법을 후세에 전달하고자 노력한 사람이다. 그녀는 문제 해결을 넘어 모든 사람들이 성장할 것을 촉구하였으며, 더 나아가 사랑으로 연결되기를 원하였다고 한다. 그녀의 방법론과 정신은 지금도 전 세계 많은 사람들에게 전파가 되고 있으며, 이번 세션을 위해 선정한 자료 '나의 자존감 선언' 역시 두루 읽히고 있다. 그 글은 〈참여자 활동자료 9-1〉에 제시를 했으나, 발행처가 어디인지는 명확히 밝히지 못했다.

### (2) 관련 활동

① 모방 시 쓰기

모방시의 정의를 내린다면 '원작시가 가진 형식적인 특징을 그대로 모방하여 새로운 주제로 재창조한 시'라고 할 수 있다. 시 자료를 선정한 치료 장면에서 모방 시를 쓰게 하는 이유는 처음부터 전적으로 자신의 시를 창작해 내기 어려운 참여자들에게 동일시와 카타르시스, 나아가 통찰을 얻을 수 있게 도와주고, 나아가 자신의 심리 정서가 담긴 시를 쓸 수 있게 하기 위해서다. 모방 시를 쓰기 위해 하얀 백지를 주는 것이나 원고지를 주는 대신 테두리가 있어 적정 영역이 제외될 수 있는 용지가 바람직하다.

〈참여자 활동자료 9-1〉

# 나의 자존감 선언

버지니아 사티어

나는 나다.

이 지구 땅덩어리에서 나와 똑같은 사람은 존재하지 않는다.
어느 부분이 나와 아주 똑같은 사람은 없다.
그러므로 나로부터 나오는 모든 것은 나 혼자서 하기로 선택한 것이므로 진정 나의 것이다.

나는 나에 관한 모든 것을 소유한다.
-내 몸과 몸이 하는 모든 것 :
내 정신과 그 속에 담겨진 모든 생각과 사상들 :
내 눈과 그 눈들이 보는 모든 형상들 :
노여움이나 가쁨, 좌절, 사랑, 실망, 흥분 그 어떤 것이나 내가 느끼는 감정들 :
내 입과 거기서 나오는 공손하거나, 달콤하거나 거칠거나 옳거나 그른 모든 말들 :
그리고 나 자신이나 다른 사람들에 대한 나의 모든 행위들.

나는 나의 환상과 꿈과 희망과 공포심을 갖고 있다.
나는 나의 모든 업적과 성공, 실패와 과오를 갖고 있다.

나는 나 자신의 모든 것을 소유하기 때문에 나 자신과 친밀하게 사귈 수 있다.
그러기에 나는 나를 사랑할 수 있고 나의 모든 면과 친해질 수 있다.
그러기에 나는 나를 사랑할 수 있고 나의 모든 면과 친해질 수 있다.
그리고 나는 나에게 이익이 될 수 있는 일을 찾아 실현할 수 있다.

나 자신에는 나를 궁금하게 하는 면이 있고 있는지도 몰랐던 면이 있다는 것을 안다.
그러나 내가 나 자신을 친절하고 사랑스럽게 대하는 한 나는 용기 있고 희망차게
나를 궁금하게 하는 문제들의 해결책을 찾고 따라서 나 자신을 좀 더 알아낼 수 있다.
내가 어떻게 보이고 들리든, 무엇을 말하고 행동하든,
또 주어진 순간 무엇을 생각하고 느끼든 그 모든 것은 나다.
이러한 사실들로 내가 그 순간 어디 있느냐를 보여준다.

나중에 나의 모습과 목소리와 말과 행동과 생각과 감정을 살펴보면 어떤 부분들은 알맞지 않다. 나는 그 알맞지 않은 부분을 버리고 알맞은 것만 간직하며, 버린 부분대신 새로운 무엇을 만들어낼 수 있다.

나는 보고 듣고 느끼고 생각하고 말하며 행동한다.
나는 생존하고 남과 가깝게 지내고 생산적인 사람이 될 수 있다.
나는 나의 주인이며 나는 나를 운전할 수 있다.

나는 나이며 나는 괜찮은 존재이다.

『삶의 목표 / 버지니아 사티어 / 발행처 불명』

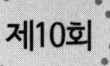 **제10회** 스스로의 과제 정하기 및 실천 방안 만들기
〈프로그램을 통해 얻은 통찰과 소감 나누기〉

10회 동안 이어온 프로그램을 종결하는 세션이다. 따라서 이 시간에는 그동안 참여하며 느낀 감정, 깨닫게 된 부분들을 중심으로 소감을 나누면 된다.

### (1) 선정 자료

① 봉우리 : 앨범『Past Life of 김민기』中 / 김민기 작사·작곡·노래 / 학전 Music

선정 자료에 대한 설명은 네 번째 만남을 참고하라.

### (2) 관련 활동

① 프로그램을 통해 얻은 통찰과 소감 나누기

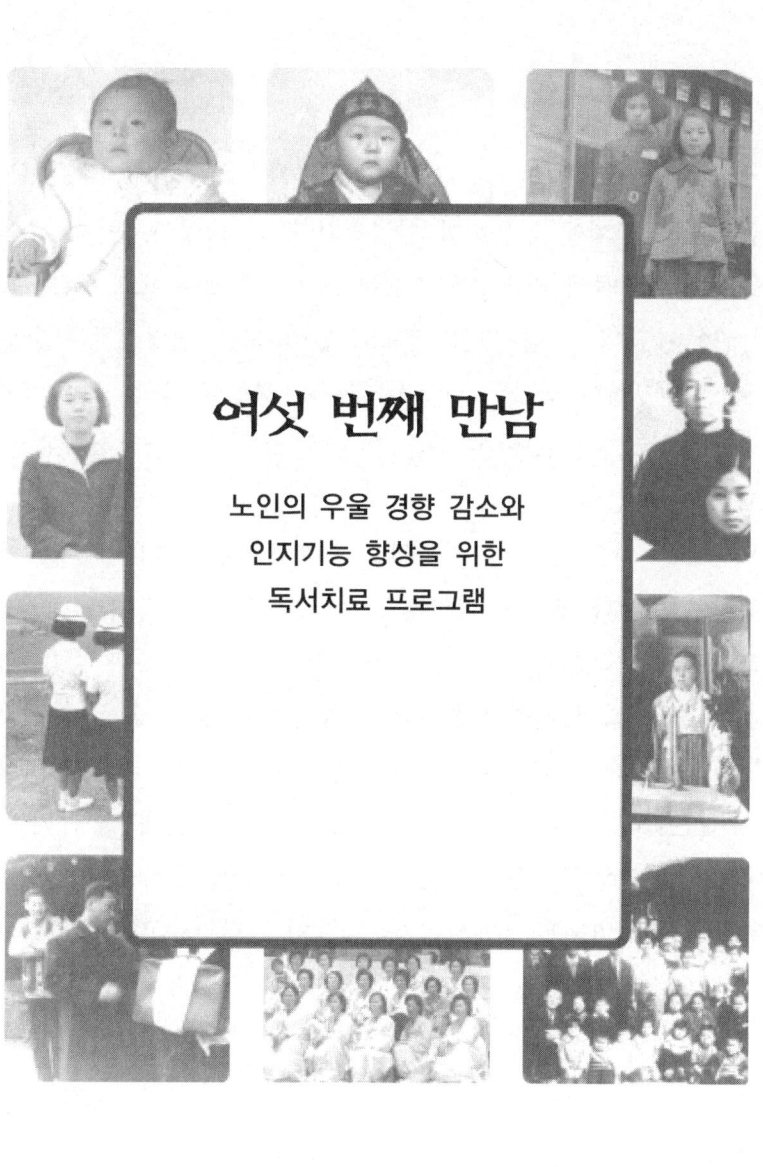

# 여섯 번째 만남

노인의 우울 경향 감소와
인지기능 향상을 위한
독서치료 프로그램

## 1. 프로그램의 필요성

 급변하는 사회에 적응하며 살아가기가 쉽지 않아서인지, 우울을 호소하는 사람들이 많다. 이 안에는 아이들은 물론이고 어르신들까지 특별히 남녀노소를 가릴 필요도 없이 모든 연령대가 포함되는데, 그 중 고령화 및 초고령화 사회로의 진입에 따라 노인 인구가 많아지면서 노인 우울증은 다른 대상에 비해 기하급수적으로 늘어나고 있는 양상이다.

 노년기는 삶의 만족이 저하되고 우울을 경험하기 쉬운 시기로 신체적 질병이나 생리적 변화뿐 아니라 은퇴, 경제적 불안정, 가족구조의 변화 등에서 비롯되는 우울, 소외감, 공포 등과 같은 심리적 어려움을 겪게 되면서 노인의 우울증이 신체적 및 심리적 건강 문제의 원인으로 매우 중요하게 대두된다. 노인이 겪는 심리장애 중 우울은 노년기에 나타나는 심리적 어려움 가운데 가장 흔하며, 외국의 경우 65세 이상의 노인 중 20%가 우울 증상을 보였으며,[1] 지역사회 노인의 30-35%에서 우울 비율이 나타난다고 보고하였다.[2]

---

1) Butler RN, Lewis MI. 1995. Late-life depression : when and how to intervene. *Geriatrics*. 50(8). pp. 49-52.
2) Garrard J, Rolnick SJ, Nitz NM, Luepke L, Jackson J, Fischer LR, Leibson C, Bland PC, Heinrich R, Waller LA. 1998. Clinical detection of depression among community-based edlerly people with self-reported symptoms of depression. *J*

국내 연구에 의하면 주요 우울장애를 포함한 전체 우울장애 역학 조사에서 10.99%의 유병율[3]을, 일부 농촌지역의 노인에서는 16.7%에서 우울증상의 유병율[4]을 보였으며, 전체 노인의 15% 정도가 치료를 요하는 수준의 우울을 가진다고 보고하였다.[5]

우울과 함께 노인에서 나타나는 두드러진 정신기능 변화로는 지적능력 감퇴와 감각 기능 감퇴를 들 수 있다. 이는 인지적 기능의 장애를 말하며 개인, 가족, 사회에 많은 부담을 주는 질환으로, 기억력 감소로 시작되어 계산착오, 지남력 장애, 판단력 장애와 이해 능력 장애 등을 동반하며, 우울과 불안의 증가로 감정적 안정성을 얕아지게 한다.[6]

하지만 노인의 우울증은 마음의 감기라 비유되는 불안이 중요하게 다루어지지 않는 것처럼, 본인조차도 자신이 우울증에 걸렸다는 사실을 모르거나, 가족 및 주변 사람들에게도 나이를 먹었기 때문이거나, 노화의 한 현상으로 나타나는 것이라는 인식 정도로밖에는 수용 받지 못한다. 따라서 적시 발견에 따른 적정 치료가 시행되기 보다는 방치가 되는 경우가 많다. 따라서 노인 자신이 적극적으로 표현을 해서 알릴 필요도 있는데, 감정을 억제하거나 '더 살아서 무

---

*Gerontol A Biol Sci Med Sci*. 53(2). pp. 92-101.

3) 서국희 외. 2000. 노년기 치매와 우울증의 유병률 및 위험인자. 『신경정신의학』. 39(5). pp. 809-24.

4) 김문두·황승욱·홍성철. 2003. 제주 농촌 지역 주민들의 우울증 유병률 및 우울증상과 관련요인. 『가정의학회지』. 24(9). pp. 833-44.

5) 이인정. 2007. 남녀노인의 우울, 삶의 만족에 대한 심리사회적 요인들의 영향의 차이에 관한 연구. 『노인복지연구』. 36. pp. 159-180.

6) Cummings JL, McPherson S. 2001. Neuropsychiatric assessment of Alzheimer's disease and related dementias. *Aging(Milano)*. 13(3). pp. 240-6.

엇하나', '인생이 허무하다' 등의 우회적인 표현을 하기 때문에 상대에게 전달되지 못하는 경우가 많다.

그렇다면 노인 우울증의 특성에는 어떤 측면이 있을까? 먼저 김형수(2000)[7]는 노인 우울증의 특성으로 무기력감과 절망감을 꼽았다. 무기력이란 개인들의 중요한 생활 사건들을 도저히 통제할 수 없다는 느낌을 경험하는 특성을 가졌으며, 타 연령층보다 무기력감을 크게 느끼기 쉽다고 말했다. 또한 절망감이란, 미래에 대한 부정적인 생각이나 심리적 상태를 말한다.

또한 노인 우울은 치매가 없이도 우울증만으로도 치매와 같은 증상을 일으키는 가성치매를 나타내기도 하고, 치매로 진행되기도 한다. 노인에게서 주요 우울과 경도의 우울은 자살과도 밀접한 연관성을 가지나[8] 노인 우울은 잘 진단되지 않고, 오진을 하기도 하며, 제대로 치료를 받지 않아 치명적이 되거나 자살행동을 야기하는 주요한 공중보건문제가 되어 왔다. 특히 여성노인에게서의 우울은 남성의 3배가 된다.[9]

그럼 이번에는 노인들을 우울하게 만드는 요인에는 어떤 것들이 있는지 살펴보자.[10]

---

7) 김형수. 2000. 노인과 자살. 『노인복지연구』. 겨울호, pp.25-45.
8) Mardga, W. Eva, R. Katrina, W. 2003. Predictors of Suicide in the Old Elderly. *The gerontology*. 49.
9) Christophe, J. B. Vincent, W. Bernard, B. Bertrand. 2001. Depressive Symptoms as a Predictor of 6 Month Outcomes and Services Utilization in Elderly Medical Patients. *Archives of Internal Medicine*. 161(21).
10) 유성순. 2011. "집단미술치료가 노인의 우울증과 자아존중감에 미치는 효과성 연구 : 시설노인 중심으로". 광운대학교 상담복지정책대학원. 석사학위논문에서 재인용.

### 1) 인구통계학적 요인

성별에 대한 노인의 역학조사에서 남성에 비하여 여성에서 우울 증상의 빈도가 높은 것으로 나타나 성별이 우울증의 중요한 유발 요인으로 간주되는데, 노인 여성 대상자들은 자기 역할의 불만족, 결혼문제, 신체질환 등의 생활사건과 관련된 우울증이 많고, 노인 남성 대상자들에게는 생명을 위협하는 중병이 있는 경우 우울증이 많이 발생하는 것으로 나타났다.

연령의 증가도 우울 성향에 차이를 가져오는 주요한 요인으로 나타나고 있다. 연령증가에 따라 우울이 더 높은 것으로 알려져 있는데, 이는 연령증가와 함께 배우자 상실, 건강악화 및 사회참여의 기회가 줄어들기 때문이다. 즉 신체적 질병, 배우자의 죽음, 경제사정의 악화, 사회와 가족들로부터의 고립, 일상생활에 대한 자기 통제 불가능, 그리고 지나온 세월에 대한 회한 등이 70세군까지 증가하다가 80세 이상 군에서 내려가는 형태로 나타났으며, 또한 연령은 우울 정도의 변화에 영향을 미치는 요인으로 나타났다.

### 2) 사회경제적 요인

노년기에는 은퇴로 인한 사회적 역할의 상실, 사별이나 자녀의 출가 등으로 인한 사회적 관계망의 감소로 인해 객관적인 사회적 지지가 감소되는데, 만족감, 안정감, 소속감을 느끼도록 해주는 사회적 지지가 무엇보다도 중요하며, 특히 사회적 관계나 지지에 대한 노인의 주관적 평가나 만족도가 노년기 적응에 중요한 변수로 작용하고 있다. 이를 토대로 연구한 Krauser(1987)는 사회적 지지에 대한 만족도가 높은 노인일수록 낮은 수준의 우울을 경험한다고 하였다.[11]

이밖에도 가족과의 친밀도 및 그들의 지지 여부, 경제적 수준의 고저도 노인의 우울에 영향을 미치는 요인임을 입증한 논문들이 많다.

### 3) 신체적 요인

노인 우울증에 가장 큰 영향을 미치는 요인들 중에 하나가 건강상태이다. 노인의 건강상태가 좋으면 우울증이 낮아지고, 건강상태가 나빠지면 우울증의 정도가 높아지는 것이 일반적인 경향이다.

마지막으로 그렇다면 노인들의 우울을 감소시키기 위해서는 어떤 정책과 지원이 필요한지 살펴보자.[12]

첫째, 노인의 우울정도는 성별, 나이, 직업, 종교, 사회적 지지, 일상생활 수행능력, 배우자 유무, 대처전략 등 노인이 혼자 힘으로 해결하기 어려운 여러 요인들에 영향을 받는다. 이런 요인들은 노인의 가족 도움으로 해결되기도 한다. 그러므로 노인의 우울문제가 노인만의 문제라고 인식하기보다는 노인이 경험하는 문제로 인식하여 적극적인 가족의 도움이 필요하다. 이를 위해 가족들은 노인 우울에 관한 가족교육이나 노인과 가족이 함께하는 프로그램에 참여하여 노인 우울정도를 낮게 하는데 도움을 주어야 할 것이다.

둘째, 노인의 우울정도를 줄이기 위해 노인이 우울의 대처전략인 문제의 재정립을 사용할 수 있는 노인교육 프로그램이 개발되고 시행되어야 할 것이다. 문제의 재정립 대처전략은 노인이 어떤 사

---

11) 심경혜. 2005. 『집단미술치료가 우울증 노인의 생활만족도와 자아존중감 향상에 미치는 효과성 연구』. 성균관대학교 사회복지대학원. 석사학위논문.
12) 박정미. 2008. 『노인의 대처전략이 우울에 미치는 영향에 관한 연구 : 부산지역 노인복지관과 경로당을 중심으로』. 동의대학교 대학원. 석사학위논문.

건이나 문제를 경험할 때, 그것을 적극적으로 해결하려는 의지와 해결에 필요한 정보, 지식을 필요로 한다. 이를 위해 노인교육의 활성화를 통해 노인의 교육수준 향상과 문제에 대해 적극적으로 대처할 수 있도록 하고, 문제의 재정립을 노인이 사용할 수 있도록 가족이나 사회의 노력이 필요할 것이다. 그리고 노인이 문제 재정립 대처기술을 개발할 수 있는 프로그램의 개발이 필요할 것이라고 본다. 이러한 활동을 통해 우울을 해소하기 위한 대처전략을 활용하여 노인 스스로 우울의 정도를 낮게 할 수 있어서 노인의 삶의 잘이 향상될 것이다.

셋째, 노인 우울은 노인 개인이나 가족만의 문제를 넘어서 사회문제로 대두되고 있다. 이런 노인 우울문제를 해결하기 위해서 사회나 정부, 지역사회의 적극적인 자세와 대책마련이 필요할 것이다.

현재까지 노인 인지기능 저하와 노인 우울증에 대하여 약물치료와 비 약물치료가 다방면으로 시도되었으며, 이러한 치료들이 삶의 질을 호전시키고 질병에의 치료효과를 보인다는 다양한 연구결과가 보고되었다. 비 약물적 치료로는 웃음요법, 인지요법, 현실요법, 음악요법, 미술요법, 원예요법, 운동요법, 게임요법 등의 다양한 중재방법들의 연구가 시도되고 있으며, 추수경 등[13]은 인지행동 프로그램이 노인의 인지기능 호전효과와 우울점수 감소효과가 있다는 연구결과를 발표하였고, Onor ML et al.[14]의 연구에서는 다방면의

---

13) 추수경·유장학·이정렬. 2007. 인지행동 프로그램이 인지기능저하 노인의 인지기능, 우울, 일상생활 수행능력에 미치는 효과. 『대한간호학회』. 37(7). pp. 1049-60.

14) Onor ML, Trevisiol M, Negro C, Signorini A, Saina M, Aguglia E. 2007. Impact of a multimodal rehabilitative intervention on demented patients and their caregivers. Am J Alzheimers Dis Other Demen. 22(4). pp. 261-72.

중재요법이 치매환자에서 안정적인 인지기능 유지와 우울 호전 효과를 나타내었다. 또한 메타 분석을 통해 인지강화훈련이 치매환자에서 인지기능 호전뿐만 아니라 우울 감소 효과와 일상생활 수행능력의 개선 효과가 있음이 밝혀진바 있다.[15]

종합하자면 우리 사회에는 이처럼 우울 증상을 경험했거나 이미 우울증으로 진단을 내릴 수 있을 정도의 노인들이 상당히 많다. 따라서 그들의 우울감을 예방하고 인지기능을 향상시켜 주기 위한 작업 또한 활발히 실시될 필요가 있다. 본 프로그램은 비 약물치료 중재방법 중 하나로 그동안 시도가 되지 않았던 독서치료를 통해 계획된 것이다. 따라서 읽기 및 이해의 과정, 치료사 및 집단원들과의 상호작용 과정을 통해 인지 능력을 발휘할 수 있는 기회가 많기 때문에, 다른 치료에 비해 참여 어르신들은 우울감을 해소할 수 있는 기회를 가질 수 있을 것이다. 본 프로그램의 의의는 바로 그 점에 있다.

---

[15] Sitzer DI, Twamley EW, Jeste DV. 2006. Cognitive training in Alzheimer's disease : a meta-analysis of the literature. *Acta Psychiatr Scand.* 114(2). pp. 75-90.

## 2. 프로그램의 구성

본 프로그램은 노인의 우울 경향 감소와 인지 기능을 향상시켜 주는데 목표가 있다. 목표 달성을 위해 구성한 프로그램 계획은 총 10회이며, 세부목표와 자료 선정, 관련 활동 선정을 통해 구체적인 측면들을 모색했다. 이 프로그램 역시 집단으로 운영하는데 초점을 두었기 때문에 세션 당 운영 시간은 2시간으로 설정을 했다. 세부 계획표는 〈표 9〉에 제시되어 있다.

〈표 9〉 노인의 우울 경향 감소와 인지기능 향상을 위한
독서치료 프로그램

| 세션 | 세부 목표 | 선정 자료 | 관련 활동 |
|---|---|---|---|
| 1 | 오리엔테이션 및 마음 열기 | 〈시 : 혼자라는 건〉 | 프로그램 소개, 집단 서약서 작성, 소개 나누기 및 사전 검사 |
| 2 | 우울 경향 점검 | 〈시 : 감옥 같은 날〉 | 거울 이야기 나누기 |
| 3 | 우울 경향 감소 1 - 인구통계학적 측면 | 〈도서 : 너희들도 언젠가는 노인이 된단다〉 | 그래, 나 늙었다! |
| 4 | 우울 경향 감소 2 - 사회경제적 측면 | 〈글 : 축의금 만 삼천 원〉 | 저널 쓰기 - 관점의 변화 |
| 5 | 우울 경향 감소 3 - 신체적 측면 | 〈도서 : 살아 있는 모든 것은〉 〈다큐 : 지식채널 ⓔ〉 | 아직 할 수 있는 일 |
| 6 | 우울 경향 감소 4 - 심리·정서적 측면 | 〈시 : 벽과의 동침〉 | 저널 쓰기 - 보내지 않을 편지 |
| 7 | 인지기능 향상 1 | 〈도서 : 우리 할머니는 나를 모릅니다〉 | 치매에 대해 바르게 알기 |
| 8 | 인지기능 향상 2 | 〈도서 : 까치와 소담이의 수수께끼 놀이〉, 〈시 : 찾습니다〉 | 주의력 집중 훈련 |
| 9 | 인지기능 향상 3 | 〈글 : '나'한테 '나' 돌아가기〉 | 지남력 향상 훈련 |
| 10 | 종결 및 소감 나누기 | 〈시 : 우산을 쓰다〉 | 참여 소감 나누기, 힘이 되는 한 마디 건네기 |

## 3. 프로그램의 실제

노인의 우울 경향 감소와 인지기능 향상을 위한 독서치료 프로그램

**제1회** 　**마음 열기**
〈별칭 짓기, 참여 동기·참여 경험 나누기,
프로그램 소개, 집단 서약서 쓰기〉

### (1) 선정 자료

① 혼자라는 건 : 시집 『서른, 잔치는 끝났다』 中 / 최영미 시 / 창작과비평사

최영미 시인의 등장은 당시 센세이션과도 같았다. 이 시집에는 50여 편의 작품이 담겨 있는데, 그 가운데 '혼자라는 건'을 선택한 이유는 어르신들이 직면하고 있는 현실을 단도직입적으로 대변하는 제목과 함께 내용이 끌렸기 때문이다. 물론 가족과 함께 생활하는 분도 계시겠으나, 마음만은 늘 혼자처럼 느껴지는 어르신들에게 인상적으로 다가갈 수 있는 작품이다.

### (2) 관련 활동

① 서약서 작성
② 자기소개 나누기

③ 사전 검사

본 프로그램에서 우울 수준을 측정하기 위해 사용한 검사는 한국판 노인 우울 척도(Geriatric Depression Scale in Korea : GDS-K)이다. GDS-K는 Yesavage(1983)가 개발한 노인우울척도(Geriatric Depression Scale)를 1995년 기백석 등이 한국판 우울 척도로 표준화 연구하였으며, 이 검사의 신뢰도 검증결과 수정된 문항-총점 간 상관의 중앙값은 $r=0.46$, 반분신뢰도 상관계수의 평균은 0.78 및 Cronbach의 $\propto$계수는 0.87로 나타나서 중등도 이상의 신뢰도를 보였다. 타당도에서는 GDS-K의 평균점수를 기준으로 정상노인 집단과 우울노인 집단을 t 검증한 결과 두 집단 간에 유의미한 차이가 있는 것으로 나타나 준거 관련 타당도가 높은 것으로 증명되었다.($p<0.001$)

GDS-K의 우울척도 하위 요인을 살펴보면 제 1요인은 괴로운 생각들, 울음, 기운저하, 불안, 지루함, 공허감, 낙담, 걱정, 불길한 예감 등의 문항으로 구성되며, 긴장과 우울한 정서를 나타내는 요인이라 할 수 있다. 제 2요인은 삶에 대한 불만감, 불행감을 나타내는 문항으로 구성되며, 삶에 대한 불만족 차원으로 볼 수 있다. 제 3요인은 절망감, 공허감, 흥미 감소 등의 문항으로 구성되며, 무기력감을 나타내는 요인이라 할 수 있다. 제 4요인은 기억곤란, 집중의 어려움, 정신이 맑지 않음 등의 문항으로 구성되며, 인지적 곤란에 대한 요인이라고 할 수 있다. 제 5요인은 기운이 떨어지고 정신이 맑지 않으며 사회적인 위축을 보이는 문항으로 이루어지며, 전반적인 기운저하와 의욕상실을 나타내는 요인이라 할 수 있다. 이를 표로 정리하면 다음과 같다.

| 우울척도 하위 요인 | 문항번호 |
|---|---|
| 요인 1(긴장과 우울 정서) | 3, 4, 6, 7*, 8, 11, 13, 16, 24, 25, 27* |
| 요인 2(삶에 대한 불만족) | 1*, 9*, 15*, 19* |
| 요인 3(무기력감) | 2, 3, 5*, 22 |
| 요인 4(인지적 곤란) | 14, 26, 30* |
| 요인 5(기운저하와 의욕상실) | 12*, 21, 27, 30 |

* 역 채점 문항

 점수에 따른 우울 양상의 분류는 14점에서 18점 사이는 경계선 수준 및 경도의 우울증, 19점에서 21점 사이는 중등도의 우울증, 22점 이상은 심도의 우울증으로 분류할 수 있다.

〈참여자 활동자료 1-1〉

## 혼자라는 건

최영미

뜨거운
순대국을 먹어본 사람은 알지
혼자라는 건
실비집 식탁에 둘러앉은 굶주린 사내들과

눈을 마주치지 않고 식사를 끝내는 것만큼 힘든 노동이라는 걸

고개 숙이고
순대국밥을 먹어본 사람은 알지
들키지 않게 고독을 넘기는 법을
소리를 내면 안돼
수저를 떨어뜨려도 안돼

서둘러
순대국밥을 먹어본 사람은 알지
허기질수록 달래가며 삼켜야 한다는 걸
체하지 않으려면
안전한 저녁을 보내려면

『서른, 잔치는 끝났다 / 최영미 시 / 창작과비평사』

〈참여자 활동자료 1-2〉

# 한국판 노인 우울 척도(GDS-K)

아래는 지난 1주일 동안 어르신의 기분을 알아보기 위한 질문입니다.
질문을 잘 읽으시고 그렇다면 '예', 그렇지 않다면 '아니오'에 ○표 하십시오.

| 질문 | 응답 | |
|---|---|---|
| 1. 자신의 삶에 대체로 만족하십니까? | 예 | 아니오 |
| 2. 활동이나 관심거리가 많이 줄었습니까? | 예 | 아니오 |
| 3. 삶이 공허하다고 느끼십니까? | 예 | 아니오 |
| 4. 지루하거나 따분할 때가 많습니까? | 예 | 아니오 |
| 5. 앞날이 희망적이라고 생각하십니까? | 예 | 아니오 |
| 6. 떨쳐버릴 수 없는 생각들 때문에 괴롭습니까? | 예 | 아니오 |
| 7. 대체로 활기차게 사시는 편입니까? | 예 | 아니오 |
| 8. 자신에게 좋지 않은 일이 생길 것 같아 걱정스럽습니까? | 예 | 아니오 |
| 9. 대체로 행복하다고 느끼십니까? | 예 | 아니오 |
| 10. 아무 것도 할 수 없을 것 같은 무력감이 자주 듭니까? | 예 | 아니오 |
| 11. 불안해지거나 안절부절 못 할 때가 자주 있습니까? | 예 | 아니오 |
| 12. 외출하는 것보다 그냥 집안에 있는 것이 더 좋습니까? | 예 | 아니오 |
| 13. 앞날에 대한 걱정을 자주 하십니까? | 예 | 아니오 |
| 14. 다른 사람들보다 기억력에 문제가 더 많다고 느끼십니까? | 예 | 아니오 |

| 질 문 | 응 답 | |
|---|---|---|
| 15. 지금 살아있다는 사실이 정말 좋다고 느껴지십니까? | 예 | 아니오 |
| 16. 기분이 가라앉거나 울적할 때가 자주 있습니까? | 예 | 아니오 |
| 17. 요즘 자신이 아무 쓸모없는 사람처럼 느껴지십니까? | 예 | 아니오 |
| 18. 지난 일에 대해 걱정을 많이 하십니까? | 예 | 아니오 |
| 19. 산다는 것이 매우 신나고 즐겁습니까? | 예 | 아니오 |
| 20. 새로운 일을 시작하는 것이 어렵습니까? | 예 | 아니오 |
| 21. 생활의 활력이 넘치십니까? | 예 | 아니오 |
| 22. 자신의 처지가 절망적이라고 느끼십니까? | 예 | 아니오 |
| 23. 다른 사람들이 대체로 자신보다 낫다고 느끼십니까? | 예 | 아니오 |
| 24. 사소한 일에도 속상할 때가 많습니까? | 예 | 아니오 |
| 25. 울고 싶을 때가 자주 있습니까? | 예 | 아니오 |
| 26. 집중하기가 어렵습니까? | 예 | 아니오 |
| 27. 아침에 기분 좋게 일어나십니까? | 예 | 아니오 |
| 28. 사람들과 어울리는 자리를 피하는 편이십니까? | 예 | 아니오 |
| 29. 쉽게 결정하는 편이십니까? | 예 | 아니오 |
| 30. 예전처럼 정신이 맑습니까? | 예 | 아니오 |

총 점     □ 점 / 30점

## 채점용 GDS-K

■ 점수의 계산
각 문항에 대해, 우울성 응답에는 1점, 비 우울성 응답에는 0점을 준다. 이 검사의 최종점수는 우울성 응답의 합계이다.

*「채점용 GDS-K」를 참고하여 채점
('예' 또는 '아니오' 중 굵은 글씨로 표시된 것이 우울성 응답 - 1점 부여)

| 질 문 | 응 답 | |
|---|---|---|
| 1. 자신의 삶에 대체로 만족하십니까? | 예 | **아니오** |
| 2. 활동이나 관심거리가 많이 줄었습니까? | **예** | 아니오 |
| 3. 삶이 공허하다고 느끼십니까? | **예** | 아니오 |
| 4. 지루하거나 따분할 때가 많습니까? | **예** | 아니오 |
| 5. 앞날이 희망적이라고 생각하십니까? | 예 | **아니오** |
| 6. 떨쳐버릴 수 없는 생각들 때문에 괴롭습니까? | **예** | 아니오 |
| 7. 대체로 활기차게 사시는 편입니까? | 예 | **아니오** |
| 8. 자신에게 좋지 않은 일이 생길 것 같아 걱정스럽습니까? | **예** | 아니오 |
| 9. 대체로 행복하다고 느끼십니까? | 예 | **아니오** |
| 10. 아무 것도 할 수 없을 것 같은 무력감이 자주 듭니까? | **예** | 아니오 |
| 11. 불안해지거나 안절부절 못 할 때가 자주 있습니까? | **예** | 아니오 |
| 12. 외출하는 것 보다 그냥 집안에 있는 것이 더 좋습니까? | **예** | 아니오 |
| 13. 앞날에 대한 걱정을 자주 하십니까? | **예** | 아니오 |
| 14. 다른 사람들 보다 기억력에 문제가 더 많다고 느끼십니까? | **예** | 아니오 |

| 질 문 | 응 답 | |
|---|---|---|
| 15. 지금 살아있다는 사실이 정말 좋다고 느껴지십니까? | 예 | **아니오** |
| 16. 기분이 가라앉거나 울적할 때가 자주 있습니까? | **예** | 아니오 |
| 17. 요즘 자신이 아무 쓸모없는 사람처럼 느껴지십니까? | **예** | 아니오 |
| 18. 지난 일에 대해 걱정을 많이 하십니까? | **예** | 아니오 |
| 19. 산다는 것이 매우 신나고 즐겁습니까? | 예 | **아니오** |
| 20. 새로운 일을 시작하는 것이 어렵습니까? | **예** | 아니오 |
| 21. 생활의 활력이 넘치십니까? | 예 | **아니오** |
| 22. 자신의 처지가 절망적이라고 느끼십니까? | **예** | 아니오 |
| 23. 다른 사람들이 대체로 자신보다 낫다고 느끼십니까? | **예** | 아니오 |
| 24. 사소한 일에도 속상할 때가 많습니까? | **예** | 아니오 |
| 25. 울고 싶을 때가 자주 있습니까? | **예** | 아니오 |
| 26. 집중하기가 어렵습니까? | **예** | 아니오 |
| 27. 아침에 기분 좋게 일어나십니까? | 예 | **아니오** |
| 28. 사람들과 어울리는 자리를 피하는 편이십니까? | **예** | 아니오 |
| 29. 쉽게 결정하는 편이십니까? | 예 | **아니오** |
| 30. 예전처럼 정신이 맑습니까? | 예 | **아니오** |
| 총 점 | | 점 / 30점 |

## 제2회 우울 경함 점검
〈거울 이야기 나누기〉

### (1) 선정자료

① 감옥 같은 날 : 시집 『한 그루의 나무를 아무도 숲이라 하지 않는다』
   中 / 용혜원 시 / 책만드는집

감옥살이라는 말은 행동의 자유를 구속당하는 생활을 비유적으로 이르는 말인데, 이런 느낌이 감옥에 실제로 갇혀 살지 않으면서도 들 때가 있다. 지금 현재의 삶이 나를 억압하고, 묶어놓는 것 같은 느낌, 내 행동의 자유를 구속하는 것 같은 주변 상황, 이런 것들이 자신을 심리적으로 감옥살이 하는 것처럼 느끼게 하는 것들일 것이다. 이런 상황들은 곧 우울과 연결이 되는데, 이 세션에서는 그런 상황과 느낌들을 나눠보기 위해 자료로 선정하였다. 이 시집은 용혜원 시인의 첫 번째 작품으로, 해당 시는 〈참여자 활동자료 2-1〉에 제시를 했다.

### (2) 관련 활동

① 거울 이야기 나누기(우울 관련 경험 털어놓기)

'거울 이야기 나누기'는 가족 이야기치료에서 활용되는 하나의 기법이다. 이 기법은 가족 중 다른 누군가의 관심사나 문제들을 거울처럼 비춰주는 자신의 경험으로부터 나온 이야기를 말하는 것으로, 사람들이 자신이 지지받는다고 느끼거나 자신이 갈등을 일으키는 문제에 대해서 다른 대안을 얻게 한다는 면에서 중요한 방법이 될 수 있다. 거울 이야기가 가족 구성원들 중에 이야기되어질 때, 가족들은 공감적 이해를 불러일으키며 자신을 다른 위치에서 이해하며 발견하게 된다. 이런 이야기들이 누군가의 관심을 지지하는 입장에서 말해져야지, 경쟁하며 비교하거나 과소평가되어져서는 안 된다. 거울 이야기는 이야기를 함께 나누는 과정을 통해서 그들의 경험을 바꿔 옮겨 본다는 의도를 지니고 있는 면에서 치료사와 나누는 이야기와는 구별된다. 이 방법은 비록 가족들에게 사용되었을 때 더 유용하다고 하지만, 동 시대를 살아온, 그래서 삶의 경험이 비슷한 어르신들에게 접목을 시켜도 무방할 것 같아 선정한 것이다.

더불어 다음의 내용은 누군가에게 이야기를 털어놓는 것이 얼마나 도움이 되는 활동인가에 대해 정리를 해 본 것이다.

『임금님 귀는 당나귀 귀』라는 제목의 전래동화를 읽어보신 적이 있다면, 누군가에게 비밀을 혹은 고민을 털어놓는다는 것이 얼마나 큰 후련함을 안겨주는지 느꼈을 것이다. 이처럼 이야기를 통해 무엇인가를 털어놓는 것이 건강에 유익하다는 연구 결과를『털어놓기와 건강』이라는 책을 통해 소개한 페니 베이커 박사는, 그 책을 통해 가장 깊은 비밀을 어떻게 털어놓는 것이 좋은지 보여준다. 예를 들면, 섭식 장애가 있는 사람들, 어린 시절의 심리적 외상을 지닌 사람들, 배우자가 죽은 사람들, 이들의 공통적 특성은 타인에게 말하지 못하는 비밀을 간직하고 있다는 점이다. 심리적으로 충격적인 사건에 대해 친구나 가족에게 말하지 않는 것은 계속해서 그 사건에 대해 생각하게 만들고 높은 수준의 불안, 우울증, 불면증 등 다수의 건강 문제를 야기할 것이다. 그런데 이런 것들을 안전한 곳에서 편하게 이야기를 할 수 있는 대상만 있다면 건강에 큰 도움이 된다고 하니, 어르신들에게는 털어놓을 수 있는 기회를 자주 마련할 필요가 있다.

〈참여자 활동자료 2-1〉

## 감옥 같은 날

용혜원

당신은 감옥 같은 날을 알지요
가슴이 터지도록 아파서
어디론가 떠나고 싶었지만

나서면 강이요
나서면 산이요
나서면 바다요
어디든 인생의 벼랑이어서
돌아서면 갈 곳이 없어

하루가 지나고
이틀이 지나고
세월이 가면
그런 마음도 잊고 살지요

『한 그루의 나무를 아무도 숲이라 하지 않는다 / 용혜원 / 책만드는집』

## 제3회 우울 경향 감소 1 - 인구통계학적 측면
〈그래, 나 늙었다!〉

### (1) 선정 자료

① 너희들도 언젠가는 노인이 된단다 / 엘리자베트 브라미 글, 얀 나침베네 그림, 이효숙 옮김 / 보물창고

선정 자료에 대한 설명은 세 번째 만남을 참고하라.

### (2) 관련 활동

① 그래, 나 늙었다!

인정을 할 수 있는 사람은 강하다. 특히 자신의 잘못에 대해, 자신의 부족한 상황에 대해 인정을 할 수 있다는 것은, 그 자신을 패자가 아닌 승자로 만들어 주는 힘이 있다. 나아가 현 상황을 딛고 올라설 수 있는 힘도 발휘할 수 있게 해준다. 따라서 이 활동은 어른들 스스로가 인정하지 못했던, 인정하지 않았던 부분들에 대해 먼저 성찰하고 수용할 수 있는 기회를 만들어 주기 위한 것이다. 그러면서 단점으로 여겼던 부분을 장점화 할 수 있는 기회도 드리기 위한 것이다.

### 제4회 우울 경향 감소 2 - 사회경제적 측면
〈저널 쓰기 - 관점의 변화〉

### (1) 선정 자료

① 축의금 만 삼천 원 : 『곰보빵』 中 / 이철환 지음 / 꽃삽

이철환이라는 작가는 소시민의 모습을 감동적으로 그려내는 능력이 있는 사람이다. 왜냐하면 그 자신이 소시민이기 때문이다. 이 책 역시 신문에 연재를 하며 5년 동안 쓴 글을 모아 엮은 것이라고 한다. 류시화 시인의 말처럼 환한 사랑이 가득한 눈부신 '눈물의 집'으로 우리를 초대하는 이 책은, 감동과 함께 눈물을 쏟게 만들어줄 것이다. 특히 경제적으로 어려운 시대를 살아낸 어르신들에게는 켜켜이 쌓여 있는 추억들을 끄집어 낼 수 있는 역할을 할 것임에 분명하다.

### (2) 관련 활동

① 저널 쓰기 - 관점의 변화

관점의 변화 기법은 당신의 인생에서 가보지 않았던 길의 가능성을 탐색할 수 있게 하는 저널기법이다. 전망을 통해 미래 또는 과거화로 발걸음을 내딛을 수 있으며, 동정심을 가지고 다른 사람과의 차이점을 해결할 수 있으며, 마치 세상이 당신을 위해 존재하는 것처럼 또는 다른 사람을 위해 존재하는 것처럼 세상을 바라볼 수 있다. 관점의 변화 기법은 의사결정 과정에서 시공간 속으로 이동하여 이미 결정이 이루어진 관점에서 글을 씀으로써 가치 있는 통찰력을 얻을 수 있다. 또한 자신이 선택하지 않은 길을 탐험하도

록 해 줄 것이다. "만약 -했다면", 또는 "만약 -하지 않았다면"과 같은 생각이 계속 떠오른다면, 자신이 선택하지 않은 상황을 선택했다고 가정하고 자신의 인생이 어떨 것인지 써본다. 이 세션은 사회경제적 측면에 초점을 두고 있으므로, 그에 맞추어 써 보시게 하면 되겠다.

〈참여자 활동자료 4-1〉

## 축의원금 만 삼천 원

이철환

10년 전 나의 결혼식 날이었다. 결혼식이 다 끝나도록 친구 형주의 얼굴은 보이지 않았다. 예식장 로비에 서서 형주를 찾았지만 끝끝내 형주를 볼 수 없었다. 바로 그때 형주아내가 토막 숨을 몰아쉬며 예식장 계단을 급히 올라왔다.

"고속도로가 너무 막혀서 여덟 시간이 넘게 걸렸어요. 어쩌나, 예식이 다 끝나 버렸네…."

숨을 몰아쉬는 친구 아내의 이마에는 송골송골 땀방울이 맺혀 있었다.

"왜 뛰어왔어요? 아기도 등에 업었으면서…. 이마에 땀 좀 봐요."

초라한 차림으로 숨을 몰아쉬는 친구의 아내가 너무 안쓰러웠다.

"석민이 아빠는 오늘 못 왔어요. 죄송해요."

친구 아내는 말도 맺기 전에 눈물부터 글썽였다. 엄마의 낡은 외투를 덮고 등 뒤의 아가는 곤히 잠들어 있었다. 눈물을 글썽이면서 축의금 만 삼천 원과 편지 1통을 건네주었다. 친구가 보낸 편지에는

"친구야! 나대신 아내가 간다. 가난한 내 아내의 눈동자에 내 모습도 함께 담아 보낸다. 하루를 벌어야 하루를 먹고 사는 리어카 사과장수가 이 좋은날 너와 함께 할 수 없음을 용서해다오. 오늘 사과를

팔지 않으면 아기가 오늘밤 분유를 굶어야 한다. 어제는 아침부터 밤 12시까지 사과를 팔았다. 온종일 추위와 싸운 돈이 만 삼천 원이다. 하지만 슬프지 않다. 나 지금 눈물을 글썽이며 이글을 쓰고 있지만 마음만은 너무 기쁘다. 개밥그릇에 떠있는 별이 돈보다 더 아름다운 거라며 울먹이던 너의 얼굴이 가슴을 파고들었다. 아내 손에 사과 한 봉지를 들려 보낸다. 지난밤 노란 백열등 아래서 제일로 예쁜 놈들만 골라냈다. 신혼여행가서 먹어라. 친구여~ 이 좋은 날 너와 함께 할 수 없음을 마음 아파 해다오. 나는 언제나 너와 함께 있다. 해남에서 친구가"

편지와 함께 들어 있던 만 원짜리 한 장과 천 원짜리 세장, 뇌성마비로 몸이 불편했던 형주가 길거리에서 한겨울 추위와 바꾼 돈이다. 나는 웃으며 사과 한 개를 꺼냈다.

"형주 이놈, 왜 사과를 보냈대요? 장사는 뭐로 하려고…."

씻지도 않은 사과를 나는 우적우적 씹어 댔다. 왜 자꾸만 눈물이 나오는 것일까, 새신랑이 눈물 흘리면 안 되는데. 다 떨어진 신발을 신은 친구아내가 마음 아파할 텐데, 멀리서도 나를 보고 있을 친구가 가슴 아파할까봐 나는 이를 사려 물었다. 하지만 참아도 참아도 터져 나오는 울음이었다. 참으면 참을수록 더 큰 소리로 터져 나오는 울음이었다. 어깨를 출렁이며 울어 버렸다. 사람들 오가는 예식장 로비 한가운데 서서.

[답장]

친구야! 술 한잔하자. 우리들의 주머니 형편대로 포장마차면 어떻고 시장 좌판이면 어떠냐? 마주보며 높이든 술잔만으로도 우린 족한 걸. 목청 돋우며 얼굴 벌겋게 쏟아내는 동서고금의 진리부터, 솔깃하며 은근하게 내려놓는 음담패설까지도 한 잔 술에겐 좋은 안주인걸. 자네가 어려울 때 큰 도움이 되지못해 마음 아프고, 부끄러워도 오히려 웃는 자네모습에 마음 놓이고, 내 손을 꼭 잡으며 고맙다고 말할 땐 뭉클한 가슴. 우리 열심히 살아보자. 찾으면 곁에 있는 변치 않는 너의 우정이 있어, 이렇게 부딪치는 술잔은 맑은소리를 내며 반기는데. 친구야! 고맙다. 술 한잔하자! 친구야 술 한잔하자~!!

『곰보빵 / 이철환 지음 / 꽃삽』

### 제5회 　우울 경향 감소 3 – 신체적 측면
　　　　　〈아직 할 수 있는 일〉

## (1) 선정 자료

① 살아 있는 모든 것은 / 브라이언 멜로니 글, 로버트 잉펜 그림,
　이명희 옮김 / 마루벌

　시적인 텍스트와 상징적이면서도 간결한 그림이 인상적인 그림책이다. 이 그림책은 자연 사랑과 생명 존중을 아름답고 창조해낸 공로로 아동문학계의 노벨상이라 불리는 안데르센 상을 수상했다. 살아 있는 모든 것에는 시작이 있고 끝이 있다는 것을 노래한다. 이번 세션을 위해 이 책을 선정한 이유는 책의 제목과 내용처럼 살아 있는 모든 것은 태어남과 동시에 성장과 발달을 통해 죽음으로 나아가며 신체적인 능력을 잃어간다는 명제를 다시 한 번 인식시키기 위함이다.

② 인간의 늙음, 그 진실에 대하여 : EBS-TV 프로그램
　『지식채널 ⓔ』中 / EBS-TV

　EBS에서 절찬리에 방송되는 프로그램 '지식채널 ⓔ' 가운데 한 편이다. 필자는 프로그램 중에 '지식채널 ⓔ'를 자주 활용하는데, 이유는 짧은 시간 동안에 효과적인 메시지를 전달해 주기 때문이다. 그래서 이번 세션을 위한 자료로도 선정해 봤는데, 내용은 인간의 수명이 얼마나 연장이 될 수 있는가에 대한 두 학자의 상반된 주장이다. 사실 어느 학자의 주장이 맞을지는 모르겠으나, 우리는 자연스레 인간의 수명이 늘어났으면 하고 기대를 한다. 따라서 수명이 늘어날 것이라는 전제 하에 신체 건강을 위해 해야 하는

일, 또한 그 능력을 바탕으로 할 수 있는 일에 대해 생각해 볼 수 있는 기회를 드리는 시간을 가지면 되겠다.

### (2) 관련 활동

① 아직 할 수 있는 일

나이가 들어간다는 것은 많은 것과의 이별을 의미하는 일이기도 하다. 왜냐하면 우선 신체적인 기능이 감퇴되고, 그에 따라 정서적인 면에서의 자신감 또한 떨어지기 때문이다. 어쩌면 신체적 기능의 감퇴보다 무엇인가를 해보고자 하는 생각, 그를 뒷받침 하는 용기가 먼저 사라지기 때문이 아닐까 싶은데, 이 활동은 나이가 들었지만 지혜나 신체적 기능을 활용해 아직 할 수 있는 일, 충분히 해낼 수 있는 일에 대해 이야기를 나누는 것이다. 그럼으로 인해 자존감과 유능감을 확인시켜 드리는데 목표가 있다.

## 제6회 우울 경향 감소 4 - 심리·정서적 측면
〈저널쓰기 - 보내지 않을 편지〉

### (1) 선정 자료

① 벽과의 동침 : 시집 『울음소리 작아지다』 中 / 최문자 시 / 세계사

1982년 『현대문학』으로 등단한 시인의 시집. 지나간 사랑에 대한 추억과 회환을 주로 다루고 있다. 〈닿고 싶은 곳〉이라는 작품 외 80편이 수록되어 있고, 〈벽과의 동침〉은 그 중 한 편이다. 여섯 번째 세션을 위해 이 작품을 선정한 이유는, 역시 제목에 담겨 있는

단어 '벽'이 답답하게 살아온 세월을 대변해 줄 수 있는 것이자, 시에 등장하는 남편은 실제 남편을 넘어 태어나 자란 가부장적인 세상으로 해석할 수 있는 여지가 있다고 판단되었기 때문이다.

### (2) 관련 활동

① 저널쓰기 - 보내지 않을 편지

보내지 않을 편지는 카타르시스(catharsis), 완성(completion), 그리고 명확성(clarity)을 위한 놀라운 저널쓰기 방법 중 한 가지이며, 분노, 슬픔 같은 깊은 내적 정서를 표현하기 위한 훌륭한 수단이다. 또한 어떤 일을 종결짓거나 그 일에 대한 통찰력을 얻기 위해 선택할 수 있는 글쓰기 방법이다. 사실 우리가 느끼는 우울의 중심에도 결국 사람이 자리 잡고 있는 경우가 많다. 하지만 어떤 사정에 따라 하고 싶은 이야기를 하지 못하고 있는 경우가 많기 때문에, 그런 심중의 이야기를 보내지 않을 편지라는 기법에 마음껏 담을 수 있게 한다면, 굳이 집단 치료 장면에서 나누지 않는다 하더라도 참여 어르신들에게는 큰 위로가 될 것이다. 이 방법을 위해서는 일반 편지지와 함께 쓸 수 있는 펜을 준비하기만 하면 된다.

〈참여자 활동자료 6-1〉

## 벽과의 동침

최문자

    이십 년 넘게 벽 같은 남자와 살았다. 어둡고 딱딱한 벽을 위태롭게 쾅쾅 쳐왔다. 벽을 치면 소리 대신 피가 났다. 피가 날 적마다 벽은 멈추지 않고 더 벽이 되었다. 커튼을 쳐도 벽은 커튼 속에서도 자랐다. 깊은 밤, 책과 놀다 쓰러진 잠에서 언뜻 깨보면 나는 벽과 뒤엉켜 있었다. 어느새 벽 속을 파고 내가 대못처럼 들어가 있었다. 눈도 코도 입도 숨도 벽 속에서 막혔다. 요즘 밤마다 내가 박혀 있던 자리에서 우수수 돌가루 떨어지는 소리가 들린다. 벽의 영혼이 마르는 슬픈 소리가 들린다. 더 이상 벽을 때릴 수 없는 예감이 든다. 나는 벽의 폐허였다. 벽은 나의 폐허였다. 벽에 머리를 오래 처박고 식은땀 흘리는 나는 녹슨 대못이었다.

『울음소리 작아지다 / 최문자 시 / 세계사』

### 제7회 인지기능 향상 1
〈치매에 대해 바르게 알기〉

### (1) 선정 자료

① 우리 할머니는 나를 모릅니다 / 자크 드레이선 글,
  안느 베스테르다인 그림, 이상희 옮김 / 웅진주니어

이제 그림책에서도 다루지 않는 주제가 없을 정도이다. 과거 어린이들에게는 꿈과 희망을 심어주는 내용의 책만 출간해야 한다는 인식에서 벗어나, 우리 사회 전반의 모습을 알고 대처할 수 있는 기회를 주어야 한다는 인식의 확장이 가져온 결과다. 이 책 『우리 할머니는 나를 모릅니다』는 치매에 걸린 할머니에 대한 이야기가 담긴 그림책이다. 치매에 걸린 할머니는 페트라를 알아보지 못한다. 하지만 할머니가 엄마에게, 엄마가 페트라에게 가르쳐 준 노래로 즐거운 하루를 보낸다. 어느 가족에게나 일어날 수 있는 문제를 담담하게 보여주는 그림책이다.

노년기에 접어든 노인들은 자신 역시 치매에 걸릴지도 모른다는 걱정과 불안감에 휩싸이게 된다. 만약 그렇게 되면 자식들에게 짐이 될 거라는 생각 등이 꼬리에 꼬리를 물고 이어지게 되고, 그에 따라 우울 정도는 더욱 커질 것이다. 이번 세션에는 이 그림책을 통해 인지기능 상실에 대한 불안감을 털어놓을 수 있게 돕고, 나아가 치매에 대해 바르게 이해할 수 있는 기초 자료로 삼기를 바란다.

### (2) 관련 활동

① 치매에 대해 바르게 알기

어르신들은 치매에 대한 관심이 높은 만큼 잘못된 정보를 갖고 있는 부분도 많다. 따라서 제대로 된 정보를 드리는 것이 중요하다. 다음의 내용은 '한국치매가족협회'에서 운영하는 홈페이지(www.alzza.or.kr)에 소개된 것을 간략히 옮긴 것이다.

〈치매란 무엇인가?〉

'치매(dementia)'라는 말은 라틴어에서 유래된 말로서 "정신이 없어진 것"이라는 의미를 갖고 있다. 치매는 정상적인 지적능력을 유지하던 사람이 다양한 원인으로 인해 뇌기능이 손상되면서 기억력, 언어 능력, 판단력, 사고력 등의 지적기능이 지속적이고 전반적으로 저하되어 일상생활에 상당한 지장이 초래되는 상태를 가리킨다. 이러한 진행성 치매는 뇌의 질환이며, 나이가 들어감에 따라 발병률이 증가한다.

1906년 11월 3일 정신과 의사인 Dr. Alois Alzheimer는 51세 된 부인이 남편에 대한 질투망승으로 시작되어 점점 증상이 악화된 후 55세에 사망하게 되는 케이스를 다루게 되었는데, 환자 사망 후 뇌의 해부결과 신경세포수가 현저하게 감소되어 위축되었으며 '노인반점'이 대뇌피질에 다수 발견되었다. 이는 최초로 보고된 퇴행성 뇌질환으로 치매를 일으키는 원인 중 가장 흔한 것이며, 이 병 자체가 사망원인이 되지는 않는다. 보통 폐렴, 감염증, 뇌졸중 등의 합병증에 의하여 사망에 이르게 된다.

〈치매의 특징〉
① 기억력 장애  ② 지남력 장애  ③ 언어장애
④ 일상생활 수행능력 장애  ⑤ 배회  ⑥ 시·공간 능력 저하
⑦ 계산능력 감소  ⑧ 판단력/문제 해결 능력 저하  ⑨ 망상

〈원인〉

치매의 발병률은 다소 차이가 있지만, 65세 이상에서는 약 5-10%이며, 80세 이상에서는 약 30-40%에 이른다고 보고되고 있다. 따라서 치매는 연령이 증가할수록 유병률이 높아짐을 알 수 있으며, 치매노인 중에서 남자노인보다 여자노인의 치매 유병률이 높은 것으로 조사되었다. 치매의 원인 중 가장 흔한 것은 퇴행성 뇌질환의 일종인 알츠하이머병으로 약 50-60%를 차지하고, 그 다음으로는 혈관성 치매가 20-30%를 차지하며, 나머지 10-30%는 기타 원인에 의한 치매이다. 치매의 기타 원인으로는 우울증, 약물, 알코올 및 화학물질 중독, 대사성 원인으로 인한 전해질 장애, 갑상선질환, 비타민 결핍증, 뇌 기능 장애를 초래하는 감염성 뇌질환, 두부외상, 정상압 수두증 및 다발성 경색증 등이 있다.

## 제8회 인지기능 향상 2
〈주의력 집중 훈련〉

**(1) 선정 자료**

① 까치와 소담이의 수수께끼 놀이 / 김성은 지음 / 사계절

느티나무 아래에서 소담이와 까치는 계절이 바뀔 때마다 수수께

끼 놀이를 한다. 하얀 우산을 쓰고 훨훨 날아가는 것은 무엇일까? 번쩍이며 큰 소리로 우는 것은 무얼까? 어려서는 푸른 옷, 커서는 빨간 옷, 늙어서는 갈색 옷을 입는 게 무얼까? 까치와 소담이가 펼치는 수수께끼 놀이를 함께 하다 보면, 계절 따라 변화하는 우리 자연의 아름다운 모습을 흠뻑 느낄 수 있는 그림책이다. 수수께끼 놀이는 주의력 집중에 도움이 되는 활동이기 때문에 선정한 자료이다.

② 찾습니다 : 『詩가 마음을 만지다 : 시가 있는 심리치유 에세이』中 / 최영아 지음 / 쌤앤파커스

이 책은 서른일곱 편의 잔잔한 시와 함께 저자의 내밀한 고백과 깊은 사유가 어우러져 있는 심리치유 에세이다. 작가는 바쁘게 살아가기 때문에 지친 마음을 다독여주는 데에 소홀한 현대인들을 위한 시 서른일곱 편을 골라 소개하고 있다. 그 중 '찾습니다'는 정채봉의 작품이며, 해당 시는 〈참여자 활동자료 8-1〉에 제시했다.

### (2) 관련 활동

① 주의력 집중 훈련

주의력을 집중 시킬 수 있는 훈련에는 다음과 같은 것이 있다.
 1) 시각적 활동 - 퍼즐 맞추기, 레고 조립, 숨은 그림 찾기, 미로 찾기, 복잡한 그림 따라 그리기
 2) 청각적 활동 - 수수께끼, 끝말잇기, 문장 잇기, 스무고개, 숫자 따라 말하기 혹은 거꾸로 말하기, 잘못 말한 부분 찾기 등

그림책 가운데에는 위 활동에 부합되는 내용이 많기 때문에, 자료로 선정을 하면 활동으로까지 바로 연결을 지을 수 있을 것이다.

예를 들어『난 네가 보여!』시리즈는 숨은 그림 찾기에 활용하면 되고, 끝말잇기나 문장 잇기를 위해서는『시리동동 거미동동』을 활용하면 된다.

〈참여자 활동자료 8-1〉

# 찾습니다

정채봉

우선 특징을 말씀드리겠습니다.

산을 산이라 하고 물을 물이라 합니다.
몸을 옷으로 감추지도 드러내 보이려 하지도 않습니다.
물음표도 많고 느낌표도 많습니다.
사금파리 하나도 업신여기지 않고 흙과도 즐거이 맨손으로 만납니다.
높은 하늘의 별을 우러르기도 하지만 청마루 밑 같은 데에도 곧잘 시선이 머뭅니다.
마른 풀잎 하나가 기우는 소리에도 귀를 기울이고 옹달샘에 번지는 메아리결 한 금도 헛보지 않습니다.
아침에 일어날 때마다 '오늘은 무슨 좋은 일이 있을까' 그 그대로 가슴이 늘 두근거립니다.

이것을 지나온 세월 속에서 잃었습니다.
찾아주시는 분은 제 행복의 은인으로 모시겠습니다.
그것이 무엇이냐고요? 흔히 이렇게들 부릅니다.
"동심"

『詩가 마음을 만지다 : 시가 있는 심리치유 에세이 /
최영아 지음 / 쌤앤파커스』

### 제9회 인지기능 향상 3 〈지남력 향상 훈련〉

### (1) 선정 자료

① '나'한테 '나' 돌아가기 : 수필집 『눈을 감고 보는 길』 中 /
정채봉 지음 / 샘터

아마 〈오세암〉이라는 작품을 모르는 사람은 거의 없을 것이다. 작가 정채봉은 1973년 동아일보 신춘문예 동화부문에 〈꽃다발〉이 당선되어 등단하였으며, 이후 〈오세암〉, 〈물에서 나온 새〉 등의 작품을 통해 어른들의 마음에 감동을 심은 '성인동화'라는 새로운 문학용어를 만들어 내었다. 이 책은 2001년 1월 생을 마감가지 전 투병 중에서도 삶에 대한 의지와 자기 성찰을 담은 44편의 글이 수록되어 있다. 〈'나'한테 '나' 돌아가기〉의 전문은 다섯 번째 만남의 〈참여자 활동자료 8-1〉을 참고하라.

### (2) 관련 활동

① 지남력 향상 훈련

지남력(orientation, Orientierung, 所在識)은 현재 자신이 놓여 있는 상황을 올바르게 인식하는 능력을 말한다. 올바른 지남력을 갖기 위해서는 의식, 사고력, 판단력, 기억력, 주의력 등이 유지되어야 하는 것이 필요하다. 통상 사람, 장소, 시간의 지남력으로 구별되고 있다. 지남력이 장애를 받게 되는 것을 지남력 상실이라고 한다. 이 경우에는 '자신은 누구인가', '이곳은 어디인가', '오늘은 몇 월 며칠인가' 등을 질문을 해도 대답을 하지 못한다. 의식장애, 뇌기질질환, 코르사코프 증후군 등에서는 지남력이 장애를 받는다.[16] 따라서 이 활동에서는 어르신들을 대상으로 '자신은 누구인가', '이곳은 어디인가', '오늘은 몇 월 며칠인가' 등의 질문을 해보면 된다. 이 질문들은 치매 검사에도 담겨 있는 것들이다.

### 제10회 종결 및 소감 나누기
〈참여 소감 나누기, 힘이 되는 한 마디 건네기〉

**(1) 선정 자료**

① 우산을 쓰다 : 시집『적당히 쓸쓸하게 바람 부는』中 / 심재휘 시 / 문학세계사

이 시집을 모두 읽고 난 뒤의 첫 느낌은 '정말 시를 잘 썼구나'였다. 그리고 이어진 느낌은 '이 시집을 갖고 싶다'와 '오랜 시간 두고 읽어야 겠다'였다. 이 시집은 시인이 걸어온 시간들을 쓸쓸하게 바라보고 있는 자전적인 내용을 담은 것이라는데, 아마 나는 시인이 걸어온 삶의 궤적에 많은 공감을 했는가보다. 또한 그의 성찰, 통찰이 자리 잡은 곳을 잠시나마 거닐다 왔는가보다. 삶을 바라보는 시선이 느껴지는 작품을 만나보기로 하자.

---
16) 네이버 지식사전.

# 씀바귀

심재휘

봄마다 내 발 밑을
이름도 모르는 저 풀꽃들이
하염없이 맴돌 때에도
나는 바람에 떠밀려 다니기만 했는데
끝내 어두워진 현관에 서서 몸을 털면
오월의 여섯시 같은 것들만 동전처럼
발 아래로 떨어질 뿐이었다
신발 뒤축은 비스듬히 닳아갔다

씀바귀는
국화과의 다년생 풀이름이다
뿌리가 곧고 길어서
아무 데서나 잘 자란다
온몸이 쓴 것은 꽃을 피우기 위함이다
그 꽃이 그 꽃인지 아는 사람은
많지가 않다

## 가시論

심재휘

오늘은 가시에 대해 얘기하겠습니다

그보다 먼저 식탁에 대해 말하자면
식탁이 네모난 것이나 둥근 것만 있는 것이
아니라는 것을 물론 알고 계시지요?

아버지가 바다로 걸어 들어가시고 나자
나는 미루나무 식탁 하나를 깎아야 했습니다
아침마다 젖은 몸으로 식탁에 돌아와야 했습니다

그러던 어느 날
먼 길 걸어 내 식탁에 오른
꽁치 한 마리 낯이 익기도 하였습니다

창 밖 나무의 가지들이 무심한 아침이었는데
가시는 길 잃은 별처럼 내 목 깊숙이 박혀
밥을 밀어 넣어도 거친 생각을 삼켜보아도
두 눈을 말똥거릴 뿐이었습니다

오늘도 내가 문을 나서면
아내는 식탁을 치울 것이고
식기들은 다시 허공에 걸려 달그락거릴 것입니다

그러나 가시는
오랫동안 내 목구멍에 걸려 까끌거리고 따갑겠지만
그도 삭으면 내 몸이 되지 않겠습니까?

그렇다. 그 꽃이 씀바귀의 꽃인지, 꽃을 피워내기 위해서 쓴 것임을 아는 사람은 많지가 않을 것이다. 또한 가시라는 것이 까끌거리고 따갑기만 한 것이 아니라 결국 삭으면 내 몸이 된다는 것을 아는 사람도 많지가 않을 것이다. 문학평론가 이광호 씨는 시인의 작품에 대해 '생에 대한 예의'라고 표현하면서 독자로 하여금 겸손한 고독에 빠지게 한다고 말한다. 오늘 내가 걸어온 시간들을 바라보는 것은 어떨까? 시인과 함께 말이다. 그럼 절대 쓸쓸하지 않을 듯싶다.

(2) 관련 활동

① 참여 소감 나누기

② 힘이 되는 한 마디 건네기

  이 활동은 종이에 글로 써서 각 참여자에게 전하는 마음인 '롤링 페이퍼'를 말로 하는 것이다. 즉, 프로그램 마지막 세션이기 때문에 같은 위치에 처해 있는 어르신들에게 너무 우울하다는 생각과 마음만 갖고 살아가기보다는, 긍정적으로 생각하며 함께 어울려 살며 힘을 내라는 격려를 나누는 것이다. 그런데 사실 서로에게 건네는 이야기는 곧 자기 스스로에게 하는 다짐이 되기도 한다.

〈참여자 활동자료 10-1〉

## 우산을 쓰다

심재휘

어제는 꽃잎이 지고
오늘은 비가 온다고 쓴다
현관에 쌓인 꽃잎들의 오랜 가뭄처럼
바싹 마른 나의 안부에서도
이제는 빗방울 냄새가 나느냐고
추신한다

좁고 긴 대롱을 따라
서둘러 우산을 펴는 일이
우체국 찾아가는 길만큼 낯설 것인데
오래 구겨진 우산은 쉽게 젖지 못하고
마른 날들은 쉽게 접히지 않을 터인데

빗소리처럼 오랜만에
네 생각이 났다고 쓴다
여러 날들 동안 비가 오지 않아서

많은 것들이 말라 버렸다고
비 맞는 마음에는 아직
가뭄에서 환도하지 못한 것들이
많아서 너무 미안하다고 쓴다

우습게도 이미 마음은
오래 전부터 진창이었다고
쓰지 않는다
우산을 쓴다

『적당히 쓸쓸하게 바람 부는 / 심재휘 시 / 문학세계사』

대상별 독서치료 시리즈 1
# 노인을 위한 독서치료

▶
초 판 발 행 | 2012년  6월 30일
초판 2 쇄 | 2012년 12월 17일
초판 3 쇄 | 2014년 8월 20일
저      자 | 임 성 관
펴  낸  이 | 권 호 순
펴  낸  곳 | 시간의물레
인      쇄 | 대명제책사

▶
등      록 | 2002년 12월 9일
등록번호 | 제1-3148호
주      소 | (121-050)서울시 마포구 마포동 332번지 1층
전      화 | (02)3273-3867
팩      스 | (02)3273-3868
전자우편 | mulrebook@empal.com

▶ ISBN 978-89-6511-047-7 (시리즈)
▶ ISBN 978-89-6511-046-0 (94020)

정가 25,000원
ⓒ 임성관 2012

* 이 책의 판권은 저자와 시간의물레에 있습니다.
* 잘못 만들어진 책은 교환해드립니다.